Em torno do problema do Ser em Aristóteles

Em torno do problema do Ser em Aristóteles

Pierre Aubenque

Organização
Maura Iglésias
Irley F. Franco

Tradução
Maura Iglésias
Irley F. Franco
Fernando Rodrigues
Edson Peixoto de Resende Filho

Os Comentadores
da Filosofia Antiga

Editora PUC-Rio
Rua Marquês de S. Vicente, 225 – Casa da Editora PUC-Rio
Gávea – Rio de Janeiro – RJ – CEP 22451-900
T 55 21 3527-1760/1838
edpucrio@puc-rio.br
www.editora.puc-rio.br

Edições Loyola Jesuítas
Rua 1822, 341 – Ipiranga
04216-000 São Paulo, SP
T 55 11 3385 8500/8501 • 2063 4275
editorial@loyola.com.br
vendas@loyola.com.br
www.loyola.com.br

Preparação de originais: Beatriz Ostwald Luz Vilardo
Revisão de prova: Cristina da Costa Pereira
Projeto gráfico de capa e miolo: Flávia da Matta Design
Editoração de miolo: SBNigri Artes e Textos Ltda.

Todos os direitos reservados. Nenhuma parte desta obra pode ser reproduzida ou transmitida por qualquer forma e/ou quaisquer meios (eletrônico ou mecânico, incluindo fotocópia e gravação) ou arquivada em qualquer sistema ou banco de dados sem permissão escrita das editoras.

ISBN (PUC-Rio): 978-65-88831-87-8
ISBN (Loyola): 978-65-5504-253-5

© EDITORA PUC-RIO, Rio de Janeiro, Brasil, 2023.
© EDIÇÕES LOYOLA, São Paulo, Brasil, 2023.

Dados Internacionais de Catalogação na Publicação (CIP)

Aubenque, Pierre
    Em torno do problema do ser em Aristóteles / Pierre Aubenque; organização Maura Iglésias, Irley F. Franco; tradução Maura Iglésias ... [et al.]. – Rio de Janeiro: Ed. PUC-Rio; São Paulo: Loyola, c2023.
    260 p. ; 21 cm. – (Os comentadores da filosofia antiga)

    Inclui bibliografia
        1. Filosofia antiga. 2. Aristóteles. I. Iglésias, Maura. II. Franco, Irley. III. Título. IV. Série.

CDD: 180

Elaborado por Sabrina Dias do Couto – CRB-7/6138
Divisão de Bibliotecas e Documentação – PUC-Rio

SUMÁRIO

7	Referências dos ensaios
11	Tradutores
13	Sobre "Os Comentadores da Filosofia Antiga"
15	Apresentação Maura Iglésias
27	**Aristóteles e o problema da *Metafísica*** Trad. Fernando Rodrigues
47	**Ambiguidade ou analogia do Ser?** Trad. Edson Peixoto de Resende Filho
53	**O pensamento do simples na *Metafísica* (Z 17 e Θ 10)** Trad. Irley F. Franco
83	**As origens da doutrina da analogia do Ser – Sobre a história de um contrassenso** Trad. Edson Peixoto de Resende Filho
99	**A matéria do inteligível – Sobre duas alusões subestimadas às doutrinas não escritas de Platão** Trad. Irley F. Franco

119	**Sobre o nascimento da doutrina pseudoaristotélica da analogia do Ser** Trad. Edson Peixoto de Resende Filho
139	**Sentido e estrutura da *Metafísica* aristotélica** Trad. Maura Iglésias
195	**Sobre a inautenticidade do livro K da *Metafísica*** Trad. Maura Iglésias
229	**A matéria em Aristóteles** Trad. Fernando Rodrigues
243	**Sobre a ambivalência do conceito aristotélico de substância** Trad. Maura Iglésias

Referências dos ensaios

Aristóteles e o problema da *Metafísica*
Título original: Aristoteles und das Problem der *Metaphysik*
Fonte: *Zeitschrift für philosophische Forschung*, Bd. 15, H. 3 (Jul. – Sep., 1961), p. 321-333. Publicado por: Vittorio Klostermann GmbH.

Ambiguidade ou analogia do Ser?
Título original: Ambiguïté ou analogie de l'être?
Fonte: *Le Langage* I: Actes du XIII congrès des Societés de Philosophie de langue française, Genève, 2-6 août 1966, Neuchâtel, La Baconnière, 1966, 392 p., coll. "Langages", p. 11-14.

O pensamento do simples na *Metafísica* (Z 17 e Θ 10)
Título original: La pensée du simple dans la *Métaphysique* (Z 17 e Θ 10)
Fonte: *Symposium Aristotelicum* 6, 1972, Cerisy-la Salle: *Études sur la* Métaphysique *d'Aristote* (28 août – 6 septembre, 1972), p. 69-88. Publicado por: P. Aubenque, Paris, Vrin, 1979, 274 p., "Bibliothèque d'histoire de la philosophie". Textes en allemand, anglais et français.

As origens da doutrina da analogia do Ser – Sobre a história de um contrassenso
Título original: Les origines de la doctrine de l'analogie de l'être: Sur l'histoire d'un contresens
Fonte: *Les Études philosophiques*, n. 1, Aristote et l'aristotélisme (Janvier – Mars, 1978), p. 3-12. Publicado por: Presses Universitaires de France.

A matéria do inteligível – Sobre duas alusões subestimadas às doutrinas não escritas de Platão
Título original: La matière de l'Intelligible: Sur deux allusions méconnues aux doctrines non écrites de Platon
Fonte: *Révue Philosophique de la France et de l'Étranger*, T. 172, n. 2; Études de Philosophie Ancienne: Hommage à Pierre-Maxime Schuhl pour son quatre-vingtième anniversaire (Avril-Juin, 1982), p. 307-320.

Sobre o nascimento da doutrina pseudoaristotélica da analogia do Ser
Título original: Sur la naissance de la doctrine pseudo-aristotélicienne de la analogie de l'être
Fonte: *Les Études philosophiques*, n. 3/4, L'analogie (Juillet-Décembre, 1989), p. 291-304. Publicado por: Presses Universitaires de France.

Sentido e estrutura da *Metafísica* aristotélica
Título original: Sens et Structure de la *Métaphysique* Aristotélicienne
Fonte: Pierre Aubenque. Études Aristotéliciennes. Métaphysique et Théologie. Paris: Librairie Philosophique J. Vrin, 1985.

Sobre a inautenticidade do livro K da *Metafísica*
Título original: Sur l'inauthenticité du Livre K de la *Métaphysique*
Fonte: Pierre Aubenque. Études Aristotéliciennes. Métaphysique et Théologie. Paris: Librairie Philosophique J. Vrin, 1985.

A matéria em Aristóteles
Título original: La matière chez Aristote
Fonte: *Philosophique*, n. 1, Matières et Materialismes (1986), p. 41-48. Révue publiée par la section de Philosophie et le Centre de Documentation et de Bibliographie Philosophique de l'Université de Franche-Comté.

Sobre a ambivalência do conceito aristotélico de substância
Título original: Sur l'ambivalence du concept Aristotélicien de substance
Fonte: *Ontologie et dialogue. Mélanges en hommage à Pierre Aubenque avec sa collaboration à l'occasion de son 70ᵉ anniversaire.* Textes réunis par Nestor-Luis Cordero, Collection "Tradition de la pensée classique". Paris: Librairie Philosophique J. Vrin, 2000, 224 p.

TRADUTORES

Maura Iglésias
PUC-Rio
Departamento de Filosofia
Núcleo de Estudos de Filosofia Antiga/PUC-Rio

Irley F. Franco
PUC-Rio
Departamento de Filosofia
Núcleo de Estudos de Filosofia Antiga/PUC-Rio

Fernando Rodrigues
UFRJ
Departamento de Filosofia
Núcleo de Estudos de Filosofia Antiga/PUC-Rio

Edson Peixoto de Resende Filho
UFRRJ
Departamento de Filosofia
Núcleo de Estudos de Filosofia Antiga/PUC-Rio

Sobre "Os Comentadores da Filosofia Antiga"

A série "Os Comentadores da Filosofia Antiga" é um projeto editorial do Núcleo de Estudos de Filosofia da PUC-Rio, cujo propósito é oferecer, sobretudo aos estudantes de filosofia antiga, mas também aos pesquisadores já formados da área e demais interessados, a possibilidade de ler, em português, alguns dos mais importantes comentadores e intérpretes, recentes e contemporâneos, dos grandes filósofos e dos grandes temas e textos filosóficos da Antiguidade.

Com esse propósito, os organizadores da série pretendem publicar, agrupados por tema, ensaios ou artigos, de um ou mais autores, originalmente escritos em inglês, francês, italiano e alemão, traduzidos pessoalmente por professores e pesquisadores da área, atuantes nas universidades e centros de pesquisa brasileiros. Dessa forma, pretendem oferecer ao leitor traduções confiáveis, feitas diretamente por especialistas da área, ou sob sua orientação e responsabilidade, pois estão convencidos de que a confiança que o tradutor inspira depende não só do seu conhecimento da língua traduzida, mas de uma familiaridade que ele deve ter com o tema e com a terminologia específica usada nos textos. Essa confiança querem inspirar em seus leitores, sem falsa modéstia nem pretensão descabida, convidando-os a apontar as falhas, que certamente existirão nesse tipo de trabalho, para que sejam corrigidas em eventuais futuras edições.

Apresentação

A obra de Aristóteles não nos chegou nem inteira nem íntegra. Nem temos todos os escritos que, por informação dos antigos, sabemos que Aristóteles escreveu, nem, nos que chegaram até nós, temos a certeza de que tudo ali está, na íntegra, exatamente como ele escreveu. O *corpus aristotelicum* contém, além disso, alguns textos tidos como certamente apócrifos, e outros sobre cuja autenticidade pairam sérias dúvidas.

Esses problemas são em parte devidos ao tipo de textos que constituem esse *corpus*. São, na sua quase totalidade, escritos esotéricos, isto é, destinados não ao público em geral, mas ao uso interno do Liceu, destacando-se entre eles, e constituindo sua maioria, os chamados escritos acroamáticos, tratados destinados à leitura para um auditório, ou talvez, mais exatamente, a servir de base para exposições orais. Isso explicaria a presença, entre os escritos, de textos não do próprio Aristóteles, mas de discípulos seus que atuavam no Liceu, bem como das interpolações feitas por esses nos textos aristotélicos propriamente ditos.

A propósito das questões todas levantadas pela composição do *corpus aristotelicum*, é sempre útil lembrar a história com que ele nos foi transmitido, história da qual temos conhecimento por Estrabão e por Plutarco.[1]

Conta Estrabão que, com a morte de Teofrasto, seu sobrinho Neleu herdou sua biblioteca, da qual fazia parte a biblioteca do próprio Aristóteles. Tendo-a levado para Cépsis, sua cidade natal,

---
[1] ESTRABÃO, XIII, 54; PLUTARCO, *Vida de Sila*, 26.

Neleu, por sua vez, deixou-a para seus herdeiros, pessoas ignorantes, que a mantiveram fechada e em desordem. Ao saberem do ardor com que os Átalas, aos quais obedecia sua cidade, procuravam livros para a biblioteca de Pérgamo, acabaram por encerrar os da biblioteca de Teofrasto e Aristóteles num porão onde teriam permanecido, sendo deteriorados pela umidade e pelos vermes, até que, muito tempo depois, foram vendidos, por um alto preço, para Apeliconte de Teos. Esse Apeliconte, diz-nos Estrabão, era mais bibliófilo que filósofo; assim, desejando restituir o que tinha sido roído, teria transcrito os livros, preenchendo desajeitadamente as lacunas. Após a morte de Apeliconte, Sila, ao tomar Atenas, teria tomado a biblioteca, transportando-a para Roma, onde ela teria ido parar nas mãos do gramático Tirânion.

Plutarco, que apresenta uma versão resumida dessa história, acrescenta que Andrônico de Rodes teria obtido de Tirânion as cópias que ele publicou, e escrito as "tábuas" que circulavam então.

Tanto Estrabão quanto Plutarco afirmam que os peripatéticos que vieram depois de Teofrasto não teriam conhecido os livros de Aristóteles, levados para Cépsis por Neleu, exceto um pequeno número deles, na maior parte exotéricos (destinados ao público em geral), segundo Estrabão.

De acordo, pois, com esses relatos, o Liceu, apesar de sua continuidade, teria ficado sem os livros de Aristóteles e de Teofrasto por um importante lapso de tempo, fato que realmente deixou há muito de merecer crédito. Mas, apesar de a versão de Plutarco, diferentemente da de Estrabão, indicar alguma reserva sobre os fatos narrados, a história só começou a ser abalada no século XVIII, quando apareceu na França um escrito anônimo, mais tarde identificado como sendo de autoria de um beneditino, D. Liron, logo depois caído no esquecimento, mas trazido de novo à luz por Stahr.² O trabalho de D. Liron inseria-se no contexto de uma revisão crítica sobre os textos de Aristóteles, surgido em reação a Pico della Mirandola, que, no calor de debates entre platonistas e peripatéticos, no Renascimento, ergueu dúvidas sobre a autenticidade da totalidade da obra atribuída ao Estagirita. A esse trabalho crítico, retomado sobretudo pelos autores alemães no século XIX, devemos um certo consenso sobre as obras autênticas de Aristóteles, entre as quais se encontra a *Metafísica*, em que pese o reconhecimento de lacunas e interpolações, cuja extensão não pode ser, é claro, determinada com precisão.³

O fato que deve ser relevado aqui, nessa sumária e parcial reconstituição da transmissão dos textos aristotélicos, é que a história narrada por Estrabão e Plutarco, só efetivamente desacreditada com o trabalho crítico levado a cabo no século XIX, marcou profundamente toda a interpretação de Aristóteles até então. Ora, essa história nos fala de uma perda quase total dos escritos de Aristóteles, mesmo no Liceu, e de seu posterior ressurgimento, muito tempo depois, em estado deteriorado, que determinou preenchimentos desajeitados de lacunas por parte de seu primeiro editor, Tirânion.

Ela nos sugere, assim, que havia originalmente um texto cuja integridade foi perdida e que seria preciso restaurar, reconstituindo-se, com precisão, as lacunas devidas à umidade e aos vermes, com rejeição dos preenchimentos abusivos, e restabelecendo-se, na interpretação do que havia sido transmitido, as doutrinas que constituíam a obra perfeita e acabada que Aristóteles certamente teria produzido. Foi essa a perspectiva que dominou a interpretação escolástica, que perdurou, inconteste, até pelo menos o século XIX, e que ainda

---

2 Ver RAVAISSON, F. *Essai sur la Métaphysique d'Aristote*. Paris, 1837, p. 5-6.
3 Idem. A Primeira Parte dessa obra de Ravaisson é um excelente resumo sobre a transmissão dos textos de Aristóteles e a constituição da *Metafísica*.

hoje perdura, em larga medida. Uma interpretação que apostou na existência de um sistema completo, coerente e acabado, exposto por Aristóteles em seus escritos.

Mas, embora o relato de Estrabão seja inverossímil, e não mais se aceite que os escritos aristotélicos não tenham estado disponíveis no Liceu o tempo todo, um fato é indiscutível: se a lenda se formou e tomou corpo é porque explicava alguma coisa.

De uma parte ela explica a decadência do Liceu (que disporia somente dos livros exotéricos), e, sobretudo, a estranha ausência, mesmo entre os peripatéticos, de estudos que revelam conhecimento de algumas obras de Aristóteles, em especial da *Metafísica*.[4] Tudo se passa como se os escritos aristotélicos tivessem caído no esquecimento, e é desse esquecimento que a história de Estrabão e Pluarco nos fala. Mas sobretudo o que essa lenda parece explicar é a perplexidade causada pelos textos quando transpuseram os limites do Liceu e foram dados ao público em geral. A aceitar que a história relatada por Estrabão é uma lenda, e que os escritos esotéricos de Aristóteles foram conservados no Liceu, embora caídos no esquecimento, para depois ressurgirem, há que reconhecer que os leitores, de então como de agora, se depararam, e se deparam, com textos que abundam em incoerências e lacunas, no seu conjunto como em cada um deles. Isso é particularmente notável no caso da *Metafísica*, que, na história da constituição e transmissão dos textos aristotélicos, mereceria um tratamento à parte, que não vamos fazer aqui, embora seja o texto fundamental para os problemas tratados nos artigos da coletânea que ora apresentamos. Basta dizer que a problemática unidade dos tratados que a compõem, a ainda mais problemática unidade da ciência que seria seu objeto de investigação, as questões que levanta e das quais não trata, as questões

---

4 Para os outros escritos, temos alguns testemunhos.

Apresentação

discutidas e deixadas sem solução, tudo isso dá à *Metafísica* um aspecto de obra tentativa, aporética e inacabada, que a tradição hermenêutica, como dito acima, se recusou a aceitar como sendo seu aspecto original, preferindo acreditar numa corrupção dos textos.

A opção hermenêutica pela reconstituição de uma integridade perdida da obra aristotélica resultou na cristalização de uma interpretação do pensamento de Aristóteles como um sistema coerente e acabado, do qual gostaríamos de destacar alguns aspectos especialmente importantes para a interpretação da *Metafísica*, que aqui nos interessa mais de perto:

1) O primeiro diz respeito ao método da investigação filosófica. Como se sabe, Aristóteles, nos tratados lógicos, aponta o método dedutivo como o único apropriado à mais alta forma de saber, a ciência teórica. Assim, esse método é visto como sendo a única forma de racionalidade reconhecida por Aristóteles. Em vão entretanto procuraríamos a aplicação desse método nas investigações da *Metafísica*.

2) O segundo aspecto concerne à unidade da ciência objeto da *Metafísica*. Apostar na existência de um sistema de Aristóteles significou tomar o conjunto de tratados que compõem essa obra, apesar de seu aspecto aporético e inacabado, como uma investigação sobre uma ciência única, apesar de ela ser de fato enunciada pelo menos de duas maneiras diferentes, de difícil conciliação, embora nos dois casos se fale de uma ciência primeira: por um lado, uma ciência particular, ciência daquilo que é divino, i.e., uma teologia; por outro lado, a ciência do ser enquanto ser, i.e., a ciência daquilo que é mais geral, ciência universal, pois abarca todas as coisas que são, enquanto são; no primeiro caso, teríamos uma ciência primeira porque ciência do objeto mais eminente, no segundo, uma ciência primeira porque universal. Apesar da diferença de critério em que numa e noutra formulação se funda a pretensão de uma ciência de ser primeira, a tradição

hermenêutica não teve dúvidas em afirmar a unidade da teologia e da ciência do ser enquanto ser, o que significa dizer a identificação do ser enquanto ser com o ser divino.

3) Isso nos leva ao terceiro aspecto que queríamos relevar: a identificação dessas duas ciências, enunciadas de forma diferente, ou dos dois objetos que lhes correspondem – o ser divino e o ser enquanto ser –, foi fundamentada em uma interpretação da unidade de significações do ser (que, no livro Γ da *Metafísica*, Aristóteles denominou unidade πρὸς ἓν λέγεσΘαι) como uma relação de *analogia*.

Explicando melhor: para Aristóteles, como se sabe, "o ser se diz em vários sentidos", o que equivale a dizer que o ser não é um gênero, e que há uma homonímia entre as várias maneiras de dizer o ser, entre as quais se encontram a οὐσία (essência, substância) e as demais categorias:[5] qualidade, quantidade, tempo, lugar, relação, ação, afecção etc. (i.e., os predicados que se dizem, ou atributos que pertencem à οὐσία).

Essa equivocidade, que se revela irredutível, cria um problema sério para a pretensão de estabelecer uma ciência do ser enquanto ser. Como seria possível uma ciência una do ser, se seus múltiplos sentidos são irredutíveis a uma unidade que garantiria a univocidade do discurso sobre ele? A resposta de Aristóteles, na tentativa de salvar a possibilidade de um discurso unívoco sobre o ser, é que as várias significações de ser não constituem tampouco um caso de homonímia "por acaso". Há algo que fundamentalmente é: a οὐσία. As outras categorias *são* por uma relação que guardam com esse algo que é, i.e., com a οὐσία. Esse tipo de solidariedade necessária das várias categorias com a οὐσία constitui o que Aristóteles denomina unidade πρὸς

---

5 Além do ser por essência e por acidente, do ser em ato e do ser em potência.

ἕν ("em relação a uma coisa única"), e é o tipo de unidade que ele apresenta como sucedâneo do gênero, para viabilizar a fundação de uma ciência do ser enquanto ser.

A tradição, entretanto, assimilou essa relação a uma relação de *analogia*, atribuindo a Aristóteles a chamada doutrina da analogia do ser. Note-se que não se trata aqui de uma mera imprecisão vocabular, que usaria inadequadamente, para referir-se à relação πρὸς ἕν, a palavra analogia, um termo vindo da matemática, que conserva, em Aristóteles, seu sentido original de proporção, isto é, de igualdade de relações. A doutrina da analogia do ser cria entre a οὐσία e as outras categorias uma unidade baseada em uma verdadeira igualdade de proporções: tomando-se a οὐσία como aquilo que realmente é, cada uma das outras categorias *seria* na proporção (analogia) da participação que teria no ser da *ousia*.

A larga aceitação desses pontos de interpretação, apesar da falta de evidência nos textos para suportá-los, indica o quanto o pensamento aristotélico estava cristalizado numa vulgata, em detrimento do exame crítico dos próprios textos. A crítica de Aubenque a todos esses pontos pode ser compreendida à luz daquela que é, reconhecidamente, a tese central que comanda sua interpretação geral do pensamento de Aristóteles, desenvolvida em seu livro *Le problème de l'être chez Aristote*:[6] a essencial implicação da linguagem na constituição do objeto da ciência do ser enquanto ser.

As ciências particulares também dependem, claro, da linguagem, e não somente no sentido banal de que elas dependem da linguagem para exprimir-se. É preciso uma teoria apropriada sobre a natureza da linguagem para tornar possível a constituição de qualquer ciência que seja, se entendemos ciência como algo que, de alguma maneira, atin-

---

6 AUBENQUE, P. *Le problème de l'être chez Aristote*. Paris: PUF, 1962.

ge a realidade, e não como meras palavras vazias. Isso, como mostra Aubenque, é o que faz Aristóteles com uma teoria sobre a linguagem que a faz escapar de certas concepções, sobre sua natureza, que a tornariam um instrumento inútil para esse fim. Suas variantes podem ser reduzidas a duas posições aparentemente opostas, já apresentadas por Platão no *Crátilo*: de um lado, a concepção, de origem eleática, de que o discurso diz diretamente a coisa; de outro, a concepção de que o discurso é mera convenção.

É provável que as teses em debate no *Crátilo*, tais como apresentadas, não reflitam a concepção de nenhum autor específico. Elas parecem, entretanto, evocar duas concepções sobre a linguagem, que se podem reconstituir a partir do que se conhece de dois sofistas célebres: Antístenes estaria por trás da tese de Crátilo, da justeza dos nomes "por natureza", e Górgias por trás da tese de Hermógenes, da justeza "por convenção".

Segundo a tese de Crátilo (Antístenes), o discurso é, se não a própria coisa, uma réplica da coisa: o discurso diz a coisa tal como é, ou não é absolutamente discurso dessa coisa; assim, Crátilo afirma serem, os "discursos falsos", ruídos feitos com a boca, não discursos.

A tese de Hermógenes não é, como a de Crátilo, largamente explorada no diálogo de Platão. Mas, pode-se inferir, numa reconstituição do que seria a posição de Górgias, a partir sobretudo do *Tratado do não ser*, que o discurso, sendo mera convenção, nada diz da realidade de que aparentemente fala; ele nada revela do ser, ele é um ser entre outros seres, incapaz de transmitir outra coisa que si mesmo. Isso não quer dizer que Górgias desmereça a importância do discurso. Pelo contrário. É daí que vem a sua força, que está na persuasão, uma persuasão que se exerce descomprometida com qualquer realidade. E tampouco quer dizer que o discurso não tenha um sentido. Mas esse sentido não é dado por uma realidade para a qual ele aponte, isto é, que ele *signifique*. As palavras surgem no encontro que tem o homem com o que são, na sua própria experiência, as coisas, experiências essas diversas para cada homem. E é apenas por convenção que essas palavras, quando as mesmas, são aceitas como remetendo-se a experiências similares entre os homens, possibilitando assim uma comunicação. O fundamento da comunicação entre os homens não é uma realidade comum a todos, nem mesmo experiências comuns a todos. Apenas as palavras são comuns e a convenção que as associa a experiências e coisas que seriam comuns é o artifício humano que torna possível uma comunicação, que, a rigor nem é comunicação, mas "encontro acidental que faz com que nossas palavras, em vez de perder-se, sejam retomadas de alguma forma por outrem por sua própria conta, isto é, como expressão de sua própria experiência".[7]

Ora, nenhuma dessas posições é compatível com o estabelecimento de uma ciência tal como a compreende Aristóteles, que vê a necessidade, para isso, de uma teoria da linguagem que justifique sua pretensão de atingir a realidade. Mas nas teses sofísticas, tais como esboçadas acima, há como que uma coincidência entre a palavra e a coisa dita, ou, na expressão de Aubenque, uma aderência da palavra à coisa que ela diz.[8] São teorias imanentistas da linguagem: a linguagem "é uma realidade em si, que faz corpo com o que ela exprime, e não um signo que seria preciso ultrapassar em direção a um significado, não dado mas problemático – o que suporia uma certa distância entre o signo e a coisa significada".[9]

Na tese de Crátilo (Antístenes), o discurso diz a coisa tal como é, ou nada diz, caso em que não é discurso. No caso de Górgias, o discurso diz o que ele diz, sem remeter a nada além de si mesmo,

---

7 AUBENQUE, P. *Le problème de l'être chez Aristote*. Paris: PUF, 1983 (1.ed. 1962), p. 103.
8 Idem, p. 104.
9 Idem, p. 100.

sendo meramente convencional a ligação estabelecida entre palavras e coisas. Assim, como observa Aubenque, apesar de apresentadas como contraditórias, elas são, em verdade, apenas contrárias: sua oposição se dá no interior de um mesmo gênero, ambas levando às mesmas consequências, sobre a impossibilidade do falso e da contradição.[10] Num e noutro caso, a linguagem não remete a nenhuma outra coisa de natureza problemática, que a transcende, e que se apresentaria, na linguagem, não na completude de tudo o que ela é, mas como objeto que se presta a uma investigação.

É preciso, pois, uma teoria da linguagem adequada para fundamentar a possibilidade de uma ciência. E é isso justamente o que teria feito Aristóteles, com uma teoria da significação, cuja reconstituição é objeto de especial atenção de Aubenque, que dela vai derivar pontos importantes de sua interpretação da ontologia aristotélica.

Não cabe aqui explicitar toda essa teoria da linguagem de Aristóteles, tal como a reconstitui Aubenque. O ponto que nos interessa diretamente é sua tese de que o objeto da ciência do ser enquanto ser não é, como os objetos das outras ciências, exterior à própria linguagem. No caso das outras ciências, seus objetos, para existir, não dependem da linguagem. Esta fala sobre eles, mas eles são o que são independentemente do que sobre eles diz a linguagem. Já o ser enquanto ser não se dá no mundo como as outras coisas. Ele se dá na própria linguagem. Retire-se do mundo a linguagem – e o pensamento –, não haverá nada que corresponda ao "ser enquanto ser". Ele é literalmente constituído pela linguagem. Com essa visão, não será mais possível confundir o ser enquanto ser com o ser divino. Nem a teologia, ciência primeira porque tem por objeto o ser divino, com a ciência do ser enquanto ser, também primeira, porque tem por objeto o ser mais universal.

---

10 Idem, p. 105 e 106.

Nesse livro admirável que é *Le problème de l'être chez Aristote*, com tantas teses originais que revolucionaram a maneira de compreender a ontologia aristotélica e suas teorias sobre a linguagem, há uma tese que não podemos deixar de mencionar. Mais que uma tese aristotélica propriamente dita, revelada por Pierre Aubenque, é uma tese do próprio Aubenque sobre o pensamento de Aristóteles, uma tese derivada de outra tese, essa realmente de Aubenque, sobre como abordar os textos aristotélicos que chegaram até nós. A maneira tradicional, como vimos, era ver na obra de Aristóteles, em especial na *Metafísica*, um amontoado de textos corrompidos, com questões levantadas e não respondidas, abandonadas e retomadas de outra maneira, lacunas e contradições. Aubenque propõe abordá-los como estão, e, tais como estão, como contendo a verdade sobre o pensamento de Aristóteles. Isso foi uma verdadeira revolução copérnica na abordagem dos textos aristotélicos. O leitor de Aristóteles é convidado a renunciar a completar lacunas e apontar contradições, e ver um Aristóteles às voltas com as aporias do próprio pensamento. Contradições e lacunas nas tentativas de obter respostas às questões filosóficas revelam simplesmente as aporias da própria filosofia, e do próprio pensamento. Nem a umidade nem os vermes são os culpados pelas lacunas e pelas contradições do texto. Culpadas são as aporias do próprio pensamento. E o que os textos nos trazem desse pensador é um filósofo poderoso às voltas com as aporias das questões filosóficas, que só continuam filosóficas justamente porque não têm solução definitiva. É Aristóteles em ação que Pierre Aubenque nos revela.

Ao apresentar aos leitores de língua portuguesa esta coletânea de artigos de Pierre Aubenque, sabemos que estamos prestando uma contribuição para os estudos aristotélicos, em especial para aqueles leitores que não tiveram a oportunidade, *hélas!*, de aprender, no curso secundário, uma língua da importância do francês para os estudos clássicos. Com isso, um autor da altura de Pierre Aubenque corre o risco de permanecer desconhecido de um número considerável de estudiosos de Aristóteles. Temos também a certeza de estar apresentando a esses estudiosos um autor dessa estirpe de comentadores que, por sua erudição e pela originalidade de suas teses, ultrapassa a condição de comentador, para alçar-se à de um verdadeiro filósofo.

Maura Iglésias

Aristóteles e o problema da metafísica*

> *Mihi nemo magis Aristotelicae doctrinae ignarus esse videtur, quam ipsi Aristotelici qui vocantur.*
>
> Leibniz: A Conring, 16 de março de 1678

Em suas *Preleções sobre a história da filosofia*, diz Hegel: "Se se levar a filosofia a sério, nada seria mais digno do que fazer preleções sobre Aristóteles."[1] Essa frase prova que, na época em que Hegel disse isso, não existia mais o hábito de fazer preleções sobre Aristóteles, e que Hegel via nesse silêncio sobre Aristóteles um sinal da falta de dignidade da filosofia de sua época.[2] E, no entanto, se se considera toda a história da filosofia pós-aristotélica, Aristóteles aparece sem dúvida como aquele filósofo sobre o qual a maioria das preleções foi proferida e a maioria dos comentários foi escrita. Nenhum filósofo provocou ao mesmo tempo um silêncio tão profundo e uma tal riqueza de palavras. Mas mesmo a riqueza da palavra é, de seu modo, um silenciar. É apenas porque o próprio Aristóteles não se exprimiu suficientemente que se fala tanto sobre ele, dele ou mesmo no lugar dele. A riqueza dos comentários é uma consequência direta do silêncio do próprio Aristóteles: o comentador fala em uma quantidade proporcional inversa à quantidade em que Aristóteles diz. E assim, inundados pelo

---

* Conferência proferida para a sociedade kantiana de Berlim, na Universidade Técnica de Berlim em 5 de junho de 1959. A fundamentação filológica e filosófica mais pormenorizada daquilo que é aqui proferido será dada em um livro em idioma francês.
1 HEGEL. *Werke*, v. 14, Berlim, 1832-40, p. 314.
2 HEGEL, loc. cit., p. 299.

comentário necessário – i.e., resultante de o texto estar em uma situação de precariedade –, desaprendemos a ouvir o silêncio do próprio Aristóteles. O filósofo do Renascimento Pico della Mirandola resumiu bem e brevemente essa situação, quando diz: "*Sine Thoma mutus esset Aristoteles*, sem Tomás Aristóteles permaneceria mudo." Não se quer, portanto, que o objetivo destas reflexões seja acrescentar um novo comentário aos tão muitos comentários, apresentar uma nova palavra sobre Aristóteles, mas sim desaprender o novo sobre Aristóteles, i.e., o sistemático, o perfeito, o satisfatório, para tentar ouvir a palavra silenciante do próprio Aristóteles em sua origem cheia de embaraços.

A aporia

Em uma passagem famosa e frequentemente citada, no início do livro Z da *Metafísica*, diz Aristóteles que a principal questão da *Metafísica*, a questão acerca do ente, seria uma "questão sempre já, sempre agora e sempre ainda buscada e sempre ainda em estado de embaraço", τὸ πάλαι τε καὶ νῦν καὶ ἀεὶ ζητούμενον καὶ ἀεὶ ἀπορούμενον, τί τὸ ὄν; (1028b 2). Platão, no *Sofista*, 244a, já havia utilizado a mesma palavra ἀπορεῖν para expressar o embaraço do homem, um embaraço que sempre renovadamente surge quando colocamos a questão o que significa ὄν, *ente*. "Cremos, diz Platão, já há muito estarmos familiarizados com o que queremos realmente dizer quando usamos a expressão *ente*, ... agora, no entanto, caímos em embaraço, νῦν δ'ἠπορήκαμεν."

O que é, então, aporia? Aristóteles é o primeiro filósofo que teorizou sobre seu próprio embaraço e nos legou uma doutrina da aporia. *Aporia* lembra πόρος, i.e., vau, caminho, passagem. Estamos em aporia quando não temos nenhum caminho ou quando hesitamos

entre diversos caminhos. Mas como se deve entender esse não-estar-
-no-caminho? Ele pode significar duas coisas:

1. Não conhecemos o caminho correto.
2. Não há de todo nenhum caminho.

No primeiro caso, nosso embaraço é um acaso cuja culpa está na incapacidade de nosso entendimento. Dito mais abstratamente: a resposta à nossa pergunta está em algum lugar, em um mundo de essências, em um céu de ideias, em um τόπος οὐράνοις, como p. ex. a solução de um problema matemático; mas ainda não descobrimos o caminho para a resposta, o modo da prova. Esse tipo de aporia surge p. ex. na alegoria da caverna de Platão quando o prisioneiro chega à luz e é cegado pela clareza admirável das ideias.[3] As ideias estão ali diante de seus olhos e o caminho para elas já está, em si, traçado; no entanto, ele não pode percorrer esse caminho devido à impotência temporária de seu espírito.

Mas não é nesse sentido que se deve entender a aporia aristotélica. Aristóteles não fala de aporia no sentido estrito da palavra, quando se trata de um problema matemático ainda não solucionado, digamos a quadratura do círculo. Aporia em Aristóteles não é nenhuma consequência de nossa ignorância, mas deve-se à própria coisa. "A dificuldade em que nosso pensamento esbarra torna evidente que há um impedimento na coisa" (B 1, 995a 30). Se nosso embaraço é genuinamente aporético, então corresponde a esse embaraço um embaraço na própria coisa. No livro α, diz Aristóteles: "Há dois tipos de dificuldade: umas devem-se a nós, a nosso espírito (ἐν ἡμῖν), as outras devem-se às próprias coisas (ἐν τοῖς πράγμασιν)" (α 1, 993b

---

[3] *Politeia* VII, 515cd, 516a, 518b. Cf. ARISTÓTELES, *Met.* α 1, 993b 9; TEOFRASTO, *Met.* 9b 11.

8). Em outras passagens, diz Aristóteles: as primeiras são πρὸς ἡμᾶς ou καΘ'ἡμᾶς, as segundas καΘ'αὐτό. Ora, podemos dizer: apenas com essas começa a metafísica.

Mas como se podem solucionar essas aporias? No primeiro caso, a resposta é clara: elas são progressivamente eliminadas através do progresso traçado do saber, assim como a sombra desaparece diante da luz que vai nascendo. No segundo caso, nenhum saber, nem mesmo um saber futuro, pode nos dispensar da tarefa de uma investigação infindável. Poderíamos, com efeito, pensar que a questão fosse insolúvel e que a humanidade deveria se colocar sempre apenas tarefas que ela possa solucionar, ou, como diz Aristóteles, apenas "pensar coisas humanas", ἀνΘρώπινα φρονεῖν.[4] Mas, nos problemas metafísicos, não se pode recorrer a uma tal posição de renúncia. Somos, diz Aristóteles, "forçados" pela própria coisa a filosofar,[5] e não conduzidos por uma tendência espontânea de nossa alma. Tendo o filosofar surgido da necessidade, não depende de nós parar ou ir adiante: nós *temos de* ir adiante, mesmo se não há nada para se encontrar. A diferença entre a questão sobre a quadratura do círculo e a questão sobre o ente é a seguinte: a resposta à primeira está escrita em algum lugar – em um livro ou no céu; a resposta à segunda, no entanto, não está dada em lugar algum e pode ser apenas o alvo de um progresso infindável. Quando Aristóteles chama a metafísica de ζητουμένη ἐπιστήμη, a "ciência buscada", não se trata aí de uma maneira meramente retórica de falar. E não é de espantar que Leibniz, vinte séculos mais tarde, escreva: "Metafísica,

---

4 *Eth. Nicom.* X 7, 1177b 32. Nessa passagem Aristóteles combate o antigo escrúpulo, cf. *Epicharm*, 13 B 20 Diels: Θνατὰ χρὴ τὸν Θνατὸν, οὐκ ἀΘάνατα τὸν Θνατὸν φρονεῖν. Mas em outras passagens ele dá mais atenção a esse mesmo aviso: cf. *Met.* A 2, 982b 29 ss, onde ele cita Simônides (ver nota 18 abaixo).

5 Αὐτὸ τὸ πρᾶγμα ὡδοποίησεν αὐτοῖς καῖ συνηνάγκασε ζετεῖν. (*Met.* A 3, 984a 18). Cf. 984b 9, 986b 31.

que Aristóteles caracterizou como ζητουμένη ἐπιστήμη, continua a pertencer àquelas ciências que devem ser buscadas".⁶

Aporia, no sentido estrito da palavra, significa então: não há caminho algum. Mas o paradoxo da aporia está no fato de que nós sentimos que não há nenhum caminho e, no entanto, temos de buscar infinitamente esse caminho inencontrável. Esse buscar aparentemente desesperançado não é um absurdo? Mas a falta de saída não é vivenciada enquanto tal pelo homem, mas sim, ao contrário, enquanto um dispor de todo tipo de caminhos e saídas. Pelo fato de o homem ser um *aporos*, ele é um *pantoporos*:⁷ a falta de caminho se abre para nós à maneira de uma pluralidade de caminhos, nenhum dos quais, no entanto, conduz até o alvo. Aporia não é, então, nem uma parada definitiva nem um caminho inequívoco, mas a variedade dos caminhos que se oferecem. Por isso a aporia nos convida não a um progresso linear, mas a um constante ir e vir de um caminho, que não se mostra como o correto, para um outro. Esse passo oscilante é chamado por Aristóteles de διαπορεῖν. A diaporia não é uma solução da aporia, mas consiste, antes, no fato de que nós nos aprofundamos no embaraço para podermos nos dar conta do embaraço. Sócrates já havia se servido desse método: ele colocaria os outros homens em embaraço porque ele próprio vivia no embaraço,⁸ e pensa que não vale a pena viver uma vida que não questione e examine, um ἀνεξέταστος βίος.⁹ Desde Sócrates conhecemos o nome desse método: ele chama-se *dialética*. Aristóteles utiliza a mesma palavra para designar esse ir e vir infindável do homem questionador. Apesar de toda sistematização

---

6 *De emendatione primae philosophiae et notione substantiae*, no início.
7 sófocles. *Antígona*, v. 360: Παντοπόρος ἄπορος ἐπ'οὐδὲν ἔρχεται.
8 *Mênon* 80c: οὐ γὰρ εὐπορῶν αὐτὸς τοὺς ἄλλους ποιῶ ἀπορεῖν, ἀλλὰ παντὸς μᾶλλον αὐτὸς ἀπορῶν οὕτως καὶ τοὺς ἄλλους ποιῶ ἀπορεῖν (cf. 79e-80a).
9 *Apologia* 33a.

posterior, a estrutura da *Metafísica* não é uma estrutura científica, apodítica, mas *dialética*, no sentido socrático e aristotélico dessa palavra. Não se trata, como no uso ou abuso moderno da dialética, de um processo que, indo através dos impedimentos, conduz necessariamente a seu fim, mas sim de uma estrutura aberta e mantida constantemente aberta: a estrutura de um diálogo sem conclusão, como nos chamados diálogos socráticos de Platão, ou como na tragédia, cuja transposição teórica parece ser a doutrina aristotélica da aporia.

Apesar do caráter sistematizante de toda a tradição dos comentários e como uma reação a ele, os intérpretes modernos de Aristóteles cada vez mais redescobriram esse caráter dialético da metafísica aristotélica. Desde o livro de Werner Jaeger (1923), que marcou época, tornou-se um lugar-comum observar que as obras de Aristóteles, e sobretudo a *Metafísica*, contêm as chamadas contradições. Mas àquela investigação metódica das contradições em Aristóteles subjaz a pressuposição de que um bom filósofo não poderia se contradizer, pelo menos não poderia fazê-lo em um mesmo instante. Por isso as afirmações de Aristóteles que se contradizem seriam não concomitantes, mas, pensava-se, seguir-se-iam umas às outras no processo de desenvolvimento histórico do pensamento de Aristóteles. Uma tal tese, que corresponde ao senso comum, não deve ser eliminada totalmente. Ela possibilitou muitos progressos na elaboração filológica do material aristotélico. Mas, no caso particular da metafísica, uma tal pressuposição metodológica não se aplica, e isso devido à razão radical de que o próprio Aristóteles se expressou acerca da estrutura dialética de sua metafísica usando a expressão *aporia*. Werner Jaeger e seus sucessores pensam: a *Metafísica* de Aristóteles ficou incompleta, mas, se Aristóteles tivesse vivido alguns anos a mais, ele teria reconhecido as contradições grosseiras de seus projetos sucessivos, unificado seu pensamento e completado sua *Metafísica* incompleta. O próprio

Aristóteles considerou, uma vez, isso como possível: em um texto de um de seus escritos de juventude que Cícero conservou para nós, Aristóteles expressou seu espanto diante do rápido progresso das ciências e da filosofia em geral e sua esperança de que "ela em breve estaria totalmente completa", *brevi tempore plane absolutam fore*.[10] Na *Metafísica*, no entanto, essa confiança da filosofia em que brevemente se completaria se perdeu, já que Aristóteles diz, ao contrário, explicitamente que a questão fundamental da metafísica permanece sempre aporética. Talvez Aristóteles tenha morrido jovem demais; querer, no entanto, produzir o que ele teria dito se tivesse vivido mais tempo é uma questão controversa do ponto de vista da história e uma tarefa sem sentido pelo menos do ponto de vista da filosofia. Pois talvez seja não Aristóteles, mas a filosofia em geral, sempre jovem demais em relação a seus próprios problemas. Talvez a filosofia em geral seja não um projeto que conduza a um acabamento, mas um projeto que sempre deve ser projetado, não um início que exija uma sequência e um fim, mas um princípio que sempre principia, ou, como diz Aristóteles, um ἀεὶ ζητούμενον καὶ ἀεὶ ἀπορούμενον. Desse modo, a pergunta prévia de toda interpretação da metafísica aristotélica permanece sendo a seguinte: o que silencia realmente e o que silencia sempre de novo na investigação incompleta de Aristóteles sobre o ente? É Aristóteles ou o ente que silencia?

As duas questões

Poder-se-iam produzir várias provas desse embaraço que se desenvolve na *Metafísica* aristotélica. Inicialmente, o que a tradição ocidental

---

10 *Fragm*. 53 Rose, Cícero, Tusculanes, 3, 28, 69. Apesar de I. Düring (*Eranos*, 1954, p. 164), não vemos nenhuma razão suficiente para duvidar da autenticidade desse testemunho. Parece-nos, no entanto, mais provável atribuir esse texto ao *De Philosophia* do que ao *Protreptikos* (como os primeiros editores supunham).

conhece pelo título *Metafísica* não tem nenhum nome no próprio Aristóteles. Metafísica é a ciência sem nome.[11] Será que se pode aqui também suspeitar que Aristóteles não teve tempo de dar um título a seus escritos que foram posteriormente chamados de *Metafísica*? O problema é, no entanto, mais complicado. É que Aristóteles propõe um título: *filosofia primeira*, φιλοσοφία πρώτη. A questão, portanto, não é: por que os editores chamaram de *Metafísica* aquilo a que Aristóteles não havia dado um nome, mas sim: por que eles não aceitaram o título que o próprio Aristóteles propôs? A resposta poderia ser: a ideia de uma φιλοσοφία πρώτη que Aristóteles esboça nas primeiras páginas da *Metafísica*, i.e., a ideia de uma ciência das primeiras causas e dos primeiros princípios ou, dito de outro modo, de uma ciência do ente mais elevado e primeiro, i.e., do divino, uma tal ideia Aristóteles sem dúvida procurou alcançar, mas ela não é realizada nos escritos por ele legados. A ciência buscada não pode ser encontrada em Aristóteles. O que nós encontramos não é nenhuma ciência no sentido aristotélico da palavra, mas uma busca da ciência. A ciência, assim ensinam os *Segundos analíticos*, procede silogisticamente; não se encontra, no entanto, nenhuma sequência silogística na *Metafísica* de Aristóteles. Ao contrário. O verdadeiro procedimento, o procedimento por excelência da investigação, é a

---

11 O uso mais antigo do título μετὰ τὰ φυσικά que conhecemos encontra-se em Nicolau de Damasco (segunda metade do século I d.C.). Isso não quer dizer, no entanto, que o título não seja mais antigo, nem mesmo que ele não tenha nenhum sentido filosófico. REINER, H. Die Entstehung und ursprüngliche Bedeutung des Namens Metaphysik. In: *Zeitschrift für philosophische Forschung*, 1954, p. 210-227, mostrou, ao contrário da opinião tradicional dos filólogos, que o meta designa algo mais que uma ordenação bibliotecária meramente externa e já foi pensado filosoficamente pelo inventor do título. Parece-nos mais sujeita à dúvida a suposição de Heiner de que esse título já surgiu no círculo dos alunos imediatos de Aristóteles, e ela pode permanecer aqui em aberto. O que é filosoficamente importante é: 1) o fato de o título não ser de Aristóteles; 2) o fato de seu conteúdo e já mesmo as circunstâncias de sua invenção terem com efeito um significado filosófico.

dialética: ela é πειραστική e ἐξεταστική.¹² Por isso a metafísica é *dialética*. Os editores parecem, portanto, ter observado que o título sugerido, φιλοσοφία πρώτη não era conveniente e, com efeito, por duas razões: 1) os escritos que eles tinham diante de si não eram científicos, apesar de ser a ciência o caráter básico da φιλοσοφία; 2) a investigação que neles se desenvolvia não era a *primeira* na série do saber, pressupondo, antes, outras ciências e investigações, em particular a física. Essa reviravolta na ordenação científica tampouco era casual, sendo, antes, uma consequência do caráter não científico e "zetético" da metafísica: "o que é último na série da análise é primeiro na série do aparecimento".¹³ Em si, καθ'αὑτό, metafísica vem antes da física, mas, para nós, πρὸς ἡμᾶς, ela vem depois da física. É verdade que essa separação ocorre na construção de cada ciência. Mas na maioria dos casos a ordenação se inverte quando a investigação chega ao final, i.e., quando se atingem os princípios da ciência. A partir desse momento a ciência pode se desenvolver dedutivamente. Mas, no caso da metafísica, essa inversão, essa coincidência que se faz sentir repentinamente entre as ordenações πρὸς ἡμᾶς e καθ'αὑτό, nunca ocorre, justamente porque a investigação preparatória não encontra nenhum fim. Coloca-se, então, a questão: por que se passa desse modo exatamente com aquela ciência que deveria ser a primeira, a ciência pura e simples, cujo conhecimento deveria ser a condição prévia de todo outro saber científico? Por que e como exatamente essa ciência *primeira* se transformou em uma ciência *posterior* à física? Foi a essa dificuldade que os editores e comentadores deram um título. No entanto, não deram uma solução e, talvez, não podiam dar uma solução.

---

12 *Met.* Γ 2, 1004b 25 (cf. *Top.* VIII 5, 155a 25; 11, 161a 25). *Top.* I 2, 101b 3.
13 *Eth. Nic.* III 5, 1112b 23.

Sabemos, no entanto, que a tradição enfatizou uma outra definição da "metafísica" aristotélica que Aristóteles de fato sugere no início do livro Γ. A partir desse novo ponto de vista a "ciência buscada" não é mais contraposta às ciências subordinadas pelo fato de ser a primeira, mas sim contraposta às ciências particulares – i.e., às ciências que consideram um γένος específico, uma região delimitada do ente – pelo fato de ser uma ciência universal. No primeiro caso, o objeto da metafísica era um ente separado, i.e., um ente separado de cada outro ente específico, χωριστόν, em outros termos: Deus. Isso não significava que a ciência primeira não era uma ciência específica; ela era, antes, a ciência separada, a mais elevada ciência específica. É especificamente do divino que a ciência considerada como o que há de mais elevado deveria ocupar-se. Mas esse "especificamente" ainda era um específico. Por oposição a isso, a ciência que é definida no início do livro Γ não é ciência de um certo gênero do ente, mas sim do ente enquanto tal, i.e., apenas na medida em que ele é um ente. Essa separação na definição do objeto da metafísica aristotélica foi ressaltada muito claramente por W. Jaeger. Não se pode, contudo, supor que se trata aqui de uma mera mudança de opinião acidental no desenvolvimento intelectual de Aristóteles, como se uma definição, a primeira na opinião de Jaeger, fosse anterior à segunda. Poder-se-ia constatar historicamente e dever-se-ia fundamentar filosoficamente que as duas linhas de pensamento são concomitantes em Aristóteles e permanecem concomitantes no desenvolvimento da metafísica. Há dois caminhos para o objeto da metafísica que não coincidem no mesmo ponto, como se o ὄν ᾗ ὄν e o ὄν χωριστόν fossem uma única coisa existente, tal como os comentadores sistematizantes ensinaram posteriormente.[14]

---

14 Essa identificação do ente enquanto ente com o divino, que se tornou tradicional na Idade Média, pode-se apoiar apenas em uma única passagem, *Met.* K 7, 1064a 29.

Já é tempo agora de esboçar esses dois caminhos da investigação metafísica mais detalhadamente. W. Jaeger os chama: o caminho teológico e o caminho ontológico. Essa última designação não é, no entanto, aristotélica e esses dois caminhos não são suficientemente originários. A metafísica se separa em duas questões, sendo que nenhuma é menos originária que a outra, e a melhor maneira de serem intituladas, em sua originalidade, poderia ser a seguinte: a questão acerca do *princípio* e a questão acerca da *unidade*. Não se tratará aqui de buscar o fundamento comum dessas duas questões, um fundamento que formaria a única coisa unitária da metafísica aristotélica e que, no entanto, nos teria permanecido encoberto. Será apresentada apenas uma exposição da primeira questão, da questão acerca do princípio, como um exemplo para a aporética aristotélica e, desse modo, também apontar-se-á para a relação com a segunda questão, a questão acerca da unidade.

O princípio

Expressa em grego, a questão acerca do princípio é a questão acerca da ἀρχή. Ἀρχή não é *começo*, i.e., aquilo que não teria nenhum sentido senão o de se extinguir diante do que se segue, mas sim *princípio* em toda a força dessa palavra, i.e., princípio sempre principiando, princípio que, em seu continuar, nunca cessa de animar e dominar o que se segue. Não é por acaso que a palavra grega ἀρχή significa, ao mesmo tempo, princípio e dominação. Ἀρχή significa, no sentido estrito da palavra, o princípio que domina.

A peculiaridade dessa passagem parece-nos ser uma razão a mais, além de argumentos estilísticos, para questionar a autenticidade de K 1-8. Ver sobre isso, mais recentemente, MANSION, A. Philosophie première, philosophie seconde et métaphysique chez Aristote. *Revue philos. de Louvain*, LVI, 1958, p. 209-221, e, já há muito, NATORP, P. Über Aristoteles' Metaphysik K 1-8, 1065a 26. *Arch. f. Gesch. d. Philos.* I, 1888, p. 178-193.

A questão acerca do princípio desdobra-se a partir da constatação de um fenômeno geral que concerne não apenas a nosso mundo sublunar, mas também ao celeste e, desse modo, determina o modo de ser próprio de todo ente do mundo, a saber: o fenômeno do *movimento*. Qual é, então, o princípio do movimento? Essa questão não significa: *quando* o movimento começou no mundo?, como se se tratasse de uma questão temporal, mas sim: qual é realmente o fundamento contínuo do ente em movimento? Mas por que o movimento exige a questão sobre seu fundamento? O que se move – já disse Platão – não pode ser o fundamento de si mesmo: ele *não é autônomo*. E ser não autônomo significa: não existir a partir de si mesmo, i.e.: o que é desse modo desapareceria se não houvesse um fundamento que, ele mesmo, tem de ser autônomo. Um tal não autônomo é, para Aristóteles, o que se move. Essa tese tem, com efeito, um significado físico: ela significa que um determinado movimento cessa tão logo o que se move não é mais movido em ato. Sabemos hoje, desde que conhecemos a lei da inércia, que essa tese é, do ponto de vista da física, falsa. Ela tem, no entanto, também um outro alcance ainda hoje válido. Ela significa que não apenas todo movimento determinado no interior do mundo móvel, mas também a mobilidade do mundo no seu todo, necessita de um fundamento que só pode ser um motor ele próprio imóvel. Esse primeiro motor imóvel, que é o princípio dominador do movimento, é Deus, ou melhor, o divino. Já mencionamos que a metafísica, sendo a filosofia primeira, deve se ocupar do divino. Parece, agora, que fizemos um grande progresso na determinação do objeto da metafísica, ao podermos caracterizar e descrever o divino como o primeiro motor imóvel.

Mas, quando falamos de Deus como sendo o motor imóvel, o que sabemos de fato sobre a essência do divino, i.e., do fundamento? Nada. É verdade que, desse modo, conhecemos a relação de Deus com o mundo e, sobretudo, conosco; ou melhor, nós conhecemos nossa relação com Deus, a relação de um ente que é um habitante do mundo móvel (e que possui a propriedade de duplicar esse movimento com seu pensamento, já que o pensamento também é um movimento) com a causa desse movimento onde ele habita e vive. Conhecemos, portanto, Deus como a causa do movimento; pensamo-lo no âmbito de nossa experiência de movimento. Conhecemo-lo não em si, i.e., em sua fundamentalidade; dito aristotelicamente: conhecemo-lo não καθ'αὑτό, mas πρὸς ἡμᾶς. Conhecemos o princípio não em sua principialidade, não temos nenhuma intuição originária dele, i.e., uma intuição que coincidisse com sua origem em seu originar-se, mas, antes, conhecemo-lo apenas a partir de suas consequências. Enquanto homens não temos um saber principial do princípio.

Agora podemos compreender o que constatáramos acima, a saber: o fato de que a filosofia primeira, na verdade, não é a primeira, mas sim a segunda, i.e., ela vem *após* a física. O saber humano do princípio não é um saber principial, i.e., um saber que parte do princípio, mas sim uma investigação que sempre tenta retornar ao princípio por meio de todas as mediações. O homem é um ser que está sempre distanciado dos princípios, justamente porque ele está no movimento.

Aristóteles desenvolve muito claramente essa dificuldade nas primeiras páginas do *Analytica Posteriora*. Trata-se aqui exatamente do princípio do saber. A primeira frase do livro reza: "Todo ensinar e todo aprender pressupõem um saber prévio" (76a 1). Essa frase anima toda a doutrina aristotélica do silogismo. Não é possível nenhuma prova se ela não pressupuser a verdade de suas próprias premissas. É verdade que essas premissas podem já ter sido provadas anteriormente. Mas o que se passa com as premissas que são primeiras de todas dos primeiros silogismos de todos? A inacessibilidade fundamental de toda prova humana está no fato de ela ir sempre de uma verdade a uma outra verdade, i.e., estar sempre no caminho e nunca poder coincidir com a origem de seu próprio procedimento. Prova é algo que sempre já principiou. Mas, se é assim, não há nenhuma prova possível do próprio princípio. Se o saber genuíno é um saber apodítico, então, ao se proceder silogisticamente, tem de se reconhecer que o saber se funda no não saber. Os sofistas já haviam pressentido essa aporia e já a haviam mesmo expressado claramente quando eles mostraram que o aprender é impossível: pode-se aprender ou o que já se sabe ou o que ainda não se sabe; mas o que já se sabe não se necessita aprender; e o que ainda não se sabe não se pode aprender, pois não se sabe o que se busca aprender. Não é por acaso que Aristóteles lembra no início dos seus *Analytica Posteriora* essa aporia que já havia se tornado clássica e que Platão, em seu *Mênon*, de acordo com a visão de Aristóteles, não havia levado suficientemente a sério.[15]

Parece, no entanto, haver em Aristóteles uma solução desse problema. A aporia mostra que um conhecimento mediato do originário, i.e., do imediato, é impossível. E, no entanto, resta o fato de que o imediato é conhecido imediatamente, i.e., através de uma intuição. Aristóteles diz efetivamente isso: "Resta, λείπεται, no entanto, o fato de que há uma intuição dos princípios, λείπεται νοῦν εἶναι τῶν ἀρχῶν.[16] Deve-se, no entanto, indicar que Aristóteles apresenta essa intuição dos princípios antes como uma exigência (*resta*), não comunicando uma experiência verdadeira dos mesmos. Não é agora o momento de tratar a difícil questão sobre se Aristóteles considera

---

15 *Analytica Posteriora* I 1, 71a 29; *Analytica Priora* II 21, 67a 21. Cf. *Mênon* 80e. Como bem se sabe, Platão soluciona essa dificuldade com a doutrina da anamnese, da reminiscência; Aristóteles, no entanto, recusa-a como sendo "sem sentido": como se pode, pergunta ele, saber algo sem também possuir em ato o princípio desse saber (*Analytica Posteriora* II 19, 99b 27. Cf. *Met.* A 9, 992b 29 ss)?

16 *Eth. Nic.* VI 6, 1141a 7. Cf. *An. Post.* II 19, 100b 13.

ou não uma intuição dos princípios como possível. Poder-se-iam citar vários proferimentos negativos de Aristóteles que, no melhor dos casos, mostram que a capacidade humana para essa intuição permanece questionável para ele. A tarefa da dialética (não da intuição) é apreender os primeiros princípios.¹⁷ E, com efeito, Aristóteles, quando ele no livro Γ da *Metafísica* empreende fundar o princípio de todos os princípios, o princípio da não contradição, não lança mão de nenhuma intuição, mas de uma justificação dialética que fundamenta o princípio da não contradição indiretamente por meio da refutação de seus opositores.

Essa falta de uma fundamentação intuitiva da ciência mais elevada coloca em questão a possibilidade de uma filosofia primeira, i.e., não de um saber imperfeito que se aproxima penosamente dos princípios, mas de uma ciência que "estivesse em casa" no fundamento e que pudesse utilizá-lo como ponto de partida de suas derivações. No início da *Metafísica*, após ter descrito a ideia de uma ciência desse tipo, Aristóteles coloca em dúvida o fato de essa ciência ser humanamente possível: "Poder-se-ia também com razão considerar a aquisição da filosofia (primeira) como sobre-humana; pois a natureza humana é escrava de muitas coisas e, portanto, de acordo com o dito de Simônides, apenas um deus poderia possuir esse privilégio, Θεός ἂν μόνος τοῦτ'ἔχοι γέρας." Ele continua algumas linhas mais adiante: "A filosofia é divina em um duplo sentido; pois, por um lado, é divina a ciência que Deus, acima de todos, é que pode ter, e, por outro lado, é divina a ciência que é ciência do divino."¹⁸ É nesse duplo sentido que a filosofia primeira ou, conforme o caso, teologia é divina, i.e., sobre-humana: ela fala de Deus e ela pertence a Deus. Deus é o único

---

17 *Tópica* I 2, 101a 36 – b 4.
18 *Met.* A 2, 982b 29 – 983a 7. Ver acima nota 4.

teólogo. Pascal ainda pensa, ainda que inconscientemente, de modo grego, e mesmo aristotélico, quando ele escreve do Deus cristão: "*Il n'y a que Dieu qui parle bien de Dieu*", apenas Deus fala corretamente de Deus – ou mesmo, apenas Deus pode falar de Deus. Dito mais abstratamente: apenas Deus é o primeiro filósofo; a filosofia humana é sempre uma segunda filosofia, não é uma filosofia originária, mas sim uma filosofia que penosamente tenta sempre de novo retornar aos princípios. O homem é um ser banido do princípio. Ele habita no ente, mas o ser desse ente esquiva-se sempre da sua palavra. Ele está sempre falando do ente, mas, apesar disso, não fala o ser do ente. Seu falar é um enunciar, i.e., um falar predicativo que diz algo de algo, τι κατά τινος, mas o algo mesmo, a essência, a substância, nunca podem ser proferidos. A palavra humana é uma tentativa infindável de evocar o silêncio insuperável do princípio.

A unidade

Com esse silenciar falante diante do princípio, coloca-se, em estreita conexão com a primeira questão, a questão acerca da unidade. É porque o ser permanece não proferido que se fala tanto sobre o ente. A inacessibilidade do princípio revela-se na multiplicidade dos caminhos que dele partem ou a ele se dirigem, e esses caminhos exprimem-se na multiplicidade de sentidos do enunciado humano. Como a dominação unificante do princípio, ainda que pressuposta, nunca pode ser proferida, o discurso humano sobre o ente é sempre múltiplo. Tò ὂν λέγεται πολλαχῶς, "o ente se enuncia de múltiplas maneiras": essa frase, frequentemente repetida, como um *Leitmotiv* da *Metafísica* aristotélica, é a consequência direta da aporética do princípio. Como a unidade do ente não pode ser intuída em sua origem, ela só pode ser repetidamente transmitida por meio de um desvio. Esse desvio transmissor é a linguagem. Por meio dela não se é conduzido à unidade, mas, antes, apenas alude-se a ela. A palavra ὄν, que é a mais importante pois funciona como cópula no enunciado, no κατεγορεῖν, não é um dito unívoco, mas sim um πρὸς ἕν λεγόμενον, i.e., uma palavra que remete, por meio da multiplicidade de seus significados, a uma unidade sempre buscada. Como esses significados do ente se chamam *categorias*, vê-se que a famosa doutrina aristotélica das categorias, que viria a ser posteriormente interpretada incorretamente na doutrina medieval da analogia, não é na verdade tanto uma solução inequívoca da questão acerca da unidade, mas sim uma resposta que está sempre reiteradamente perguntando.

O fracasso produtivo

Se se quisesse opor a essa exposição dizendo que ela é negativa demais e não dá conta de modo suficiente do que a *Metafísica* contém como desempenhos positivos, poder-se-ia replicar que o positivo em Aristóteles não está tanto em sua intenção declarada, mas sim, antes, no fracasso dessa pretensão. Ele queria produzir uma filosofia primeira, ele escreveu uma metafísica. Ele queria ser um teólogo, e ele esgotou-se na prova de que uma teologia é humanamente impossível. Ele queria coincidir com o princípio e partir do princípio, e ele nunca passou da tentativa provisória de se aproximar do princípio. Ele queria apreender a unidade do ente, i.e., aquilo que faz com que o que a cada vez é seja um ente, e a busca por essa unidade se substitui à posse intuitiva impossível da própria unidade. Poder-se-ia mostrar que muitas doutrinas conhecidas de Aristóteles, como p. ex. a *doutrina das categorias*, surgiram do fracasso de sua verdadeira intenção. Ele queria provar que o ente é um, e descobriu que ele tem vários significados que não podem ser reduzidos à unidade de um gênero. Kant exprimiu, sem querer, esse fracasso produtivo de Aristóteles ao proferir, no início da *Analítica transcendental*, a opinião de que a divisão aristotélica das categorias deveria ser "*sistemática*" e, no entanto, permaneceu "*rapsódica*". Aristóteles queria, sem dúvida, produzir um sistema e nos legou uma "*rapsódia*". Será que devemos nos queixar disso? Esse fracasso nos coloca, de todo modo, várias questões, uma das quais é uma questão sobre o método e uma outra uma questão fundamental:

1) Será que a tarefa do comentador é a de produzir o sistema que o filósofo não pôde produzir?

2) Será que esse fracasso é um fracasso do filósofo chamado Aristóteles ou um fracasso da filosofia em geral? O que é rapsódico? O pensamento de Aristóteles ou o comportamento do homem para com o ente em geral?

Se a resposta à primeira questão parece a nós modernos, a nós que estamos habituados ao rigor do método histórico e filológico, ser uma resposta clara, no que concerne à segunda questão, uma questão que não é filológica, mas sim filosófica, as coisas não estão tão claras. Se se quer avaliar com justeza o embaraço da filosofia aristotélica, então deve-se perguntar se o fracasso do filosofar, se ele for grande, não pertence à filosofia. Talvez aquilo que Aristóteles contra sua própria vontade produziu seja mais filosófico do que aquilo que ele quis produzir. Em Aristóteles o não fazer é ainda um fazer, o silenciar é uma palavra de grande alcance. A impossibilidade da intuição é a realidade da dialética. A impossibilidade da imobilidade é a realidade do movimento. A impossibilidade da teologia é a realidade da ontologia. Em Aristóteles a "ciência buscada" torna-se filosofia do buscar, a metafísica incompleta torna-se metafísica do ser incompleto do mundo e do homem, o que força o homem à palavra e ao agir produtivos. Só se pode fazer jus ao conteúdo positivo da metafísica aristotélica se não se espera mais dela o que não se pode nela encontrar, a saber: um *sistema*. Pois, de novo, a impossibilidade do sistema é a realidade da investigação, da *zetesis*. Nessa reviravolta que se desenvolve livremente na metafísica de Aristóteles, reconhecemos talvez o paradoxo que reiteradamente surge, o qual é inerente a todo filósofo: é porque ele buscou e, no entanto, não encontrou o que buscava que ele encontra nessa própria busca o que ele não buscava. Isso não é um pensamento moderno, mas a sabedoria expressa de modo pouco claro de um dito antiquíssimo que Aristóteles havia lido, um dito de Heráclito[19] que reza: Ἐὰν μὴ ἔπηται, ἀνέλπιστον οὐκ ἐξευρήσει, ἀνεξερεύνητον ἐὸν καὶ ἄπορον, "se ele não espera, ele não encontrará o inesperado, que é não encontrável e *inacessível* – ἄπορον", i.e., sempre ainda e sempre já *aporético*.

Tradução de Fernando Rodrigues

---

19 *Fragm.* 18 Diels.

Ambiguidade ou
analogia do Ser?*

"O ser se diz em vários sentidos." Esta frase, pela qual Aristóteles introduz a enumeração dos sentidos múltiplos do ser, poderia figurar como o ponto de partida da tradição metafísica ocidental, uma vez que esta se apresentará frequentemente como uma reflexão sobre a unidade do ser apesar da pluralidade dos seus sentidos. Mas esta frase pode também anunciar o fim desta mesma metafísica, uma vez que a análise semântica, à qual ela convida o metafísico, deveria logicamente conduzi-lo a apagar a palavra *ser* em proveito da diversidade, doravante definida e nomeada, das suas significações.

A frase de Aristóteles guarda certamente o seu caráter problemático somente se se mantém seu sentido óbvio, que é o de fazer referência a um fenômeno de linguagem. Não se escaparia da aporia, pelo menos em aparência, senão pelo recurso a uma tradição arcaizante, como aquela que propõe Heidegger:[1] "*Das Seiend-Sein kommt vielfältig zum Scheinen*", "O ser-ente advém de modo múltiplo ao aparecer". Assim entendida, a frase exprimiria apenas o esplendor multiforme do ser. Mas Aristóteles às vezes exprime a mesma constatação sob uma outra forma: τὸ ὂν σημαίνει πολλαχῶς, "o ser significa de modo múltiplo." Trata-se então de uma constatação sobre a linguagem: a palavra *ser* (enquanto predicado) comporta uma pluralidade de significações, dito de outro modo, ela é *equívoca*, o que só poderia ser

---

* In: *Le Langage* I: Actes du XIII congrès des Societés de Philosophie de langue française, Genève, 2-6 août 1966, Neuchâtel, La Baconnière, 1966, 392 p., coll. "Langages". p. 11-14.
1 *Was ist das – die Philosophie?* Pfullingen, 1956, p. 46.

entendido como imperfeição: porque se lembrarmos que uma palavra que "não significa uma única coisa", "não significa nada" (*Metafísica* Γ, 1006b 7), veremos então que toda proposição sobre o ser, enquanto tal, pode ser condenada como desprovida de sentido único, logo, de sentido, simplesmente.

É o que reterá, ou acreditará redescobrir, a tradição que, poder-se-ia dizer, em um sentido amplo, positivista. De fato, é a distinção dos sentidos do ser, ou categorias, que tornou possível a instituição de um, ou melhor, de vários discursos coerentes, que são as diferentes ciências positivas. Cada ciência é, segundo a expressão de Paul Ricoeur, como uma "ilhota de linguagem" que "está inteiramente sob a regra da univocidade". Mas esta regra requer, como condição de sua aplicação, a limitação de cada ciência a um campo determinado: aquele do "gênero" em Aristóteles, de um certo tipo de experiência sensível em Comte, de um certo sistema finito de axiomas para o positivismo lógico. Todo discurso que transcende a fragmentação categorial ou crê que é possível ignorar o que Comte chamava de "a inevitável diversidade" dos "fenômenos fundamentais" está sob suspeita de ambiguidade: ele é "dialético e vazio", diz Aristóteles; ele se move "no vazio" a falta de "ponto de apoio", dirá Kant. Mas, vê-se então a consequência negativa que disto decorre para a metafísica: o ideal aristotélico de uma linguagem científica, logo unívoca, e a concepção correlata da filosofia como ciência do ser condenam a filosofia a se constituir como ciência particular, logo, a se negar como filosofia, quer dizer, como discurso total sobre o ser. Na outra extremidade da corrente encontramos Wittgenstein: "O método correto em filosofia seria, propriamente, não dizer nada a não ser o que pode ser dito; logo, as proposições das ciências da natureza – portanto, alguma coisa que não tem nada a ver com a filosofia" (*Tractatus*, 6.53).

Seria preciso recusar, como tentativa sem esperança ou como compromisso ele mesmo "ambíguo", todo esforço da metafísica ocidental para instituir um discurso coerente, por não ser perfeitamente unívoco, sobre o ser enquanto tal? É graças à ideia de *analogia* que se acreditou poder, na Idade Média, erguer a desoladora alternativa de uma unidade que somente seria equívoca e de uma univocidade que seria apenas fragmentária. E acreditou-se poder apoiar esta tese em Aristóteles, afirmando-se que há entre as significações múltiplas do ser uma certa unidade de relação, pois todos os outros sentidos, excluído o primeiro, fazem referência a (*pros*) um sentido primeiro, que é o ser como essência (*ousia*). Infelizmente, não é suficiente haver relação para que haja no sentido próprio do termo analogia: é necessário, além disso, que haja *igualdade* de relações. A constatação de uma relação (por exemplo, entre a essência e as outras categorias) não faz senão confirmar a fratura da unidade, sem poder explicar-lhe a razão: ela não nos diz, por exemplo, por que o ser não é apenas essência, mas também, quantidade, qualidade, relação etc. Ao contrário, a analogia, graças à ideia de uma igualdade entre desiguais, permite reintroduzir uma certa identidade e, assim, uma certa racionalidade no seio mesmo da diferença: há como que uma justiça no ser, pois os entes recebem o ser na proporção de sua perfeição. Nós seríamos de opinião que a pretensa *analogia de atribuição* dos escolásticos (que traduz "a unidade de significação por referência a um termo único" de Aristóteles) deve sua denominação, aliás imprópria, unicamente ao fato de não ser pensada sem referência à verdadeira analogia, ou seja, a *analogia de proporcionalidade*.[2] Cada ente participa do *esse* na proporção de seu lugar na hierarquia dos seres, quer dizer, do grau de perfeição de sua essência. Mas esta metafísica dos *graus* do ser, que

---

2 Cf. MURALT, A. de. Comment dire l'être? Le problème de l'être et de ses significations chez Aristote. *Studia philosophica*, XXIII, 1963, p. 159. Paris: Vrin, 1985.

sub-repticiamente substitui pelo viés do comentarismo a metafísica dos *sentidos* do ser, só é possível na medida em que se opera uma renovação radical: ela pressupõe que cada ente *receba* seu ser e que a *doação* de ser, da qual essa recepção é o correlato, obedeça a considerações de ordem: "todo recebido é no receptor segundo a medida do receptor" (*Suma Teológica* I, q. 84, a. 1). A metafísica da analogia pressupõe então uma teologia da criação, graças à qual o ser finito vê valorizada sua finitude tanto como ela pode ser, ou seja, uma vez que ela é doravante apenas a inevitável limitação, ela mesma proporcionalmente administrada, do ser criado.

Mas então a doutrina da analogia, que requer a ideia filosoficamente indemonstrável de um Deus criador e justo, aparece como um ato de fé no *sentido* do ser a despeito do contrassenso aparente que sua equivocidade revelava. Se esta fé no sentido do ser, que conserva em São Tomás o caráter de um engajamento existencial, esquece sua origem problemática ao ponto de cair na afirmação da unidade da ideia ou do conceito do ser – como se vê na escolástica tardia[3] – então o ser, comum a Deus e à criatura, comum também às diversas categorias, mas que é tal só enquanto representado, encontrará enfim seu estatuto de univocidade: mas isto será à custa de sua redução ao ser "objetivo",[4] maduro doravante para a representabilidade científica, a calculabilidade matemática e finalmente todas as formas da manipulação técnica. O ser será esta "mensagem unívoca" que exigem hoje em dia as teorias, bem como a prática, da comunicação e da informação.

---

3 Cf. MONTAGNE, B. *La doctrine de l'analogie de l'être d'après saint Thomas d'Aquin.* Louvain-Paris, 1963; MARTY, F. Analogie et degrés d'être. *Archives de Philosophie*, 28, 1965, em especial p. 177.

4 Cf. DALBIEZ, R. Les sources scolastiques de la théorie cartésienne de l'être. *Revue d'Histoire de la Philosophie*, 3, 1929, p. 464-472; HEIDEGGER, M. *Holzwege*, II, *Die Zeit des Weltbildes*. Frankfurt, 1950.

A história da metafísica testemunha então um esquecimento progressivo do ser. Mas não se pode descrever este esquecimento como esquecimento do seu "sentido", a não ser na condição de entendermos por "sentido" do ser, este surgimento multiforme e não regrado que, para a linguagem, ao menos para uma linguagem administrada pela regra da identidade, se traduz por uma pluralidade incômoda de significações. Poder-se-ia dizer que o sentido do ser é o de não ter um único sentido. Entretanto, excluindo-se a poesia, a linguagem sobre o ser requer, como toda linguagem regrada, a univocidade. Compreende-se por aí que a metafísica, enquanto pesquisa de um discurso coerente sobre o ser, tende à sua própria supressão, que chega a seu fim quando o ser multiforme e equívoco é reduzido ao ente unívoco da objetividade científica. Mas a história não é um destino. Uma metafísica, que seria talvez "dialética" no sentido de Aristóteles, deveria se esforçar em retomar a abertura e a diferença iniciadoras, ao mesmo tempo reconhecendo que é da natureza da abertura se fechar, e da diferença se nivelar. É verdadeiro dizer que a polissemia do ser convoca o homem a uma tarefa de unificação, mas é preciso acrescentar que esta tarefa é infinita, porque a pluralidade dos sentidos está sempre renascendo. As reduções de tipo cientificistas, positivistas ou mesmo teológicas, operadas pela história, não são senão falsos atalhos, que não chegam tão rapidamente ao fim a não ser pelo esquecimento do sentido ou, se se prefere, do contrassenso original de seu ponto de partida.

Tradução de Edson Peixoto de Resende Filho

O PENSAMENTO DO SIMPLES NA METAFÍSICA (Z 17 E Θ 10)

Em duas ocasiões na *Metafísica* (Z 17 e Θ 10), Aristóteles se depara com um problema que, provisoriamente e em sua máxima generalidade, poderia ser formulado da seguinte maneira: se o conhecimento humano é constituído pela composição (σύνΘεσις) de um sujeito e de um predicado, como conhecer o simples (ἁπλοῦν, ἀσύνΘετον), isto é, aquilo que não admite nenhuma composição? Essas duas passagens, entretanto, foram raras vezes examinadas na relação de uma com a outra, e tampouco foram, de maneira suficientemente cuidadosa, aproximadas da passagem do *Organon – Anal. Post.* II 4-8, sobre a questão da demonstração da essência – que é a que mais bem pode contribuir para esclarecê-las.[1] O tratamento relativamente independente dessas passagens pelos comentadores explica-se em primeiro lugar pela diferença dos contextos. Em Z 17, a dificuldade é levantada pela caracterização da essência (*ousia*) como causa: como a causa é sempre causa de uma composição, não se vê que sentido dar à busca da essência de uma coisa simples. Em Θ 10, é uma definição da verdade como adequação entre a composição (ou a separação) que está nas

---

1 É assim que J. Tricot não remete nem a Θ 10, em seu comentário de Z 17, nem a Z 17, em seu comentário de Θ 10. BOEHM, R. *Das Grundlegende und das Wesentliche: Zu Aristoteles' Abhandlung "Über das Sein und das Seiende"* (*Metaphysik* Z), Haia, 1965, que consagra um capítulo inteiro à interpretação de Z 17 (p. 177-200), não remete nem a Θ 10 nem a *Anal. Post.* II 4-8. A propósito de Z 17, Tricot é corretamente levado pelos exemplos do eclipse da lua e do trovão a citar o desenvolvimento desses exemplos em *Anal. Post.* II 8, mas sem tirar daí consequências particulares. L. Robin ("Sur la conception aristotélicienne de la causalité", artigo de 1910 reproduzido em *La pensée hellénique des origines à Épicure*, Paris, 1942) sublinha a relação de Z 17 com *Anal. Post.* II 4-8, mas não com Θ 10.

coisas e a composição (ou a separação) que é enunciada pelo discurso que leva Aristóteles a reconhecer a inaplicabilidade dessa definição ao conhecimento dos não compostos (ἀσύνΘετα). Enfim, o longo desenvolvimento de *Anal. Post.* II 4-8 é conduzido pelo problema geral da definição. Poderíamos, portanto, dizer que o contexto de Z 17 é ontológico, o de Θ 10 epistemológico, e o dos *Anal. Post.*, especificamente, lógico. Mas essa diferença de perspectivas, que, aliás, em nada as impediria de serem eventualmente complementares, não foi suficiente para mascarar a repetição nessas três passagens de uma mesma questão, que é a do conhecimento do τί ἐστι,[2] a qual é, nos três casos, posta em relação com a questão do simples: de fato, o τί ἐστι aí aparece, seja como um caso particular do simples (Θ 10), seja como a questão que conduz à questão do simples (Z 17), seja como o próprio tipo de questão que pede (e entretanto não pode receber) como resposta uma enunciação simples (ἁπλῶς) (*Anal. Post.*). Além disso, um outro texto da *Metafísica* (como Θ 10, relativo ao problema da verdade) aproxima, como se fosse autoevidente, as expressões τὰ ἁπλᾶ καὶ τὰ τί ἐστιν (E 4, 1027b 27-28).

O desinteresse dos comentadores pela comparação desses textos, que entretanto fornecem razões variadas tanto de forma como de fundo (identidade da problemática de um conhecimento sem composição, imbricação da questão do simples – ἁπλοῦν, ἀσῦντετον – ou da enunciação simples – ἁπλῶς – com as que são levantadas pela questão τί ἐστι), parece explicar-se por conseguinte não tanto pela ausência de uma questão comum a esses textos quanto pela impressão que esses textos dão quando não dão uma resposta única a essa questão impli-

---

2 Essa questão é expressamente tematizada no decorrer dos *Anal. Post.* Embora não seja colocada expressamente desde o início, ela é introduzida num momento crucial do desenvolvimento de Z 17, em 1041b 1 ss, Θ 10 não parece estar voltado principalmente para essa questão, mas a soluciona à sua maneira em 1051b 25 (ἀπατηθῆναι γὰρ περὶ τὸ τί ἐστιν οὐκ ἔστιν) e volta a ela em 1051b 32.

citamente comum. Digamos, para resumir o que não é no momento senão uma impressão, que Θ 10 resolve facilmente a dificuldade pelo recurso a uma *intuição* (Θιγεῖν, νοεῖν) do simples, enquanto os *Segundos analíticos*, ao fim de um longo percurso, só veem saída em um procedimento *dialético* (λογικός), que, ademais, não é universalmente aplicável. Deixemos por enquanto aberta a questão de saber para que lado pende Z 17, uma vez que é partindo desse texto – o mais aporético dos três – que vamos tentar pôr um pouco de ordem na análise da questão colocada e no exame das soluções propostas.

***

Podemos deixar de lado aqui a questão, por si só importante, de saber que relação tem o capítulo Z 17 com o conjunto do livro Z, do qual ele constitui a "conclusão". Aristóteles aí diz em qualquer caso que é preciso uma "nova partida" para resolver a questão de que se ocupam os capítulos precedentes desde o fim de Z 1, a saber: τίς ἡ οὐσία. Nosso problema não diz respeito diretamente nem ao sentido, para nós sem ambiguidade, que convém dar a essa questão,[3] nem mesmo à resposta que a maior parte dos intérpretes – mas não todos os editores[4] – creem encontrar para essa questão na linha 1041 b 8, a saber, que a *essência é a forma*.

---

3 Digamos contudo que nós a compreendemos como a quase totalidade dos tradutores e intérpretes: "Que é a essência?", e não como J. Brunschwig (Dialectique et ontologie. A propos d'un livre récent, *Rev. Philos.*, 89, 1964, p. 193-194): "Que é aquilo que é a essência?", i.e., "Qual é a denotação do conceito de essência?" (cf. também Ross, ad loc., p. 161). Em particular aqui, a expressão ὁποῖόν τι não nos parece poder ser outra coisa senão o atributo (e não o sujeito) de τὴν οὐσίαν. O argumento de J. Brunschwig ("Se a questão inicial fosse *Que é a essência?*, é evidente que a proposição *A essência é princípio e causa* seria uma resposta, logo um ponto de chegada, não um ponto de partida", p. 194) não nos parece ser convincente, pois o fato de a essência ser princípio e causa pode perfeitamente estar enunciando uma simples propriedade da essência, a partir da qual continua sendo possível buscar remontar a sua definição.

4 Christ e, em seu rastro, Jaeger, suprimem a frase τοῦτο δ'ἐστί τὸ εἶδος (1041b 8) que lhes parece ser uma glosa de τοῦτο δ'ἡ οὐσία das linhas 8-9.

A "nova partida" consiste em partir da suposição, que não é aqui justificada, mas que parece, para Aristóteles, ou ser autoevidente ou ter sido justificada em outro lugar,[5] de que "a essência é princípio e causa". Desse ponto de partida, Aristóteles espera não somente esclarecimentos sobre a natureza da essência em geral, mas também em particular sobre "essa essência que existe separada das essências sensíveis" (1041a 8). Nada no capítulo Z 17 vai confirmar expressamente essa última expectativa – a menos que se julgue que ela é satisfeita pela alusão à forma em 1041b 8, mas a forma não é aqui invocada senão como causa da matéria nos seres sensíveis! As essências separadas parecem-nos bem mais assimiláveis aos "simples" da linha 1041b 9: eis aqui um dos pontos sobre os quais a aproximação com Θ 10 pode provavelmente trazer alguma luz.

De fato, Aristóteles não vai mais tirar da suposição de que "a essência é princípio e causa" consequências imediatas sobre a natureza da essência. Desde o início, ele parece estar impedido de fazê-lo por uma aporia cujo desenvolvimento constitui o essencial do capítulo (1041a 10 – 1041b 11). Ele se pergunta com efeito em que consiste a busca da causa (ζητεῖν τὸ αἴτιον, ou, mais frequentemente, ζητεῖν τὸ διὰ τί, 1041a 10, 11-12, 22, 23, b 5). A busca da causa consiste em perguntar-se por que um atributo pertence a um sujeito: διὰ τί ἄλλο ἄλλῳ ὑπάρχει. Essa fórmula, colocada desde 1041a 11, é retomada adiante sob outras formas, notadamente em 1041a 23: τὶ ἄρα κατά τινος ζητεῖ διὰ τί ὑπάρχει, e 25-26 ἄλλο γὰρ οὕτω κατ᾽ ἄλλου. O que é invocado aqui como condição de possibilidade da legitimidade da questão *Por quê?*, é ao mesmo tempo a existência na coisa interrogada de uma composição de substrato e de acidente e, no discurso que mantemos sobre ela, de uma estrutura verdadeiramente (e não

---

5 No início do desenvolvimento sobre as causas (A 3, 983a 27), é dito que a essência é uma das causas: μίαν μὲν αἰτίαν φαμὲν εἶναι τὴν οὐσίαν.

aparentemente) predicativa, do tipo: S é P. Podemos supor que Aristóteles deveria aqui estar mais interessado no problema ontológico que no lógico ou no epistemológico. Entretanto, é este último que vai tomar a frente da discussão, como testemunham a repetição das expressões ζντεῖν, ζήτησις, e as claras alusões – que explicitaremos sobre vários pontos precisos – à doutrina dos *Segundos analíticos*. Dizer a causa é sempre demonstrar o pertencimento de um predicado a um sujeito; buscar a causa é pois, muito precisamente, buscar o termo médio que permitirá, conhecendo-se os dois termos entre os quais procuramos estabelecer a relação atributiva, construir o silogismo que concluirá pela atribuição de um desses dois termos como maior e ao outro como menor. A estrutura causal não é portanto binária, como estaríamos tentados a supor atualmente (causa-efeito), mas é ternária, como o é a própria estrutura do silogismo.[6] Mas, se a *resposta* causal consiste em encontrar o termo médio é que a *questão* causal, para ter um sentido, pressupõe no mínimo, ela mesma, uma estrutura binária (substrato-acidente ou sujeito-predicado) na coisa ou no estado de coisas sobre os quais nos interrogamos.

É esta última consideração e apenas ela que cria a dificuldade na qual Aristóteles esbarra aqui. Se buscar a causa é buscar por que B pertence a A, por exemplo, por que este homem é músico, então não tem sentido buscar por que A é A, por exemplo, por que o homem é homem. O princípio geral da "solução" é que não se pode dar um

---

6 É sem dúvida a razão pela qual Aristóteles prefere a expressão ζητεῖν διὰ τί à expressão ζητεῖν τὸ αἴτιον. Enquanto a causa é causa *de* ... e parece designar uma relação de dois termos, a questão "por que" pergunta por que *isto é aquilo* e supõe uma dissociação prévia à introdução de um terceiro termo. Será preciso esperar os estoicos para ter, com a inferência αἰτιώδης, caso particular do συνημμένον, uma compreensão moderna da questão "Por quê?". Os estoicos não perguntarão mais "Por que A é B?", mas "Por que A?", sendo a resposta: "Porque B, A". Mas isso supõe uma visão inteiramente modificada, não somente da proposição, mas também do mundo, considerado como sucessão de eventos.

sentido a questões desse segundo tipo a não ser decompondo-as: δεῖ διαρΘρώσαντας ζητεῖν· (1041b 2-3), o que supõe evidentemente que tais questões são suscetíveis a uma tal decomposição. Podemos ainda perguntar, se é que esse desdobramento tem sentido, por que o homem sob este ou aquele de seus aspectos é homem sob outro determinado aspecto.

Reconhecemos aqui, embora de maneira consideravelmente simplificada, uma problemática que Aristóteles desenvolve com mais detalhes técnicos nos capítulos II 4-8 dos *Segundos analíticos*, onde ele se pergunta se é possível demonstrar que uma coisa é o que ela é, em outras palavras, se é possível demonstrar sua definição. Em Z 17, o problema da definição não é senão indiretamente abordado em 1041b 1, por intermédio da questão τί ἐστι. Na realidade, em Z 17 Aristóteles está pensando somente no discurso atributivo e não no discurso definicional. Mas essa restrição é aqui natural e legítima, pois Aristóteles não se interroga sobre a definição das essências, mas sobre a utilização que se pode fazer, na linguagem, da essência considerada como causa. Ora, *a partir do momento em que nos interrogamos sobre o porquê, entramos no universo da atribuição.* Se nos perguntamos, por exemplo, por que o homem é um animal de tal espécie (διὰ τί ἄνΘρωπός ἐστι ζῷον τοιονδί, 1041a 20-21), esta última proposição não é, ou não é mais, uma definição, mas uma proposição atributiva ordinária que procuramos construir na conclusão de um silogismo. Em outros termos, não se pode buscar o τί ἐστι a não ser com a condição de aceitar a condição de toda busca causal,[7] que é fazer atribuições e de início colocar as distinções que toda atribuição supõe.[8] Mas, se Aristóteles aqui também resolve claramente pela negativa à

---

7 Veremos mais adiante que essa expressão é pleonástica.
8 1041a 32 – 1041b 2.

questão de uma eventual demonstração da definição (uma vez que não se pode demonstrar senão uma atribuição), pode-se perguntar o que justifica – pelo menos nesse lugar, isto é, no quadro geral de considerações sobre a essência – a aporia de Z 17. Poder-se-ia com efeito pensar que Aristóteles, fazendo da essência uma causa, indica muito claramente a fecundidade dessa noção: a essência, termo médio no silogismo, é a causa da atribuição de propriedades ao sujeito do qual ela é a essência; assim, a essência do triângulo é a causa dessa propriedade do triângulo pela qual seus ângulos são iguais a dois retos. Mas Aristóteles, sem que ele se explique claramente, não parece resignar-se a dar essa conclusão ao conjunto do livro Z. Essa conclusão mostraria a fecundidade epistemológica da noção de *essência*, pressuposta com efeito pela prática das diferentes ciências. Mas, no livro Z, como aliás nos outros livros da *Metafísica*, não se trata de fundar a ciência em geral, mas essa ciência particular e eminente que uma ciência da essência seria.[9] Ora, se saber é saber a causa,[10] e se saber a causa supõe o desdobramento de que falamos, seria preciso poder aplicar à própria essência esse desdobramento que ela precisamente tem por função superar. Em outros termos, se a essência é causa, não se pode conhecer cientificamente a essência, pois seria preciso para isso perguntar qual é a causa da essência. Ora, a essência não pode, sem negar-se ela mesma como essência, isto é, como potência unificante, *ter* uma causa, pois que ela perderia então essa unidade originária (refratária à

---

9 É precisamente esse *desideratum* que as ciências até aqui conhecidas deixam insatisfeito. As ciências falam das causas: πᾶσα ἐπιστήμη ... περὶ αἰτίας καὶ ἀρχάς ἐστιν, mas não dão conta absolutamente da essência: τοῦ τί ἐστι οὐθένα λόγον ποιοῦνται. Cada ciência dá a si mesma (seja pela sensação, seja por hipótese) a essência da qual ela fala (isto é, a existência dessa essência), mas ela não pode dar dessa essência uma demonstração: (E 1, 1025b 6-14). Não é a mesma coisa utilizar a essência como causa e conhecer apoditicamente a essência como essência (coisa de que a ciência é incapaz).

10 Cf. *Metafísica* A 2; *Anal. Post.* I 2.

dissociação atributiva) que a constitui ao mesmo tempo como essência e como causa.

***

Se é essa a importância metafísica da aporia desenvolvida em Z 17, será possível agora desse ponto de vista – com o apoio dos detalhes trazidos pelos *Segundos analíticos* – voltar a considerar algumas obscuridades e particularidades da argumentação das linhas 1041a 10 – b 11.

A afirmação "Buscar a razão por que uma coisa é o que ela é, não é buscar nada absolutamente" (1041a 14) poderia parecer abrupta. Eis por que Aristóteles acrescenta a ela um comentário, posto por Jaeger entre parênteses, que, sem diminuir-lhe a importância, precisa seu sentido e revela talvez sua intenção polêmica. Aristóteles observa primeiramente que a questão διὰ τί αὐτό ἐστιν αὐτό não suplanta, mas pressupõe, a resposta à questão do fato (ὅτι) e à questão da existência (εἶναι).[11] É preciso em primeiro lugar que seja *claramente* dada (δῆλα ὄντα) a existência do sujeito e de um acidente acontecendo a esse sujeito – por exemplo, que a lua sofra um eclipse – para que possamos fazer qualquer outra pergunta. A evidência da constatação da existência não torna sem dúvida supérflua qualquer outra pergunta: segundo a doutrina dos *Segundos analíticos*, duas outras perguntas

---

11 Aristóteles aproxima aqui duas questões que ele distingue em *Anal. Post.* II 1: a questão do ὅτι (será que tal predicado pertence a tal sujeito?) e a do εἰ ἔστι (a questão da existência absoluta do sujeito). Na verdade, ele está aqui pensando acima de tudo na primeira questão, uma vez que onde não há a constatação de uma atribuição, não há razão para que se faça a pergunta "Por quê?". Mas a questão de existência provoca, por uma analogia enganosa, a questão: Por que a coisa é o que ela é? Com relação à questão de existência, a única questão legítima seria: τί ἐστι. Os *Anal. Post.* professam, ao menos em aparência, uma outra doutrina, uma vez que admitem que se possa buscar a causa de uma existência (II 2, 900a 8 e 32). Mas é que, reduzindo o τί ἐστι ao διὰ τί (90a 14-15, 90a 31-32), os *Anal. Post.* supõem resolvida a dificuldade que é aqui debatida. –Sobre essas questões, ver MANSION, S. *Le jugement d'existence chez Aristote.* Louvain-Paris, 1946.

podem ser legitimamente feitas, διὰ τί e τί ἐστι. Mas a evidência da constatação da existência torna no mínimo supérflua a questão διὰ τί αὐτό ἐστιν αὐτό, que não é, como será estabelecido na sequência, senão um amálgama ruim das duas questões legítimas: τί ἐστι e διὰ τι.

Aristóteles denuncia a superfluidade e a inutilidade dessa questão, opondo a evidência *própria* à constatação de existência e o caráter *excessivamente geral* das respostas que podem ser dadas a uma questão do tipo "Por que A é A?". É de fato digno de nota que Aristóteles não tenha escamoteado inteiramente essa questão e que proponha, ainda que rapidamente, duas respostas sucessivamente rejeitadas como insuficientes. A primeira consistiria, parece, em invocar como causa da atribuição tautológica o princípio de identidade; mas isso seria, objeta Aristóteles, εἷς λόγος καὶ μία αἰτία ἐπὶ πάντων, em outras palavras, um tipo de resposta que Aristóteles desqualifica em outro lugar como "dialética e vazia".[12] Uma variante mais sutil dessa resposta consistiria em invocar a *cada* vez a indivisibilidade de cada ser com relação a si mesmo (1041a 19), em outras palavras, sua unidade (τοῦτο δ'ἦν τὸ ἑνὶ εἶναι). Mas, fazer do *Um* a causa do ser-si-mesmo de cada ente seria ainda uma resposta geral e vaga (κατὰ πάντων καὶ σύντομον).

Esse texto, de difícil compreensão, mas claro, não nos parece ainda ter revelado todos os seus segredos. Observarei primeiramente que o tipo de resposta que Aristóteles parece considerar aqui com desprezo é o mesmo a que recorrerá Plotino para responder uma questão vizinha, para não dizer idêntica. O tratado VI. 9 (*Sobre o Um*) começa com a seguinte frase: Πάντα τὰ ὄντα τῷ ἑνὶ ἐστιν ὄντα, que se poderia traduzir por: "Aquilo que, de uma maneira geral, faz com que os entes sejam entes, é o Um." Dir-se-á talvez que Plotino não responde com isso à questão de saber o que faz com que tal ente seja tal ente,

---

12 *De An*. I 1, 402b 26; *Eth. Eud*. I 8, 1217b 21.

mas o que faz com que tal ou tal ente seja, de uma maneira geral, um ente. Mas Aristóteles parece ele mesmo reconhecer que é essa a única maneira de dar um sentido à questão indefinidamente repetível a propósito de cada coisa: "Por que A é A?", o que equivale então a perguntar: "Por que A é?". A diferença entre os dois autores é, logo de início, que Aristóteles desqualifica a questão – e, por conseguinte, a resposta – como geral demais e Plotino, ao contrário, apoiando-se sobre uma série de exemplos (dos quais um pelo menos, o da casa, já se encontra em Aristóteles), conclui que o Um é mais fundamental que o ser e dele é, de certa maneira, o princípio. Em outras palavras, Plotino não acha supérfluo constatar que o que faz, por exemplo, o ser da casa, é sua unidade, e de extrair dessa constatação toda uma filosofia da emanação.

Bem entendido, não pretendemos que as linhas 1041a 18-20 possam ter levado Plotino a retomar por sua conta uma argumentação que Aristóteles havia rejeitado. Os trabalhos recentes sobre as doutrinas não escritas de Platão e sobre a Antiga Academia nos permitem antes supor que Aristóteles critica aqui uma doutrina, que tendia a derivar o ser do Um e – muito precisamente – a fazer do Um "o princípio e a causa" do ser, que era sustentada nos círculos da Academia. Afirmando que não há que perguntar por que uma essência é o que ela é, em outras palavras, que não há gênese inteligível das essências, Aristóteles rompe sem dúvida alguma com as tentativas platônicas e acadêmicas para derivar o mundo, e as próprias essências, de um ou de vários princípios anteriores.[13]

---

13 J. Bernhardt (capítulo "Aristóteles" em *La philosophie païenne. Histoire de la philosophie*, publicada sob a direção de F. Châtelet, t. I, Paris, 1972, p. 149-150) observa com razão pensando em nossa passagem: "Ele (Platão) responde a uma questão que Aristóteles não formula. Essa questão consiste em perguntar por que o mundo é o que ele é ... e ela implica que o mundo não contenha em si mesmo seu próprio sentido: para compreendê-lo, é preciso, segundo Platão, derivar ou tentar derivar sua constituição de

Num certo sentido, é ainda a Platão que Aristóteles ataca implicitamente nas linhas seguintes. Uma outra maneira de entender a questão διὰ τί αὐτό ἐστιν αὐτό seria entender o primeiro αὐτό como o definido e o segundo como sua definição (tal é, parece-nos, o sentido de 1041a 22). Por exemplo: por que o homem é um animal de tal natureza? Sabe-se, pela crítica que faz Aristóteles – especialmente em *Anal. Post.* II 5 – da *diairesis* platônica, que uma tal questão não exige resposta, uma vez que não há termo médio que nos determine a subsumir o termo a definir sob tal gênero antes que sob tal outro, nem a atribuir-lhe tal diferença antes que tal outra. Mas a objeção é, sob essa forma, capciosa, uma vez que nada indica que Platão tenha confundido a divisão com uma demonstração (que seria preciso então dizer "impotente") e que, ainda por cima, é a própria teoria de Aristóteles que afirma que não há demonstração da definição. Com efeito, Aristóteles quer mostrar que a questão do porquê não tem sentido se ela tem por objeto a relação da definição com o definido. Pois a definição, apesar da analogia linguística com a atribuição, não é uma atribuição[14] e não pode pois ser demonstrada.[15]

Mas a impossibilidade mesma de uma demonstração da definição deixa aberta uma possibilidade, brevemente evocada em Z 17 e bem mais longamente desenvolvida em *Anal. Post.* II 8, que é a de demons-

---

um princípio superior de existência e de legitimidade. Em Aristóteles, ao contrário, a despeito de certas aparências, a questão de origem seria excessiva e o mundo se basta; mais ainda, é em primeiro lugar cada parte do mundo e cada aspecto da realidade que, tomados em si mesmos, são dados indivisíveis, autônomos, sem razão de ser exterior, impossíveis de derivar de qualquer outra coisa que seja. "O procurar por que uma coisa é ela mesma, é não procurar absolutamente nada."

14 No duplo sentido em que, na definição, a diferença específica não é atribuída ao gênero e a definição não é dita do (*kata*) definido, mas diz o que ele é. Cf. *Anal. Post.* II 3, respectivamente 90b 34 e 91a 1.

15 Por razões técnicas que são desenvolvidas em *Anal. Post.* II 3 e 4. A principal é que, tendo o definido a mesma extensão que a definição, não há lugar entre os dois para um termo médio que já não seja a própria definição.

trar um dos elementos da definição a partir de um outro, considerado como sua causa e podendo por conseguinte exercer a função de termo médio em um silogismo. Não nos estenderemos mais sobre essa solução, que é clara por ela mesma. Os exemplos, comuns a Z 17 e *Anal. Post.* II 8, o da eclipse da lua e o do trovão, mostram como Aristóteles pretende demonstrar a matéria do fenômeno (ocultação, num caso, ruído no outro) a partir de sua forma (interposição da terra e extinção do fogo numa nuvem, respectivamente). Em Z 17, Aristóteles estende-se mais longamente sobre o exemplo da casa. Por que a casa é casa? Essa pergunta ganha um sentido se a fazemos significar: por que este ajuntamento de pedras e de madeiras é uma casa? Resposta: porque a forma da casa, que é aqui sua finalidade, é ser um abrigo, e essa finalidade determina a ordenação dos materiais que nós denominamos casa. Embora Aristóteles não se arrisque a tanto, poderíamos tentar estender essa solução ao caso do homem. Por que o homem é homem? significaria então: por que este animal bípede (definição material) é um homem (possui a forma do homem)? A resposta[16] seria talvez então a de que a finalidade contemplativa do homem determina sua bipedidade e sem dúvida também o conjunto de suas outras características materiais (como, por exemplo, o fato de ter mãos).

O exemplo do homem, cujo tratamento Aristóteles sugere (1041b 7), evitando entretanto desenvolvê-lo, mostra evidentemente o quanto um tal jogo é arriscado.[17] Além disso, Aristóteles qualifica tal procedimento de "lógico", isto é, de dialético (*Anal. Post.* 93a 15) e recusa-se a chamá-lo de uma demonstração (ibid., cf. 93b 19, 28).

---

16 Que poderia encontrar alguma justificativa nos tratados biológicos de Aristóteles, especialmente em *Da marcha dos animais* 5, 706a 26 – b 16.
17 O próprio Aristóteles se priva de dar, no caso das paixões humanas, tais definições "causais". Cf. nosso artigo "Sur la définition aristotélicienne de la colère", *Rev. Philos.*, 1957, p. 300-317.

Quando muito, trata-se do que ele chama de uma "mostração por demonstração" (δι'ἀποδείξεως ... δηλῶσαι, 93b 27), de um conhecimento do τί ἐστι que não dispensa a demonstração, mas que não é uma demonstração do τί ἐστι (93b 19-20). A razão manifesta dessa insuficiência é que se terá demonstrado uma parte do τί ἐστι por uma outra, mas que não se terá demonstrado a totalidade do τί ἐστι. A razão profunda é que uma essência não pode ser demonstrada por uma outra (uma vez que a demonstração consiste em demonstrar um atributo *de* uma essência) nem tampouco por ela mesma (uma vez que não há então termo médio). Nada pareceria mais absurdo para Aristóteles do que a ideia moderna de uma *causa sui*.

Mas o texto de Z 17 está menos interessado na insuficiência geral do procedimento do que em suas condições de aplicação e nos limites que essas condições lhe impõem. A condição geral é a de que um desdobramento possa se operar no interior do τί ἐστι, isto é, que se possa isolar no interior da essência um elemento que exerça, em relação aos outros, uma função causal. Esse elemento fundamental e fundador, o essencial da essência, é o que se chama, em termos "lógicos", o τί ἦν εἶναι, a quididade. Em outros termos, a quididade é o nome lógico da causa.[18] Essa causa pode ser *fisicamente* uma causa final ou uma causa eficiente (em se tratando mais precisamente da causa da matéria, Aristóteles a nomeará mais adiante a forma). Mas uma tal causa só pode ser buscada lá onde há geração e corrupção, ao passo que "a outra espécie de causa é buscada também no caso do ser" (1041a 30-32). O que devemos entender, na linha 31, por τὸ τοιοῦτην αἴτιον? A maior parte dos intérpretes acreditou ver aí nomeada a última causa, isto é, a causa eficiente. A passagem significaria então que, se a causa

---

18 1041a 28. A expressão λογικῶς atesta aqui secundariamente os perigos do método. A quididade é o resultado de uma espécie de seleção operada pelo discurso. Mas não nos asseguramos de ter alcançado por isso a realidade "física" da causa.

eficiente não intervém a não ser para explicar a geração e a corrupção, a causa final pode ser causa do ser. Infelizmente, o exemplo de causa final dado um pouco mais acima por Aristóteles (aquilo em vista do que é construído um objeto técnico, por exemplo, uma casa ou uma cama) ilustraria muito mal esse uso transfísico da finalidade, e existem textos aristotélicos suficientes para testemunhar que a causa final é sempre causa *de* um movimento.[19] Estaríamos portanto de acordo com a opinião de R. Boehm,[20] de que τὸ τοιοῦτπν αἴτιον designa o gênero de causa representado pelas duas causas – eficiente e final – do movimento, e que "a outra causa", que não intervém senão no caso do ser, é a quididade, nomeada na linha 1041a 28.

Em outros termos, o que Aristóteles queria dizer aqui é que, *lá onde há movimento*, o silogismo "lógico" da essência pode remeter a uma relação física (engendramento do objeto natural ou técnico por sua causa eficiente ou final), mas que, em se tratando dos seres ingerados e incorruptíveis, o desdobramento do τί ἐστι e do τί ἦν εἶναι ou, como dizem os *Segundos analíticos*, de dois τί ἦν εἶναι para a mesma coisa,[21] permanece um puro jogo dialético sem alcance físico nem evidentemente metafísico. Somente assim se explica, por um lado, que Aristóteles volte a considerar nas linhas seguintes a obscuridade do objeto da busca quando esta tem por objeto os seres que não comportam a dissociação atributiva (caso que ele parece, portanto, distinguir dos exemplos já citados, como o eclipse da lua ou o trovão, para os quais a dissociação atributiva responde a uma composição real de matéria e de forma; o único exemplo que reaparece aqui, precisamente porque permanece não esclarecido, é o do homem). Assim sobretudo,

---

19 A 3, 983a 31; B 2, 996a 22 ss. Mesmo Λ 7, 1072b 3 ss admite somente que um ser imóvel (por exemplo, Deus) pode ser o fim de um movimento.

20 Op. cit., p. 194.

21 II 8, 93a 12-13.

e assim somente, se explica a conclusão estranha de todo esse desenvolvimento: "É pois manifesto que, em se tratando dos simples, não há ensino e pesquisa, mas é preciso recorrer em tais casos a um outro modo de pesquisa" (1041b 9-11).

***

Pode uma tal conclusão ser esclarecida pela aproximação com o capítulo Θ 10? Várias questões se colocam, para as quais daremos aqui apenas algumas indicações:

1) Que são os *simples* aqui evocados? O próprio movimento do capítulo Z 17 convida-nos a distinguir entre uma simplicidade puramente lógica (a do termo, que é objeto de uma *phasis*, não de uma *kataphasis*) e uma simplicidade *ontológica*. Tudo aquilo sobre o que nos perguntamos *o que é* é um simples no primeiro sentido, mas não necessariamente no segundo. O simples ontológico é aquele cuja enunciação não é suscetível de um desenvolvimento que, embora sendo "lógico", seja fisicamente fundado. São evidentemente os simples ontológicos que não dão lugar nem ao ensino nem à pesquisa. Esses ἁπλᾶ devem ser aproximados dos ἀσύνθετα de Θ 10 e mais particularmente dos μὴ συνΘεταὶ οὐσίαι (1051b 27), cujo caso é expressamente distinguido do caso geral do τί ἐστι. Θ 10 e também um texto de Δ 5 (1015b 11-15) permitem assimilar os ἁπλᾶ aos seres imóveis e eternos.

2) Qual é a pesquisa que não se pode aplicar aos simples assim entendidos? É evidentemente a pesquisa do porquê e também a pesquisa do τί ἐστι, se, como indicam expressamente os *Segundos analíticos*,[22] a pesquisa do τί ἐστι se reduz à do διὰ τί e se, como

---

22 II 2, 90a 14-15: φανερόν ἐστιν ὅτι τὸ αὐτό ἐστι τὸ τί ἐστι καὶ διὰ τί ἔστιν; cf. 90a 31-32.

supõe constantemente Z 17, não há outro sentido que se possa atribuir à questão τί ἐστι senão o de interrogar-se sobre o porquê de uma atribuição.

3) Qual é "o outro modo de pesquisa" que permanece, parece, possível no caso do simples? Se nos atemos à análise da ζήτησις que é proposta por *Anal. Post.* II 1, a única questão que não parece vazia de sentido a seu respeito é evidentemente εἰ ἔστι. Com efeito, Aristóteles desqualifica a questão "Por que A é A?" mostrando que ela não acrescenta nada à *evidência*, que deve ser em todo caso pressuposta, da existência de A. Seríamos de opinião, por conseguinte, que a única pesquisa que permanece possível a respeito dos simples é aquela que conduz à constatação intuitiva de sua existência. Essa pesquisa não é evidentemente a intuição[23] (pois a intuição não tem a estrutura discursiva da pesquisa), mas o procedimento que a ela conduz e que Aristóteles chama geralmente de ἐπαγωγή. O interesse frequentemente reconhecido de Θ 10 (que se deveria pôr em relação com *De anima* III 6) é dar uma caracterização figurada (Θιγεῖν da linha 1051b 24) dessa intuição do simples. Mais importante é, parece-nos, destacar do confronto desses diferentes textos a ideia de que *não há senão intuições de existência*, e não de essência. A indução nos põe em situação de constatar intuitivamente que *há* essências, mas não de dizer o que elas são.

4) Assim se explicaria a negação, não retomada ou corrigida por Aristóteles, de todo ensino referente ao simples. Pode-se, é claro, dizer (φάναι) o simples, isto é, dar um nome àquilo que vemos na apreensão intuitiva, mas não se pode nada dizer (λέγειν, καταφάναι) dele. Aristóteles constata aqui os limites do discurso atributivo e, em particular, de sua forma mais perfeita, o discurso demonstrativo. O

---

23 Como escreve um pouco precipitadamente J. Tricot (ad loc.): "O método de pesquisa 'de uma outra natureza' para os ἁπλᾶ é a intuição."

essencial escapa ao que se chama correntemente o ensino e a pesquisa, isto é, à ciência. Poder-se-á achar decepcionante essa conclusão. Mas Platão já não dizia que as maiores coisas são indizíveis? E não é menosprezar a linguagem, mas respeitar seus limites, reconhecer com Wittgenstein – e, parece-nos, após Aristóteles – que "sobre aquilo de que não se pode falar deve-se calar", acrescentando-se aliás que aquilo que não se pode "dizer", pode-se contudo "mostrar".

Discussão

F. P. Hager. – Ao fazer minha pergunta, parto da correção da tese de P. Aubenque, segundo a qual, com os ἁπλά, cuja cognoscibilidade segundo Aristóteles é discutida pelo Sr. Aubenque em sua comunicação, são visados principalmente, mas não exclusivamente, as essências não compostas e, por conseguinte, também o primeiro motor. Uma vez que, para um ἁπλοῦν, uma prova silogística da definição de sua essência é impossível, e que a única ζήτησις que para ele resta é a questão εἰ ἔστι, a qual somente pode ser respondida por uma via indutiva que leva a uma constatação intuitiva de sua existência, surge o problema sobre se então o primeiro motor imóvel em *Metafísica* Λ e os outros motores imóveis em *Metafísica* Λ 8 somente podem ser concebidos por meio de uma teologia negativa. A aplicação do conceito "teologia negativa" para a teologia de Aristóteles origina-se em P. Aubenque (cf. *Le problème de l'être*, p. 310 ss, 335 ss, 414 ss, 487 ss). Eu parti do princípio de que a expressão é legítima na medida em que Aristóteles de fato não dá nenhuma explicação direta (por exemplo, explicação que prova silogisticamente) da essência interna do primeiro motor imóvel, mas, uma vez que a expressão "teologia negativa" foi desenvolvida sobretudo em conexão com o neoplatonismo, deve-se talvez, segundo minha opinião, acrescentar que a teologia negativa, de Plotino por exemplo, é essencialmente mais radical que a de Aristóteles, na medida em que a substancialidade do primeiro motor é com efeito um conceito essencialmente positivo, esse motor com efeito ainda pensa em si mesmo em ato, enquanto o princípio supremo de Plotino, o Um perfeito, em consequência de sua absoluta simplicidade, é diferente de todo o resto, e não somente não é mais de modo algum diretamente conhecido, mas tampouco pode mais conhecer-se a si mesmo.

W. Leszl. – 1. Eu não acho convincente sua redução da questão sobre os ἀσύνΘετα a uma questão sobre o εἰ ἔστι. Parece-me que, quando a questão τί ἐστι sobre os ἀσύνΘετα é colocada em Θ 10, ela não pode ser compreendida como uma questão sobre a οὐσία como ἀρχή (= como uma questão διὰ τί), pois os ἀσύνΘετα são tomados em si mesmos e não com relação a outra coisa. (A linha 1025b 17-18 de E 1 em todo caso, de seu ponto de vista, não é fácil de ser explicada.)

2. Parece-me muito provável que, em Θ 10, com ἀσύνΘετα está-se falando das categorias: isto é, encontra-se a descrição quase idêntica desses ἀσύνΘετα em H 6, 1045a 36 ss, onde obviamente se fala das categorias (essa passagem deve ser comparada imediatamente com 1051b 30-31). Em todo caso, não me parece provável que, para Aristóteles, por ἐπαγωγή são alcançadas não as categorias mas as substâncias eternas. Os ἀμερῆ dos *Segundos analíticos* II 19 certamente *não* são substâncias eternas, seja lá o que forem.

S. Mansion. – 1. Página 73. "Se a essência é causa, não se pode conhecer cientificamente a essência." O fato de a essência ser causa me parece acarretar somente que o conhecimento da essência é princípio da ciência e que, nesse sentido, não faz parte dela. Mas isso mostra ao mesmo tempo que ela é superior à ciência. A questão então é de saber como se alcança esse conhecimento. Uma vez que não é por demonstração, a mim me parece que só pode ser por intuição ou então com a ajuda da dialética.

2. Página 75. Não me parece que em 1041a 19 Aristóteles critique – ainda que implicitamente – uma doutrina (platônica) que tende a derivar o ser do Um. O sentido da passagem me parece antes ser algo assim: se se quer a todo custo dar um sentido à questão "Por que A é A", não se pode fazê-lo senão tomando-a numa significação comum, válida para toda questão de mesma forma, e que exige como resposta única que "cada coisa é indivisível em relação a si mesma, o que era (= o que nós concordamos em dizer que é) ser Um". Se a resposta é única, é que a alteridade admitida a rigor entre os dois termos (os 2 A) prende-se não ao seu conteúdo (que é idêntico), mas à sua função de predicado e de sujeito na afirmação: A é A. Por conseguinte, a única causa possível da atribuição desse predicado a esse sujeito é a identidade total e evidente entre eles.

3. Página 76. A solução para o problema do silogismo da essência não é talvez tão clara, se ela consiste em dizer que se pode, em certos casos, "demonstrar um dos elementos da definição a partir de um outro". Com efeito, uma vez que a definição não é uma atribuição, na qual um elemento pode ser predicado de um outro (cf. n.14), não se vê como uma parte da definição poderia servir de termo médio para demonstrar o outro. Para que o silogismo seja possível, é preciso que, tanto em relação ao termo principal quanto ao termo intermediário, seja uma definição do objeto. No caso do eclipse, por exemplo, o termo médio poderia ser: "fenômeno causado pela interposição da Terra" e o principal: "privação (bem determinada) de luz sobre a Lua". Esses dois termos poderiam ser validamente predicados um do outro, uma vez que se equivalem, e predicados do eclipse. Dessas duas definições, a que diz a causa pode ser declarada mais formal que a outra, e é sem dúvida nesse sentido que Aristóteles diz, em 1041b 4 ss, que há uma relação da

forma com a matéria entre o porquê e o fato. O que acaba de ser dito prolonga e explica o pensamento de Aristóteles, tal como ele é expresso em *Anal. Post.* II 8 e *Metafísica* Z 17, mas não creio que o falseie.

4. Páginas 78-79. Ao reduzir as questões possíveis a propósito do simples unicamente à questão de existência, dá-se a impressão de que entre esta última e a questão da essência a distinção é total. Ora, após ter oposto essas questões em seu desenvolvimento aporético que culmina em *Anal. Post.* II 7, Aristóteles se esforça em aproximar um do outro esses dois tipos de conhecimento, no capítulo seguinte. Ele observa com efeito que, não somente o porquê e o fato (portanto também a essência e a existência) podem ser manifestados ao mesmo tempo (93a 17), como também que um conhecimento da existência permanece puramente acidental e não é mesmo, rigorosamente falando, conhecimento da existência se não nos ensina alguma coisa da essência (93a 21-25). Como essa apreensão da existência é o ponto de partida de um trabalho de investigação que termina numa apreensão mais profunda da essência (93a 28-29), pode-se pensar que, no caso dos simples, no qual todo trabalho discursivo é excluído, o conhecimento de sua existência é ao mesmo tempo a apreensão mais perfeita que nos seja possível de sua essência.

Para os pontos 3 e 4, tomo a liberdade de remeter a meu *Jugement d'existence chez Aristote,* Louvain, 1946, p. 186-190 e 194-197.

W. J. Verdenius. – O senhor tem razão ao dizer que a pesquisa não pode ser uma intuição, mas o Θιγεῖν "fecha a pesquisa" (como o senhor dizia durante a discussão), isto é, se o Θιγεῖν é o resultado da ἐπαγωγή, uma tal intuição deve ser algo mais que somente a constatação de que um simples existe. Tocar um simples é não somente constatar que ele existe, mas entrar em contato com ele, isto é, compreendê-lo (para ser capaz de aplicá-lo à demonstração). Cf. 1072b

21 αὐτὸν νοεῖν ὁ νοῦς ... Θιγγάνων: é preciso que se trate de um conhecimento de sua própria essência, porque um conhecimento de sua própria existência não lhe daria a satisfação suprema que conduz à εὐδαιμονία perfeita. Cf. também *De anima*, 430b 29 τὸ ὁρᾶν τοῦ ἰδίου ἀληθές, o que me parece apoiar a observação feita pelo Sr. Berti de que os simples são as formas das substâncias sensíveis.

J. Brunschwig. – 1. Embora se trate de um problema secundário na exposição de Pierre Aubenque, gostaria de dizer uma palavra sobre a questão τίς ἡ οὐσία, uma vez que fui citado a esse propósito na nota 3. No artigo ao qual é feita alusão, não me lembrava mais de ter utilizado o início de Z 17 para argumentar a favor de uma interpretação denotativa ou extensional da questão τίς ἡ οὐσία. Na medida em que falamos de um texto específico, faço de bom grado uma concessão e reconheço que a frase que escrevi sobre esse ponto não constitui um argumento comprobatório. Mas isso não me impede de manter minha sugestão com relação à passagem célebre em que a questão é introduzida pela primeira vez (Z 1, 1028b 4), sua significação extensional me parece explicitada no parêntese que imediatamente se segue (cf. a ligação γάρ), e na totalidade de Z 2. Claro, não nego que Aristóteles, no livro Z, coloque também o problema da *compreensão* do conceito de οὐσία: de fato a ele consagra a maior parte de seu texto. Mas essa questão é distinta daquela da extensão, e, a mim me parece, que para Aristóteles essa sua solução é um meio para chegar à solução da outra. Sua expressão exata seria não τίς ἡ οὐσῖα, mas τί ἐστιν ἡ οὐσία. A articulação das duas questões é bem marcada em Z 1, 1028b 4-7 (cf. διό na linha 6), melhor ainda em Z 2, 1028b 28-32 (cf. πρῶτον na linha 32) e também, penso agora, em Z 17, 1041a 6-9 (cf. ἐκ τούτων nas linhas 7 e 8). Para retomar os termos que Goldschmidt utilizou para analisar os diálogos de Platão, poder-se-

-ia dizer que "O que é a essência?" é a *questão inicial* e que "O que é essência?" é a *questão prévia*. A relação entre questão inicial e questão prévia concerne, aliás, muito frequentemente, em Platão, à relação extensão-compreensão; e acontece geralmente que a questão prévia da compreensão fique com a parte do leão, como é o caso no livro Z.

2. Para identificar "o outro modo de busca" que permanece possível no caso do simples, e para justificar a conclusão segundo a qual não haveria senão intuições de existência, o Sr. utilizou a divisão quadripartida que Aristóteles faz da ζήτησις em *Anal. Post.* II 1, mostrando, por uma série de eliminações sucessivas, que a única questão que poderia conservar um sentido a respeito dos "simples" era a questão εἰ ἔστι. Não estou seguro de que esse argumento seja legítimo. Com efeito, essa divisão quadripartida tem por finalidade mostrar que, em todos os casos, a busca se reduz a uma busca referente ao termo médio (sua existência ou sua natureza): Aristóteles tem alguma dificuldade para estabelecê-la quando se trata das questões τί ἔστι e εἰ ἔστι, que põem em jogo o que o Sr. chamaria de simples lógicos; mas é claro que ele quer estabelecê-la e que ele pensa tê-la estabelecido. Resulta daí que a ζήτησις de que tratam os *Anal. Post.* tende à aquisição de um conhecimento pelo termo médio, de um conhecimento mediato ou mediatizante. Ao contrário, o conhecimento dos simples ontológicos, qualquer que seja sua exata natureza, é quase seguramente um conhecimento que se pode chamar (usando-se de uma palavra que não foi ainda pronunciada mas que é afinal uma palavra aristotélica) *imediato*. É por isso que, em vez de procurar o ἕτερος τρόπος τῆς ζητήσεως *no quadro* da divisão quadripartida dos *Anal. Post.*, creio que seria preciso procurá-lo *fora* da ζήτησις de que trata essa divisão, e que é a ζήτησις científica em sentido estrito. O ἕτερος τρόπος não é uma espécie entre as outras do gênero comum, mas um outro gênero, um outro modo, ou um outro "*tour*" (cf. Pascal, "seria louco, por um

outro *tour* de loucura, não ser louco") que não merece talvez chamar-se ainda ζήτησις senão ao custo de um certo paradoxo.

3. Gostaria de fazer uma pergunta sobre as relações entre as duas perguntas διὰ τί αὐτὸ ἐστιν αὐτό e τί ἐστι. Em sua exposição, me parece que o Sr. aplica frequentemente à primeira aquilo que Aristóteles diz da segunda (assim, na p. 72: "não se pode dar um sentido a questões <como: Por que A é A?> a não ser descompondo-as"; ibid.: "<Aristóteles> se pergunta se é possível demonstrar que uma coisa é o que ela é, em outras palavras, se é possível demonstrar sua definição"; p. 74: a questão διὰ τί αὐτὸ ἐστιν αὐτό não é senão um amálgama ruim das duas questões legítimas τί ἐστι e διὰ τί"; p. 76: "Por que a casa é casa? Essa questão assume um sentido se a fazemos significar: por que este ajuntamento de pedras e de madeiras é uma casa?"). Ora, parece-me que essas duas questões são nitidamente distintas aos olhos de Aristóteles, e que ele não procura absolutamente dar um sentido legítimo à primeira. Procurar o porquê de uma tautologia é οὐδὲν ζητεῖν, diz ele em 1041a 14-15, e não vejo que ele atenue essa condenação sem apelo; nas linhas 18 ss, ele descarta, ao contrário, as tentativas que se poderiam fazer para dar a esse gênero de questões respostas "interessantes". Em compensação, a questão τί ἐστι não é condenada como privada de sentido; não somente ela se presta à "desarticulação" de 10411b 2-3, mas, mesmo sem essa desarticulação (cf. 1041b 3), ela constitui alguma coisa que está *à cheval* (κοινόν) entre não procurar nada e procurar alguma coisa, como o diz precisamente Aristóteles. Essas duas questões não recebem pois absolutamente o mesmo tratamento e a sorte de uma não está em jogo na da outra. O que é, aliás, absolutamente normal, uma vez que todas as questões da forma "Por que A é A? Por que B é B? etc." deveriam receber a mesma resposta (qualquer que seja seu grau de "interesse"), ao passo que a questão "Que é A?" não recebe evidentemente uma resposta que conviria igualmente à questão "Que é B?".

E. Berti. – Estou de acordo tanto com sua análise de *Metafísica* Z quanto com a interpretação que o Senhor dá do ἕτερος τρόπος τῆς ζητήσεως como uma ἐπαγωγή que resulta numa intuição (o Θιγεῖν de *Metafísica* Θ 10). Mas me parece que os ἁπλᾶ que são objeto dessa ζήτησις assim como os ἀσύνθετα que são objeto do Θιγεῖν não podem de maneira alguma identificar-se com as substâncias imóveis (os motores de *Metafísica* Λ), nem mesmo compreendê-los. Mesmo que em outras passagens da *Metafísica* os ἁπλᾶ sejam substâncias imóveis (cf. Δ 5, 1015b 12, citado pelo Sr., ao qual eu acrescentaria Λ 7, 1072a 33), em *Metafísica* Z 17 eles não podem ser senão as formas das substâncias sensíveis e em *Metafísica* Θ 10 eles são todas as noções simples, contidas em cada categoria (as μὴ σύνθεται οὐσίαι, distintas dos ἀσύνθεται gerais, são apenas um caso particular, isto é, eles são as noções, ou as essências, simples que pertencem à categoria da substância). Isso me parece provado sobretudo pelo fato de serem eles o objeto de um Θιγεῖν, uma vez que não se poderia de maneira alguma afirmar que para Aristóteles as substâncias imóveis, isto é, Deus e os outros motores, são apreendidas pelo homem por meio de um Θιγεῖν (somente Deus pode ter de si mesmo um conhecimento de tal ordem, como é dito em *Metafísica* Λ 7, 1072b 21): seria uma forma de misticismo inteiramente incompatível com a filosofia de Aristóteles.

Por conseguinte, o ἕτερος τρόπος τῆς ζητήσεως de Z 17 não tem nada a ver com a teologia, mas, exatamente como o ἄλλος τρόπος τῆς δηλώσεως de *Metafísica* E, 1025b 15-16, é o conhecimento da existência, e também da essência (cf. 1025b 17-18), dos objetos das ciências particulares, isto é, dos princípios próprios dessas. O conhecimento se produz por meio de uma ἐπαγωγή que é um procedimento de natureza dialética, e Aristóteles faz referência a isso em *Tópicos* I 2, onde ele afirma que a dialética é útil às ciências porque ela possui a via que conduz a seus princípios (próprios). Trata-se, entretanto, de uma dialética inteiramente diferente daquela da metafísica (empregada em *Metafísica* Γ 2 para defender o princípio de não contradição), ou daquela da teologia (empregada em *Metafísica* Λ 6 para mostrar a existência do motor imóvel).

A afirmação de Aristóteles em Z 17, 1041a 6-9, de que a nova abordagem do problema da οὐσία, contido no capítulo 17, poderá esclarecer o estatuto da substância imaterial, não se refere, creio, à maneira de conhecer os simples, mas à determinação do que é a οὐσία, isto é, à afirmação de que ela não é um elemento, mas um princípio, o que valerá, uma vez que se tenha demonstrado sua existência, também para as substâncias imateriais.

J. Owens. – Com referência à questão da teologia negativa e positiva em Aristóteles, eu sugeriria que a diferença entre algo "conhecido em si mesmo" e algo "conhecido por nós" (*Física* I 1; *Metafísica* Z 3, 1029b 3-12) é aqui pertinente. Como "conhecido em si mesmo", o conhecimento de uma substância separada é uma intuição inteiramente simples. Mas, como "conhecido por nós", o conhecimento referente a substâncias separadas consiste nas conclusões de um procedimento discursivo que se inicia a partir da coisa sensível e do conhecimento humano imediatamente acessível à nossa cognição. Esse procedimento, embora partindo de uma ἐπαγωγή é uma ἀπόδειξις no segundo dos sentidos esboçados em *Segundos analíticos* I 13. É genuína demonstração, que procede de efeitos para causa, e que permite a rica teologia positiva de *Metafísica* Λ 6-10, uma teologia que é temperada, é claro, por numerosas negações.

J. L. Ackrill. – 1. Em *Metafísica* I 1, Aristóteles explica o que significa ἕν. As palavras que ele usa em 1052b 16 (τὸ ἑνὶ εἶναι τὸ ἀδιαιρέτῳ ἐστὶν εἶναι) parecem-me fornecer uma explicação *completa* do que ele diz em Z 17 na linha 1041a 19: "Isto (ser ἀδιαίρετον ...) é precisamente o que é ser um" – ele recorre à sua própria explicação do significado de "unidade", e não é preciso procurar nenhuma alusão a Platão, Krämer, ou Plotino.

2. Na página 75, o Sr. parece sugerir que as palavras depois de ὅτι (1041a 18) contêm uma ideia que *contrasta* com αὐτό ἐστιν αὐτό, no sentido de que estas dizem que *toda coisa é o que ela é* [$(x)x\equiv x$], ao passo que aquelas dizem *com referência a cada coisa simples* que *ela é idêntica consigo mesma*. Eu duvido que esse contraste possa ser encontrado nas palavras de Aristóteles. O ἕκαστον de 1041a 19 está dentro da asserção que está sendo considerada; a asserção é: "cada coisa é a mesma que si mesma". Isso certamente significa o mesmo que: "toda coisa é o que ela é" [ou *(x)x≡x*].

Respostas de P. Aubenque

1. Um primeiro grupo de observações diz respeito à questão de saber quais são os "simples" visados em Z 17 e Θ 10. Não se pode certamente endossar a solução extrema do Senhor Berti, que, ao menos em Z 17 exclui que as substâncias imóveis possam estar compreendidas sob essa denominação. Parece-me, ao contrário, que são elas que são visadas pelas linhas 1041b 9-10. Com efeito, no momento em que intervêm essas linhas, o caso dos simples somente lógicos (como o homem, 1041b 1) acaba de ser resolvido: basta articulá-los em seus componentes – matéria e forma – para que eles possam admitir um discurso composto e em um certo sentido demonstrável do tipo: "tal matéria é tal forma". Mas uma tal dissociação é impossível onde não há matéria, i.e., no caso do que eu chamei os simples ontológicos. Como o movimento supõe sempre uma certa matéria (cf. *Física* I 7,

190b 10 ss), a simplicidade ontológica não pode encontrar-se senão nos seres imóveis.

Eu concedo que a situação é mais complexa em Θ 10. Aristóteles aí distingue, parece-me, três casos:

a) o dos ἀσύνθετα em geral (1051b 17), que designam o que eu chamei os simples lógicos: noções que não admitem composição predicativa (κατάφασις), mas das quais não é dito que elas excluem toda composição ontológica;

b) o dos μὴ σύνθητα οὐσίαι (1051b 26-27), que é logicamente "semelhante" ao caso precedente, mas que dele se distingue por tratar-se aqui da simplicidade de uma substância (o que exclui as categorias) e, o que mais é, de uma simplicidade ontológica: esses simples são claramente assimilados aos seres ingerados e incorruptíveis (1051b 28-30);

c) o dos seres imóveis, mas compostos: trata-se dos seres matemáticos, dos quais se sabe que eles comportam uma matéria inteligível ou local (H 1, 1042b 6; 6, 1045a 34). Esses seres não são evidentemente simples ontológicos nem mesmo lógicos; mas, do ponto de vista da definição da verdade, o caso deles é comparável ao da simplicidade lógica, uma vez que não há neles dissociação possível entre sujeito e predicado (1052a 4-11).

De fato, a intenção de Θ 10 e a de Z 17 são diferentes, e mesmo opostas (mas complementares). Θ 10 estende a intuição ao maior número possível de casos, inclusive o caso de proposições matemáticas que são entretanto demonstráveis. Z 17, ao contrário, esforça-se por estender a composição o mais longe possível, mas choca-se com o obstáculo irredutível da simplicidade ontológica. Para conhecer os simples somente lógicos, que são compostos virtuais, tem-se de algum modo a escolha entre a intuição (Q 10) e a pesquisa causal (Z 17). Para os simples ontológicos, não há outro conhecimento possível a não ser intuitivo, com as dificuldades e os riscos que a noção de intuição comporta para Aristóteles (falta de legitimação científica).

2. Um segundo grupo de observações críticas queixa-se de eu ir para além da *letra* do texto aristotélico, atribuindo a Aristóteles teses que ele não sustentou expressamente, por exemplo, que, tratando--se dos simples, não há senão intuições de existência. Eu quis antes dizer que essa era uma consequência que o intérprete pode tirar das análises aristotélicas. Mas é legítimo perguntar ao intérprete como ele chega a uma consequência que o próprio autor não tirou. – Eis minha resposta. Quando eu leio em Aristóteles (Z 17) que os simples não são objetos de pesquisa (*zétesis*), pergunto ao próprio Aristóteles o que ele entende por *zétesis*, encontro a resposta nos *Segundos analíticos* onde ela é tratada *ex professo*, e não posso supor *a priori* que Aristóteles entenda em outro lugar esse conceito em um sentido que não seria o sentido estrito. Tomar Aristóteles literalmente conduz, é claro, no caso presente, a uma *aporia*. Mas eu tento resolver a aporia nos próprios termos de Aristóteles, mostrando que, uma vez admitido que a redução da questão τί ἐστι à questão διὰ τί é cientificamente desejável (como afirmam *Anal. Post.* II 2 e como Z 17 tenta pôr em prática) e entretanto inaplicável no caso dos simples, a única questão pertinente com relação a estes últimos é perguntar-se *se eles são*. Eu vejo perfeitamente que, como me sugerem, a intuição de existência se confunde nesse caso com uma intuição de essência. Mas, embora se veja perfeitamente em que pode consistir a verdade de uma intuição de existência – temo-la ou não a temos –, vê-se mal o que nos pode assegurar que nós vemos verdadeiramente a intuição da essência: pois a essência *se diz*, mas em um discurso não predicativo que escapa a todo procedimento de verificação (o que leva Aristóteles, em *De In-*

terpret. 4, a sustentar que a *phasis* não é suscetível de verdadeiro ou de falso) e *a fortiori* a toda prova.

O texto de E 1, que me foi contraposto, tira a consequência dessa situação para a ciência: por não poder demonstrar a essência daquilo de que ela fala, cada ciência deve ou bem apoiar-se sobre a intuição sensível (excluída no caso dos simples ontológicos) ou bem postular a essência e sua existência *por hipótese* (1025b 11). O conhecimento da essência e o da existência são, é verdade, aqui associados (1025b 16-17), mas é para negar que a ciência possa delas ocupar-se: seria assim se a legitimidade delas fosse evidente? Do fato de o conhecimento da essência não ser do domínio da ciência, pode-se concluir com Mlle. Mansion que ela é "superior à ciência"? Ela o é sem dúvida em si, mas ela não o é para nós – o que confirma o recurso aristotélico à dialética (cf. *Tópicos* I 2) como substituto de uma intuição incapaz de se legitimar a si mesma.

3. Eu agradeço ao senhor Ackrill por lembrar que é o próprio Aristóteles que define a unidade como indivisibilidade. Não é isso portanto que é platônico ou plotiniano *avant la lettre*, mas a invocação da *unidade* para explicar o *ser* de uma coisa. Dito isso, pode muito bem ser que haja aqui simples coincidência e não filiação histórica. De todo modo, me pareceu interessante observar que um caminho de pensamento considerado desinteressante por Aristóteles será retomado de maneira criativa pelo neoplatonismo. – Eu mantenho que o argumento em questão é apresentado sucessivamente de duas maneiras ligeiramente diferentes: as linhas 1041a 16-17 invocam a identidade (lógica) do sujeito consigo mesmo e as linhas 1041a 18-19 a unidade física ou metafísica da coisa, sua indivisibilidade.

Tradução de Irley F. Franco

As origens da doutrina da analogia do Ser
Sobre a história de um contrassenso*

Uma tradição, durante muito tempo dominante, presumiu encontrar em Aristóteles as origens e também o esboço de uma doutrina que, na realidade, foi sustentada e desenvolvida apenas na Idade Média: a da analogia do ser. Acreditamos ter mostrado que essa doutrina não se encontra nem explicitamente, tampouco implicitamente, em lugar algum da obra de Aristóteles e que sua atribuição retrospectiva ao filósofo grego não constitui apenas um anacronismo terminológico, mas um contrassenso puro e simples.[1] Há pelo menos um fato que não é mais contestado por ninguém: denominou-se na Idade Média analogia de atribuição (ou de proporção) a única estrutura que Aristóteles reconhece como unificando as significações múltiplas da palavra *ser*, e que ele nomeia πρὸς ἓν σημαίνεν ou πρὸς ἓν λέγεσθαι, o que podemos traduzir o mais literalmente possível por "unidade de significação por convergência" ou, se nos inspiramos nas recentes traduções inglesas, por "unidade focal de significação".[2] Aristóteles, que não ignorava o termo *analogia*, não o emprega jamais nesse sentido.

---

* Este artigo e os três que o seguem (de M. Narcy, D. O'Brien e F. Caujolle-Zaslawski na edição de origem) são resultantes dos trabalhos realizados no Centro de Pesquisas sobre o Pensamento Antigo (Centre Léon-Robin) na Sorbonne. Nosso artigo particularmente deve muito às sugestões e objeções de J. F. Courtine e B. Dumoulin, a quem agradecemos aqui.
1 *Le problème de l'être chez Aristote*. Paris, 1962 (4.ed. 1976), p. 198-206.
2 A expressão *focal meaning* foi introduzida por OWEN, G. E. L. Logic and Metaphysics in Some Earlier Works of Aristotle. In: *Aristotle and Plato in the Mid-Fourth Century* (Atas do I Symposium aristotelicum, Oxford, 1957). Goteborg, 1960, p. 169.

Será que estamos então autorizados, quando traduzimos a doutrina aristotélica, a falar de analogia lá onde Aristóteles não fala, muito embora pudesse tê-lo feito, se lhe parecesse possível, já que conhecia a noção de analogia e o que ela abrange? E, se não concedemos essa liberdade ao intérprete, por que tantos a tomaram, desde a Idade Média até nossos dias, malgrado as advertências que não faltaram?

Conhecemos o problema que, a respeito do ser, Aristóteles pretendia, senão resolver, ao menos formular. O termo *ser* possui uma pluralidade de significações. Ele não se diz portanto de maneira sinonímica (ou, como se dirá na Idade Média, unívoca) daquilo a que ele se aplica (como o caso, por exemplo, de animal, que se diz no mesmo sentido do homem e do boi). O ser, entretanto, tampouco se diz de maneira puramente homonímica (ou equívoca), como se houvesse comunidade apenas verbal entre as coisas muito diversas que ele designa (à maneira como a palavra *cão*, segundo o contexto, designa um animal ou uma constelação).[3] De fato, as significações múltiplas do ser, em particular suas significações categoriais, possuem entre elas um certo parentesco, que reside no fato de uma delas – aquela da essência (*ousia*) – ser primeira enquanto todas as outras implicam em sua definição uma relação com essa significação primordial.[4] A afinidade que Aristóteles quer, portanto, tornar manifesta entre as diferentes significações não repousa sobre uma igualdade de relações, mas sobre o fato de que relações, a cada vez diferentes, comportam um termo idêntico. Tem-se então uma estrutura do tipo a/b, a/c, a/d etc. Aristóteles dá o exemplo da palavra sadio, que será indefinidamente retomado e comentado na Idade Média. Ainda que chamemos sadias realidades tão heterogêneas (isto é, pertencentes a gêneros diferentes) como um animal, uma comida, um clima, uma urina, essa atribuição só é a cada

---

3 Cf. *Categorias* I. Sobre o exemplo do cão, cf. *Ref. Sof.* 4, 166a 16.
4 *Metafísica* Γ 2, 1003b 4-10; Z 1, 1028a 18-20.

vez "significante", e, portanto, compreendida, em razão da relação com a significação primordial de *saúde*: o animal é sadio, porque ele é sede da saúde, o alimento, porque a produz, o clima, porque a conserva, a urina porque é dela o signo.

Vê-se que essa estrutura nada tem em comum com aquilo que Aristóteles chama de *analogia* e que designa constantemente em sua obra a noção matemática de proporção ou igualdade de relações, $a/b=c/d$. Ἡ γὰρ ἀναλογία ἰσότης ἐστὶ λόγων, καὶ ἐν τέτταρσιν ἐλαχίστοις, "a analogia é uma igualdade de relações, entre pelo menos quatro termos".[5] Seria inútil mostrar que não há nenhuma ocorrência do termo *analogia* (e dos termos aparentados) em todo o *corpus* aristotélico que não se enquadre nessa definição, quer se trate de um uso retórico, ético, biológico ou metafísico da noção. Uma vez que o que está aqui em questão é um determinado uso metafísico, lembremos que a analogia ocorre na *Metafísica* em duas séries de textos. Na primeira, trata-se de definir, de um modo geral e dentro do quadro de uma elucidação dos sentidos do um, este tipo de unidade que é a unidade por analogia. Assim o livro Δ distingue quatro tipos de unidade: a unidade numérica, isto é, a identidade individual, tanto material quanto formal; a unidade específica, fundada sobre a unidade de definição (mas não de matéria); a unidade genérica, fundada sobre a comunhão de pertencimento a uma classe; enfim, a unidade por analogia, que se diz de duas "coisas que estão uma para a outra assim como uma terceira está para uma quarta".[6] Cada tipo de unida-

---

5 *Ética a Nicômaco* V 3, 1131a 31-32.

6 *Metafísica* Δ 6, 1017a 34. Essa lista dos tipos de unidades não parece representar o último estágio do pensamento de Aristóteles, pois que ele considera em outro lugar outras formas de unidades: a unidade de convergência (πρὸς ἕν), a unidade de consecução (τῷ ἐφεξῆς) e a unidade de proveniência (ἀφ' ἑνός). Para as duas primeiras, cf. *Metafísica* Γ 2, 1005a 10-11; para as duas últimas, *Ética a Nicômaco* I 4, 1096b 27-28. O fato de que Aristóteles não fale delas em Δ 6, não nos autoriza a confundir sob o nome de unidade analógica tudo aquilo que não é unidade numérica, específica ou genérica.

de implica o tipo posterior: a unidade numérica é *a fortiori* específica; tudo o que é um segundo a espécie o é também segundo o gênero etc. Mas o mesmo não ocorre no sentido inverso: a unidade genérica não acarreta a unidade específica, nem a unidade analógica a unidade genérica. Isto significa dizer que a unidade analógica pode ocorrer entre termos heterogêneos. Ela é, portanto, a forma mais fraca da unidade, aquela que permite a maior diferença, que vai até a diferença de gênero, entre os termos que ela reúne.

A outra série de textos da *Metafísica* diz respeito às aplicações particulares da noção de analogia. Assim, no livro Λ, capítulo 4, Aristóteles pergunta se noções tão gerais, como a de princípio, de causa ou de elemento, possuem ainda uma unidade, mesmo quando aplicadas a realidades muito diferentes. Por exemplo, pode-se falar no mesmo sentido da matéria, da forma e da privação, ou ainda de ato e de potência, quando nos servimos desses "princípios" a propósito de seres tão diferentes como uma casa ou uma cor, em que um é essência (*ousia*) e o outro uma qualidade? É certo que os seres não são todos heterogêneos entre si, mas se se considerar sua totalidade, não se pode deixar de encontrar uma heterogeneidade irredutível, que é a das categorias.[7] Esta heterogeneidade autorizaria ainda uma certa unidade do discurso sobre os princípios e as causas? Sim, com a condição de entendermos por isso uma unidade apenas analógica. Dir-se-á, por exemplo, que a causa da essência está para a causa do relativo, assim como a essência está para a relação. A causalidade, como a matéria, a forma, a privação, a potência ou o ato, significam, poder-se-ia dizer, de modo não idêntico, mas analógico, a despeito da heterogeneidade de seus campos de aplicação.[8]

---

7 "Acima da essência e das outras categorias, não há gênero comum" (*Met*. Λ 4, 1070b 1).
8 Cf. Λ 5, 1071a 5. Não é em um outro sentido que convém, pensamos, interpretar *Met*. N 6, 1093b 18-19.

Notar-se-á que aqui – e é isto que pode ter induzido a confusão – a noção de analogia ocorre no mesmo contexto que a doutrina das significações múltiplas do ser. Mas a analogia não é em nenhum lugar invocada para unificar essas significações. Ao contrário, toda a passagem pressupõe, em sua radicalidade – bem longe de atenuá-la ou de corrigi-la –a afirmação da pluralidade das significações do ser, uma vez que só o caráter irredutível dessa pluralidade é que torna obrigatório o recurso à analogia para permitir um mínimo de unidade – no fundo "geral"[9] – no discurso que fazemos sobre os princípios e as causas. Não é então o ser que é analógico, mas os princípios e as causas no ser. E a analogia das causas e dos princípios não é deduzida de uma pretensa analogia do ser, do mesmo modo que não podemos deduzir esta daquela, pois a definição da unidade analógica não implica de modo algum a unidade (analógica ou não) de seus campos de aplicação.[10] Dito ainda de outro modo, os princípios e as causas seriam um por analogia ainda que o ser não o fosse, e que o ser o seja, Aristóteles não diz em parte alguma.[11] É necessário então que tal afirmação venha de outro lugar: seja de uma reflexão nova sobre o ser,

---

9 Λ 4, 1070a 32.

10 Encontra-se um uso paralelo da analogia, fundado sobre a polissemia pressuposta do ser, em dois textos das *Éticas*, em que Aristóteles estabelece contra Platão a unidade apenas analógica das significações do bem (*Ética a Eudemo* I 8, 1217b 25 ss; *Ética a Nicômaco* I 4, 1096b 28).

11 Precisemos ainda, para prevenir uma última objeção, que no início e no fim de Λ 5, Aristóteles nada diz a esse respeito, contrariamente ao que o fizeram dizer. Nessas duas passagens, Aristóteles considera uma outra maneira de unificar as causas: a que consiste em dizer que as causas das essências são as causas dos outros seres, uma vez que a essência é aquilo sem o que o resto não seria: 1071a 1-2 e 1071a 34-35. Há aí uma alusão evidente à doutrina da prioridade da essência em relação às outras categorias (cf. Z 1, 1028a 29-31 e 33-34), logo indiretamente (ainda que isso não seja dito explicitamente) à doutrina da unidade focal. Mas não é nesse sentido que Aristóteles fala de analogia: a analogia é expressamente chamada de um *outro modo*, ἄλλον τρόπον, de unidade (1071a 4). Cf. também, em 1071a 34, o καὶ ὡδί que introduz claramente um novo argumento.

que seria característica da filosofia medieval, seja de outra fonte grega, que não seria uma fonte aristotélica.

Que Aristóteles não tenha falado da analogia do ser não é uma descoberta recente, pois encontra-se uma constatação desse tipo em Caetano, que, no *Tratado da analogia dos nomes* (1498), já se queixava de que "havia sido feito um uso tão extenso e tão disparatado do termo *analogia* que muitos nomes são hoje abusivamente declarados análogos".[12] Ele lembrava que Aristóteles só emprega o termo grego *analogia* no sentido matemático de proporção[13] e que, por conseguinte, se um dos usos metafísicos da analogia se pode reivindicar como sendo de Aristóteles, é unicamente aquele uso no qual se fala de analogia de proporcionalidade.[14] Caetano, com um sentido histórico já desenvolvido, remetia a um número suficientemente comprovador de textos do *corpus* aristotélico: quando Aristóteles fala de unidade focal (*ad unum*), não emprega o termo *analogia*, (*Met.* Γ 2, 1005a 10; Z 4, 1030b 3); quando fala de analogia, entende analogia no sentido de proporcionalidade (*Met.* Δ 6, 1016b 34; *Anal. Post.* II 14, 98a 20); e, em um texto pelo menos, distingue claramente a unidade focal (*ad unum*) ou de proveniência (*ex uno*, ἀφ' ἑνός) da unidade de denominação por analogia (*Ética a Nic.* I 4, 1096b 27-28).[15] Caetano ia mesmo mais longe, uma vez que afirma diversas vezes que a proporcionalidade é o único sentido que os gregos em geral deram à palavra *analogia*.[16]

***

---

12 *De nominum analogia* I 2.
13 Ibid., III 28.
14 Ibid., I 3.
15 Ibid., III 28; cf. II 20.
16 Ibid., I 2; III 27.

O debate, no que concerne a Aristóteles, poderia então parecer encerrado, e com efeito está, segundo cremos. Mas permanece aberta a questão de saber por que este contrassenso foi cometido, por que, tendo sido cometido, se perpetuou apesar das advertências dos que, como Caetano, o denunciaram, e por que, ainda hoje, ele é minimizado, reduzido a um simples deslocamento terminológico e finalmente desculpado por aqueles mesmos que declaram curvar-se diante da evidência dos textos. Assim, P. Grenet, em 1967, concluía, nestes termos, o último estudo que consagrou a esta questão: "Não, São Tomás de Aquino não encontrou em Aristóteles a *analogia entis*, pela boa razão de que ela não se encontra lá. Entretanto, São Tomás encontrou em Aristóteles tudo o que era preciso para a elaboração de uma *analogia entis*".[17] Essa insistência, a projeção *quasi* mecânica do comentário latino nos textos de Aristóteles,[18] ou ainda, o fato de um historiador tão atento quanto A. Mansion falar ainda em 1956 da "doutrina aristotélica da unidade analógica do ser"[19] são outros tantos indícios que nos levam a supor que estão aqui em jogo interesses filosóficos por demais consideráveis para sobreviver à desconstrução, já iniciada amplamente por Caetano, de seus suportes textuais.

O que é verdadeiro para os intérpretes modernos não deixa de sê-lo para os comentadores medievais. É lícito supor, com efeito, que não foi por inadvertência que São Tomás introduziu a analogia nos textos de Aristóteles onde ele não a encontrava. A hipótese de uma

---

17 GRENET, P. Saint Thomas d'Aquin a-t-il trouvé dans Aristote l'*analogia entis*? In: *L'attualità delle problematica aristotelica*. (Atti del Convegno franco-italiano su Aristotele, 1967). Pádova, 1970, p. 174.

18 Assim o *Index rerum* da tradução da *Metafísica* de J. Tricot que remete o vocábulo ἀναλογία ao livro Γ 2, 1003a 34, em que não é absolutamente questão a analogia, e sim a unidade focal!

19 MANSION, A. L'objet de la science philosophique suprême d'après Aristote, *Métaphysique*, E 1. In: *Mélanges A. Diès*. Paris, 1956, p. 165.

confusão devido a uma tradução defeituosa do grego para o árabe[20] não basta para explicar que São Tomás interprete expressamente como analogia a unidade focal de significação que ele lia no texto traduzido por Guilherme de Moerbeke e cuja função ele compreendia perfeitamente. Assim, no comentário do livro K da *Metafísica*, ele mostra com grande clareza que, entre o caso da univocidade ("um mesmo nome é atribuído a diversos sujeitos segundo uma razão ou significação absolutamente semelhante"), e aquele da equivocidade ("um mesmo nome é atribuído a diversos sujeitos segundo uma razão totalmente diferente"), intercala-se um caso intermediário, em que "um mesmo nome é atribuído a diversos sujeitos segundo uma razão parcialmente a mesma e parcialmente diferente: diferente pelos diversos modos da relação, e a mesma por aquilo a que se refere a relação (... *Diversam quidem quantum ad diversos modos relationis. Eamdem vero quantum ad id ad quod fit relation)*".[21] Não se poderia ser mais fiel à letra, assim como ao espírito do texto aristotélico. Mas, por que então São Tomás denomina atribuição *analógica* esse terceiro tipo de atribuição, que não tem à primeira vista nada a ver com a proporcionalidade?

A resposta nos é fornecida, parece, pelo comentário da passagem paralela do livro Γ. O comentário começa de modo quase idêntico ao precedente, e lembra que, no terceiro tipo de atribuição, as "razões" da atribuição são parcialmente diferentes e parcialmente idênticas: "diferentes na medida em que comportam maneiras de ser (*habitudines*) diferentes, idênticas pelo fato de que essas maneiras de ser relacionam-se com algo de um e de mesmo". Mas desta vez São Tomás acrescenta: "Fala-se então de atribuição analógica, quer dizer, proporcional

---

20 MONTAGNES, B. *La doctrine de l'analogie de l'être d'après saint Thomas d'Aquin.* Louvain-Paris, 1963, p. 178-180.

21 *In Metaph.* XI, l 3, n. 2197 Cathala.

(*illud dicitur 'analogice praedicari', idest proportionaliter*), na medida em que cada termo se relaciona na proporção de sua maneira de ser (*secundum suam habitudinem*) a algo de primeiro".[22] A comparação desses dois textos do *Comentário da Metafísica* mostra claramente, parece-nos, o que a abundante literatura sobre a analogia não parece ter suficientemente colocado em evidência: mesmo quando trata da analogia dita de atribuição (unidade focal de Aristóteles), ocorre a São Tomás entender a analogia no sentido de proporcionalidade, quer dizer, introduzir expressamente proporcionalidade lá onde Aristóteles não a via. De que modo? Introduzindo um princípio de ordem entre as relações *a/b, a/c, a/d* etc., que Aristóteles se contentava em justapor. Esse princípio de ordem consiste na administração proporcional da relação com o primeiro: as categorias se referem ao primeiro, isto é, à substância, não apenas de modo diferente, mas segundo uma diversidade que é doravante regulada sobre a maneira de ser (*habitudo*) de cada categoria, quer dizer, sobre sua aptidão desigual de se referir à substância. Se chamarmos de *b'* o *habitudo* de *b*, e *c'* o *habitudo* de *c* etc., e de *Ra* a relação de cada termo com *a*, tem-se:

$$bRa/b' = cRa/c' = dRa/d' = \text{etc.}$$

A analogia de atribuição está então fundada nessa passagem sobre uma proporção, e nada doravante impede de pensar que São Tomás a tenha chamado analogia, porque sabia, mesmo se algumas vezes esquecia, que esse termo grego significa "proporção": *analogice, idest proporcionaliter*. Mas esse uso da analogia tem como particularidade o fato de que, de alguma maneira, ele é focado em um termo primeiro que escapa à divisão proporcional, porque é ele mesmo o princípio e a causa, pelo menos a causa exemplar, dessa divisão. Em termos

---

22 *In Metaph.* IV, l 1 n. 535 Cathala.

platônicos, a analogia de atribuição, interpretada como analogia *per prius et posterius*, exprime a participação gradual dos termos derivados em um termo primeiro, participação que só é gradual porque é proporcional à essência, quer dizer, à perfeição própria – seríamos quase tentados a dizer: ao mérito – de cada um dos termos participantes.

Nessa forma já perfeitamente elaborada da ontologia tomista, que nos é dada por uma das primeiras obras de São Tomás, o *De ente et essentia*, essa estrutura analógica apresenta-se assim: cada ente (*ens*) participa do ser (*esse*) na proporção de sua *essentia*. Ou ainda: a *essentia* limita a cada vez, em proporção inversa à sua perfeição, a recepção do *esse* pelo *ens*.[23] Em um texto do *Comentário das sentenças*, que é da mesma época, São Tomás aplica expressamente esse esquema ao problema da unidade predicamental, quer dizer, da unidade dos sentidos categoriais do ser: *Sicut se habet substantia ad esse sibi debitum, ita et qualitas ad esse sui generis conveniens*, "A qualidade se relaciona ao ser que convém a seu gênero, assim como a substância se relaciona ao ser que lhe é próprio."[24] Essa aplicação do esquema analógico ao problema da unidade das categorias só é manifestamente possível a partir de duas condições, que não se encontravam preenchidas em Aristóteles: a primeira é que o ser infinitivo (*esse*) seja elevado além do ente como aquilo de que a substância ela mesma (*ousia*) participa na proporção de sua essência (igualmente *ousia* em grego!); a segunda, mais importante ainda, é a dissociação, ignorada por Aristóteles, do ser e da essência. Esta dissociação, ou, como se diz na doutrina tomista, essa "composição", curiosamente aplicada, no texto citado, às próprias categorias; caracteriza na realidade o estatuto ontológico dos

---

23 Ainda que o termo *analogia* não se encontre no *De ente et essentia*, B. Montagnes (op. cit, p. 33 ss) mostrou muito bem a importância desse opúsculo para a constituição tomista da doutrina tomista da analogia.

24 *Scriptum super Sententiis* III, d. I, q. 1, 2. I, n. 12 Moos.

entes criados, que não *são* seu ser (só Deus é *ipsum suum esse*), mas *têm* o ser, quer dizer, o recebem, não de maneira arbitrária, mas na medida de suas essências: *Essentia dicitur secundum quod per eam et in ea ens habet esse*, "Fala-se de essência no sentido em que é por ela e nela que o ente tem o ser."[25]

Este breve apanhado não pretende de maneira alguma dar conta da complexidade dos textos de Tomás de Aquino sobre a questão da analogia, menos ainda de suas divergências e da evolução que sem dúvida pode-se neles discernir. Mas nós quisemos mostrar que São Tomás vê com muita frequência a proporcionalidade por trás da analogia, ainda que não fale de analogia de proporcionalidade, e que, por conseguinte, quando ele traduz por "analogia" a unidade focal de Aristóteles, é certamente a proporcionalidade que ele está aí introduzindo. Há um texto, entretanto, o *De Veritate*, em que São Tomás distingue entre uma "analogia" fundada sobre uma simples relação (assim, 2 em relação a 1) e uma analogia fundada sobre uma igualdade de relações (4 está para 2 assim como 6 está para 3).[26] Mas esse texto é para privilegiar a última. A primeira "analogia" é apenas uma relação de ordem entre grandezas comensuráveis. Ela implica o perigo de tornar o termo anterior homogêneo aos termos derivados e de alterar assim a transcendência do primeiro. Neste primeiro sentido, não pode haver comunidade analógica entre o infinito e o finito, pois "do finito para o infinito não há relação", *finiti ad infinitum nulla est*

---

25 *De ente et essentia* I, ad fin.

26 *De Veritate*, q. 2, a. 11. O fato de que São Tomás denomina *proportio* a relação e *proportionalitas* o que chamamos de proporção, isto é, a igualdade de duas relações, contribuiu em muito para obscurecer o debate. Nesse sentido, a "analogia de proporção" (ou de atribuição) se opõe à analogia de proporcionalidade. Mas, no texto citado acima, do Comentário da *Metafísica*, é certamente à proporcionalidade que se refere o advérbio *proportionaliter*.

proportio.[27] É por isso que o texto do *De Veritate* mantém, neste caso crucial, apenas a analogia de proporcionalidade, que teria a vantagem de respeitar a distância eventualmente infinita entre o anterior e o derivado, uma vez que ela se contenta em afirmar que, *mutatis mutandis* (e por maior que seja a *mutatio*), relações idênticas se instituem tanto no interior do primeiro quanto no interior do derivado. Assim, a mesma relação que reconhecemos entre o entendimento e a essência do homem pode ser legitimamente suposta, por maior que seja a distância entre a criatura e Deus, entre o entendimento divino e a essência de Deus. Nesse sentido, mas somente nesse sentido, é legítimo falar de unidade analógica entre o entendimento de Deus e o do homem, ao passo que era ilícito falar, no primeiro sentido, do pertencimento comum a uma série, que autoriza, quando muito, uma diferença de grau.

Um intérprete comenta assim essa passagem: "São Tomás ... chega ao ponto de dizer – em um único texto, é verdade – que a analogia de proporcionalidade é a única que poderíamos empregar ao falar de Deus. A analogia de proporção[28] só existe entre seres semelhantes, ela supõe que os análogos secundários sejam as imagens enfraquecidas do análogo principal. Ora, Deus é perfeito demais para que uma criatura, necessariamente limitada, possa exprimir, de um modo qualquer, a plenitude do ser divino. Deus habita uma morada inacessível e ele cessaria de ser infinito, se o finito pudesse simbolizá-lo. Para construir uma ciência que não rebaixe o ser divino ao grau de uma criatura, é necessário pôr em ação a analogia de proporcionalidade. Se Deus é a causa da inteligência, da vontade e da bondade, é porque há nele alguma coisa que faz aquilo que em nós fazem a inteligência, a vontade

---

27 Sobre esse adágio, frequentemente citado por São Tomás, cf. os textos reunidos por B. Montagnes, op. cit., p. 84, n. 35.

28 No sentido de analogia de atribuição.

e a bondade. A essência divina permanece para nós sempre desconhecida em sua realidade intrínseca e, entretanto, nós conseguimos fazer sobre ela um juízo verdadeiro; no abismo insondável do ser divino, conseguimos projetar alguma luz, e sabemos que em Deus existe o equivalente de certas relações".[29]

A eloquência do intérprete não pode mascarar inteiramente a incoerência matemática dessas palavras. Pois, se a inteligência divina está para Deus assim como a inteligência da criatura está para a criatura, basta, nessa proporção, permutar os meios para percebermos que a relação da inteligência criada com a inteligência divina deve ser idêntica à relação da criatura com Deus, ou ainda do finito ao infinito. Ora "do finito para o infinito não há relação". Não há, pois, tampouco relação do entendimento criado com o entendimento divino, e a pretensa proporcionalidade desmorona. Se se afirma que não há relação determinada (*habitudo determinata*) entre os níveis que se trata de aproximar, não se terá ganho nada escrevendo o signo = entre duas expressões, uma e outra por definição arbitrárias, dessa ausência de relação. A conclusão de São Tomás – "Ainda que não possa existir relação da criatura com Deus, pode entretanto haver entre eles proporcionalidade"[30] – tem talvez um sentido metafísico, mas não tem seguramente sentido matemático.

A lição dessas dificuldades elementares poderia ser a de que a filosofia deveria evitar o recurso a analogias matemáticas, e notadamente à analogia da analogia. Ao falar analogicamente da analogia matemática, deixa-se escapar o que esse instrumento poderia trazer

---

[29] LANDRY, B. *La notion d'analogie chez saint Bonaventure et saint Thomas d'Aquin.* Louvain, 1922, p. 59-60.

[30] *Quamvis nom possit esse aliqua proportio creaturae ad Deum, tamen potest esse proportionalitas* (*De Veritate*, q. 3, a I, ad 7). B. Montagnes (op. cit., p. 86 ss) mostra que São Tomás abandonou rapidamente essa "solução". Mas ninguém parece ter-se dado conta de sua incoerência intrínseca.

de precisão na análise e enfeitam-se com uma racionalidade usurpada as tentativas, sem dúvida inevitáveis, do metafísico.

Mas a confusão não é igualmente imputável a todos os filósofos que falaram de analogia. A modéstia e o rigor de Aristóteles são aqui exemplares. Aristóteles não esperava da analogia que ela nos elevasse do conhecimento do derivado para o conhecimento do primeiro, mas somente que ela nos ajudasse a alcançar um discurso comum sobre domínios heterogêneos. Poder-se-ia facilmente verificar que o uso aristotélico da analogia é estritamente horizontal, isto é, não pressupõe nenhuma hierarquia entre os domínios que pretende aproximar, e mesmo, uma vez que essa hierarquia existe (como entre essência e as outras categorias), esse uso dela faz metodicamente abstração, a fim de não parecer apoiar-se nela. Aristóteles conhece, é verdade, sobretudo em sua fase platônica, a relação de dependência em relação a um termo primeiro; ele não exclui que a causalidade, principalmente exemplar, seja acompanhada de uma espécie de difusão de inteligibilidade, que se estende gradualmente, do termo primeiro aos termos derivados. Mas ele não se aventura jamais a falar de analogia nesse caso, sem dúvida porque considera que a relação de dependência não é suficientemente "determinada" para que se possa ver no resultado uma simples reduplicação, por enfraquecida que seja, da fonte.

Em compensação, existe entre os gregos – e sobre este ponto seria necessário sem dúvida corrigir Caetano – um uso vertical e, de algum modo, pré-tomista da analogia: é o uso que se poderia dizer, em sentido lato, platônico. O paradigma da analogia filosófica é a analogia do Sol no livro VI da *República*:[31] o Sol está para o mundo sensível assim como o Bem está para o mundo inteligível. De fato, o Sol é expressamente considerado o análogo, ἀνάλογον, do Bem, mas

---

31 *República* VI, 508bc.

isto porque ele é o seu filho, ἔκγονον. A estrutura epistemológica da analogia está portanto fundada, desde a sua primeira aparição, sobre uma relação de dependência. A unidade κατ'ἀναλογίαν está fundada sobre a unidade ἀφ'ἑνός. Reconhecemos a árvore pelos seus frutos, o pai pelos seus filhos: a semelhança é ao mesmo tempo o efeito e o signo da filiação.

Que Aristóteles tenha recusado essa associação da analogia e da dependência é provavelmente o resultado de uma espantosa capacidade de resistência à influência platônica, pois o tema platônico reaparece no primeiro dos discípulos de Aristóteles, Teofrasto. Como – pergunta este em sua *Metafísica* – conhecer a Essência primeira, senão "segundo a analogia ou segundo alguma outra semelhança (ὁμοίωσις). É sem dúvida necessário apreendê-la por meio de alguma potência ou de alguma eminência (ὑπεροχῇ) que ele teria sobre as outras coisas, como se se tratasse de Deus: porque é divino o Princípio de todas as coisas, pelo qual todas as coisas são e permanecem".[32] Não se poderia exprimir melhor como a *via analogiae* se funda sobre a eminência, ao mesmo tempo exemplar e causal, do Primeiro. A analogia é ainda e sempre a proporção, mas a proporção encontra doravante seu fundamento na semelhança (ὁμοίωσις) ou na comunidade (κοινωνία) que transmite de grau em grau a emanação do Princípio.

A identificação da analogia com a relação πρὸς ἕν ou ἀφ'ἑνός reaparece nos neoplatônicos e, em particular, nos comentadores neoplatônicos de Aristóteles.[33] O exame dos textos onde essa identificação se consuma e também daqueles que, como se vê em Proclus,[34] só aceitam a analogia ao preço de uma renúncia da sua acepção mate-

---

32 TEOFRASTO, *Metafísica*, 4b 11-16.
33 Cf. notadamente Dexipo. In: *Categorias*, p. 40-42, Busse; Simplício. In: *Categorias*, p. 73-74, Kalbfleisch.
34 Cf. notadamente *Teologia platônica* II, 5.

mática, deveria ser objeto de um outro estudo. Em todo caso, não se pode duvidar de que é nessa tradição que seria preciso buscar a origem do contrassenso que, platonizando Aristóteles sobre um ponto decisivo, iria suprimir as últimas resistências do texto aristotélico à interpretação ontoteológica que dele se começa a dar, desde a época do comentário neoplatônico, e que iria doravante dominar a história da metafísica.

Tradução de Edson Peixoto de Resende Filho

A MATÉRIA DO INTELIGÍVEL
Sobre duas alusões subestimadas às doutrinas não escritas de Platão

Em memória de Léon Robin
Para Pierre-Maxime Schuhl, fundador do Centro Léon Robin

Em sua tese de 1908 sobre *La théorie platonicienne des Idées et des Nombres d'après Aristote*,[1] Léon Robin abriu um caminho que não cessou de manifestar sua fecundidade. Esse caminho era entretanto tão novo e podia parecer, no sentido próprio do termo, tão desviado que será preciso esperar muitas décadas para que outros pesquisadores – dos quais, entre os mais importantes, é preciso citar a escola de Tübingen com H. J. Krämer e K. Gaiser[2] – aí se aventurem com um sucesso que confirma a justeza das intuições de seu predecessor. O propósito de Léon Robin era desafiador pois que se tratava de nada menos do que expor a doutrina platônica "utilizando exclusivamente os textos do Estagirita, como se nenhuma obra de Platão houvesse chegado até nós".[3] E o resultado ultrapassava toda expectativa, uma vez que Léon Robin, *sem ter citado uma única vez os "Diálogos"*, havia conseguido escrever mais de 600 páginas que reconstituíam,

---

1 Paris, 1908; 2.ed., Hildesheim, 1963.
2 Citemos somente KRÄMER, H. J. *Arete bei Platon und Aristoteles. Zum Wesen und Geschichte der platonischen Ontologie*. Heidelberg, 1959; 2.ed., Amsterdam, 1967, e GAISER, K. *Platos ungeschriebene Lehre*. Stuttgart, 1963; 2.ed., 1968, duas obras fundamentais que foram seguidas de diversos outros estudos. Uma boa síntese e uma abordagem diferenciada sobre a questão poderão ser encontradas em FINDLAY, J. N. *Plato. The Written and Unwritten Doctrines*. Londres, 1974.
3 Tomo emprestada essa caracterização do excelente capítulo que P.-M. Schull consagra às doutrinas não escritas de Platão em *L'Oeuvre de Platon*. Paris, 1954, p. 196.

aparentemente sem esforço nem artifício, uma teoria perfeitamente coerente e ricamente diversificada, que se poderia dizer "platônica", uma vez que Aristóteles em concordância com alguns outros testemunhos a apresentava como tal, e que, entretanto, não coincidia nem na forma nem mesmo às vezes no fundo com o platonismo "que nós conhecemos de outros lugares".[4] Léon Robin explicava esse paradoxo atribuindo à velhice de Platão um desenvolvimento da doutrina que o filósofo não teria tido tempo de fixar por escrito e que teria portanto permanecido no estado de ensinamento oral. Em todo caso, seria necessário deduzir daí que a obra escrita de Platão (exceto talvez algumas alusões no *Timeu* e sobretudo no *Filebo*) teria permanecido totalmente e no essencial aquém daquilo que Aristóteles nomeia ao menos uma vez de as "doutrinas não escritas" (ἄγραφα δόγματα) de seu mestre.[5]

Quanto à interpretação propriamente dita de Léon Robin, que discernia nessas doutrinas não escritas o esboço do que ele chamava de uma "procissão do ser", ela o autorizava a concluir que "Aristóteles nos colocou no caminho de uma interpretação neoplatônica de seu mestre"[6] e confirmava assim, sem a ter procurado, a verossimilhança histórica, ao mesmo tempo que a fecundidade hermenêutica, da hipótese: a reconstituição das doutrinas não escritas permitia enfim perceber, entre o platonismo e o neoplatonismo, uma continuidade que não poderia aparecer com essa clareza a quem se restringisse, para caracterizar o platonismo, apenas aos *Diálogos*.

A história da filosofia, mesmo antiga, é mais dependente do que parece do movimento geral das ideias. Sem dúvida esta é a razão pela qual, sobretudo na França, as indicações de Léon Robin permanece-

---

4 P.-M. Schull, ibid.
5 *Física* IV 2, 209b 14-15.
6 ROBIN, L. op. cit., p. 600.

ram por muito tempo sem grande eco. Em reação contra um estilo de interpretação, dominante no início deste século, que privilegiava o espírito de uma doutrina em relação à sua letra e se interessava mais pelo movimento de um pensamento do que pela articulação das razões segundo as quais ela se legitima depois, a atenção dos intérpretes foi nesse intervalo de tempo energicamente convidada a se exercer sobre a literalidade apenas dos textos, para extrair deles pacientemente a estrutura. Em se tratando de Platão, os *Diálogos* recomeçaram a ser desde então os únicos depositários da verdade do platonismo. Paralelamente, éramos convidados, em particular pelos trabalhos de H. Cherniss,[7] os quais, aliás, eram frequentemente invocados pelos representantes da escola precedente, a compreender a exposição e a crítica aristotélicas do platonismo como uma espécie de trabalho de subversão se exercendo unicamente sobre os *textos* platônicos, não se explicando os deslocamentos e as deformações pelo recurso a fontes de informação exteriores, mas por uma espécie de lógica imanente, e em seu limite delirante, da interpretação.

Mas um elemento novo interveio, que viria a colocar o debate em sua verdadeira dimensão filosófica e dar a que pensar aos defensores incondicionais do texto e da literalidade. Sabia-se, desde há muito, sem que disso se houvessem tirado todas as consequências, que é o próprio Platão que nos adverte contra as fixações escritas de sua doutrina e de um modo geral afirma "a superioridade da palavra viva sobre a letra escrita".[8] Foi essencialmente H. J. Krämer, em seu

---

7 CHERNISS, H. *Aristotle Criticism of Plato and the Academy*. Baltimore, 1944; 2.ed., Nova York, 1962; e *The Riddle of the Early Academy*. Berkeley-Los Angeles, 1945; 2.ed., Nova York, 1962. De um modo geral, H. Cherniss não concede nenhum valor histórico aos testemunhos de Aristóteles.

8 SCHULL, P.-M. op. cit., p. 197 (cf. *Lettre* VII, 341c, 344b-e; *Phèdre*, 274b, 278b-e). Ainda que em uma única frase, P.-M. Schull me parece ser o primeiro a conectar o ensinamento oral de Platão a suas declarações sobre as relações entre palavra e escrita.

livro de 1959, que apresentou, pela primeira vez de modo sistemático, a existência atestada das doutrinas não escritas em conexão com os textos de Platão acerca das relações entre escrita e oralidade. Estava assim definitivamente estabelecido que a distinção das duas formas de expressão não se devia a um acaso biográfico, mas a uma decisão filosófica do próprio Platão. E mais, o peso principal da doutrina encontrava-se a partir daí então transferido de exotérica para esotérica – com a consequência de que não havia mais razão de a esotérica ser relegada ao estágio final da vida de Platão e que ela devia ser, ao contrário, contemporânea da exposição exotérica dos *Diálogos* uma vez que era dela o fundamento oculto. Isso não deixa de colocar um novo problema, que é aquele da coerência e da compatibilidade entre duas expressões tão diferentes do que deveria ser, não obstante, um único e mesmo pensamento.⁹

Poder-se-ia estimar que a oscilação, na história da exegese, entre a sacralização do texto e a importância atribuída à palavra viva transmitida pela tradição, assumiu uma direção, com os trabalhos da escola de Tübingen, excessivamente favorável ao não escrito e que não o é aliás somente em aparência, uma vez que o não escrito não pode ser ele mesmo reconstruído a não ser a partir de vestígios escritos. Contudo doravante não será mais possível ler os *Diálogos* de Platão como se eles encerrassem a última palavra do platonismo, sobretudo porque o próprio Platão nos adverte contra essa ilusão, e doravante não mais será possível abstermo-nos de confrontar a letra dos *Diálogos*

– O desprezo platônico pela escrita foi, entretanto, objeto de um brilhante ensaio de J. Derrida, "La pharmacie de Platon", em *Tel Quel*, n. 32-33, 1968 (reproduzido em *La dissémination*, Paris, 1972). Embora não fosse seu objetivo, este ensaio deve ter despertado na França o interesse pelo não escrito do platonismo, mesmo se este não escrito não é absolutamente o não dito.

9 Cf. minha resenha dessa obra de H. J. Krämer em A. Solignac e P. Aubenque, "Une nouvelle dimension du platonisme", *Archives de Philosophie*, 28, 1965, p. 260-265.

com a tradição viva do platonismo – viva ainda que, ou talvez porque, "escolar" – da qual Aristóteles é uma testemunha capital e que não cessará com ele.

As análises que se seguem pretendem trazer à luz dois novos testemunhos retirados do *corpus* aristotélico, e, até agora, insuficientemente levados em consideração, sobre as doutrinas não escritas de a Platão. Mas essas análises pretendem também mostrar que a ignorância ou, o que é pior, a negação da existência das doutrinas não escritas e, em geral, de toda informação externa ao texto, conduzem a mal-entendidos, e mesmo a erros de interpretação. Além disso, elas pretendem também advertir contra os perigos de um método de exegese que, rigoroso somente em aparência, supõe arbitrariamente que o texto *e somente ele* fornece, a quem o sabe ler segundo a ordem de suas razões, a solução das dificuldades que ele encerra.

***

O primeiro desses textos encontra-se na discussão sobre o lugar, no livro IV, capítulo 2, da *Física*. Aristóteles refuta aí a posição daqueles que identificam o lugar (τόπος) à matéria (ὕλη). Entre esses, ele classifica em primeiríssimo lugar Platão que, no *Timeu*, identifica a matéria (ὕλη) à extensão (χώρα) (209b 11-12). Um dos argumentos dirigidos por Aristóteles contra essa doutrina visa nomeadamente Platão: "Em todo caso, se é permitido fazer esta digressão, Platão bem deveria nos dizer[10] por que as Ideias e os Números não estão no lugar, se é verdade que o lugar é o participante e isso quer se entenda o parti-

---

10 A construção dessa frase é ambígua. Πλάτωνι ... λεκτέον ... διὰ τί pode significar: "Platão deve dizer por que ..." ou "É preciso dizer (perguntar) a Platão por que...". A segunda tradução, que obriga a entender λέγειν como introduzindo não uma resposta, mas uma pergunta, me parece, contudo, pouco natural. Mas isso não muda em nada o sentido.

cipante como sendo o grande e o pequeno ou como sendo a matéria, tal como ele escreveu no *Timeu*" (209b 33 – 210a 2).

Para quem não vê nesse texto senão uma crítica dirigida ao *Timeu*, o argumento, segundo o qual Platão deveria ser levado pela lógica de sua posição a conceder às Ideias e aos Números uma localização que ele lhes recusa alhures,[11] corre o risco de parecer ininteligível. Pois, se Platão de fato afirmou no *Timeu* que o receptáculo (que todo mundo concorda em reconhecer naquilo que Aristóteles chama aqui de "participante", μεθεκτικόν) não é outro senão a extensão (χώρα), ele jamais disse que essa extensão, que é receptáculo dos corpos (50b) e do sensível em geral (51a) e que é como a "nutriz do devir" (49a), exerce alguma função análoga em relação ao inteligível. Essa é a razão por que Ross em seu *Comentário* não hesita em ver nesse argumento um mal-entendido (*misunderstanding*).[12]

Se se tenta entretanto compreender o argumento, nem por isso se chega a explicações muito convincentes. Segundo W. Wieland, Aristóteles culparia aqui Platão de ter falado... no *Fedro* (247c) de um "lugar supraceleste" (ὑπερουράνιος τόπος), que seria o lugar das Ideias.[13] Mas Aristóteles somente cita aqui o *Timeu*, e seria uma querela bastante medíocre, ainda que Aristóteles se deixe levar algumas

---

11 Para Aristóteles, nem é preciso dizer, os seres matemáticos em geral não estão em um lugar (cf. *Física* IV, I, 208b 23). Isso vale *a fortiori* para as ideias platônicas que, Aristóteles lembra em outro lugar, não estão em uma região situada "fora do Céu", uma vez que "não estão em lugar algum" (*Física* III 4, 203a 9). Platão não diz outra coisa no *Timeu*: a χώρα é um "terceiro gênero" distinto tanto do sensível quanto do inteligível (48e, 52a-b) e é somente "em sonho" que concebemos todas as coisas (portanto também as Ideias) como estando em algum lugar (52b).

12 [Esta nota está marcada no original como "11 *bis*", possivelmente por ter sido acrescentada depois de finalizada a edição. (N. do T.)] Também Luc Brisson (Le même et l'autre dans la structure ontologique du *Timée* de Platon, Paris, 1974, p. 223) considera que a contradição que Aristóteles critica em Platão "se funda sobre uma falsa identificação das formas inteligíveis com as μιμήματα" do *Timeu*.

13 WIELAND, W. *Die aristotelische Physik*. Göttingen, 1962 (2.ed., 1970), p. 197.

vezes por uma crítica desse tipo, a de desqualificar a teoria platônica do lugar sob o pretexto de que Platão recorre algumas vezes a metáforas espaciais quando fala do inteligível.

Por sua vez, H. Wagner não chega a discernir "a menor relação conceitual, ainda que fundada somente sobre uma associação de ideias" entre esse argumento e aquele que o precede e que o segue.[14] Tentando contudo encontrar um sentido no próprio argumento, ele pensa que "denuncia uma incoerência na teoria platônica do espaço: de um lado, o espaço deve participar das Ideias e dos Números e portanto (em vista de sua própria determinação) recebê-los nele mesmo, mas de outra parte as Ideias e os Números que se trata de receber não devem estar no espaço e em um lugar". Mas, supondo-se que Platão tenha justamente querido falar no *Timeu* de uma relação de participação entre o receptáculo "sem forma" e aquilo que, penetrando nele, lhe dá figura (50c) – e de fato se é verdade que Platão não fala a esse respeito de μέΘεξις, ele entretanto emprega uma vez o verbo μεταλαμβάνειν (51a-b) –, a crítica que H. Wagner atribui a Aristóteles seria tão geral que ela arruinaria não a teoria platônica do espaço, mas mais geralmente toda espécie de participação e mesmo de relação entre o sensível e o inteligível. Se do fato de A participar de B, se devesse concluir que B é da natureza de A, Platão não poderia jamais ter falado, sem cometer a cada vez uma grosseira contradição, da participação do sensível nas Ideias. A despeito da aparência linguística, a passividade está inteiramente do lado do participante, não do participado: o participado dá, informa, mas não é afetado em troca por aquilo a que ele dá forma. Ao menos essa é a posição de Platão. É verdade que ocorre a Aristóteles criticar essa posição e, de um modo geral, a noção mesma de participação. Mas esse não é seu

---

14 ARISTOTELES. *Physikworlesung, übersetzt* v. Hans Wagner, Aristoteles Werke in deutscher Übersetzung, v. 11, Berlim, 1967, p. 539.

propósito aqui, onde o argumento é específico para o caso do lugar. O que Aristóteles reprova aqui em Platão não pode ser portanto o fato de que a matéria, ao participar das Ideias, as faça descer de algum modo até ela (pois isso já se sabia, e Aristóteles, ao seu modo, não dirá outra coisa), mas justo o inverso, de que as Ideias e os Números participam da materialidade, possuem alguma coisa de espacial em sua própria constituição, o que levanta uma dificuldade específica e ainda mais grave.

Essa dificuldade específica não parece ter sido tampouco percebida pelo comentário minucioso, e sob outros aspectos tão esclarecedor, que V. Goldschmidt consagrou à dissertação aristotélica sobre o lugar.[15] Preocupado em manifestar a coerência do desenvolvimento aristotélico, ele observa inicialmente a propósito de nosso texto que este não constitui verdadeiramente uma "digressão". Mas ele situa a ligação com o contexto somente no termo χωριστός que Platão empregou algumas linhas mais acima (209b 27, 30; cf. b 23) para significar que o lugar é "separável" do corpo que o ocupa, uma vez que este nem sempre esteve aí e pode eventualmente deixá-lo: essa separabilidade do lugar e da coisa exclui a possibilidade de que o lugar se confunda com a forma ou com a matéria, que esses se deslocam ao mesmo tempo que a coisa ela mesma. Ora, lembra V. Goldschmidt, χωριστός é igualmente o termo que serve correntemente a Aristóteles para "designar a 'separação' das ideias platônicas". Donde o deslizamento (que não seria muito mais do que uma brusca mudança de assunto) que faria Aristóteles passar da separabilidade (bem real) do lugar à separação (completamente metafórica) da ideia platônica. V. Goldschmidt resume em seguida da seguinte maneira a objeção pro-

---

15 GOLDSCHMIDT, V. La théorie aristotélicienne du lieu. In: *Mélanges de philosophie grecque offerts à Mgr Diès*. Paris, 1956, p. 79-119. Sobre nossa passagem, p. 86-87 e p. 87, n. 1.

priamente dita de Aristóteles: "Mas se, com o *Timeu*, se parece definir o lugar como matéria ou como receptáculo (este último sendo interpretado como μεΘεκτικόν, 209b 35), como as Ideias guardariam sua transcendência?" Confesso que não compreendo o sentido dessa explicação. Significa ela que as Ideias devem seguir a sorte do receptáculo pela única razão de que elas são "separadas" como ele, ou, mais exatamente, como o é para Aristóteles (ainda que em um outro sentido) o lugar ao qual Platão erradamente assimilou seu receptáculo? Mas então o argumento, repousando unicamente sobre a ambiguidade do termo "separado" seria apenas um paralogismo desprezível. Ou será que a frase de V. Goldschmidt significa que a concepção platônica do lugar como receptáculo priva as Ideias de sua transcendência porque elas são "recebidas" pelo receptáculo? Mas isso vai contra os textos já citados do *Timeu*, que fazem da χώρα o receptáculo dos corpos, do sensível e do devir – e não o receptáculo das Ideias.

Se citei um pouco longamente interpretações que conduzem todos os impasses, é para ilustrar a impossibilidade absoluta de compreender essa passagem se nos atemos à economia interna do texto de Aristóteles (o que é o *parti-pris* metodológico de V. Goldschmidt, que se abstém mesmo de citar o *Timeu* para verificar a plausibilidade do texto de Aristóteles) ou mesmo a relação ela mesma textual do texto de Aristóteles com o texto do *Timeu* (o que é o caso do comentário de H. Wagner). O texto se esclarece ao contrário imediatamente se vemos nele uma alusão crítica não apenas ao *Timeu*, mas ainda a uma doutrina não escrita de Platão, que esse texto por sua brevidade não permitiria reconstituir, mas que temos a boa sorte de conhecer através de outras fontes. É ainda mais surpreendente que os intérpretes modernos tenham negligenciado essa possibilidade de interpretação, porque é o próprio Aristóteles que nos coloca nesse caminho, em uma passagem situada algumas linhas mais acima e que é justamente a única passagem do *corpus* aristotélico onde é feita menção explícita aos *agrapha dogmata*.

Em 209b 11-16, com efeito, depois de ter evocado a concepção de Platão que, no *Timeu*, afirma a identidade da extensão (χώρα) com o que Aristóteles chama de matéria (ὕλη) e Platão de receptáculo (aqui μεταληπτικόν), Aristóteles acrescenta: "É verdade que ele não nomeia o receptáculo da mesma maneira no *Timeu* e nas doutrinas não escritas, mas de todo modo nos dois casos ele identificou o lugar (τόπος) e a extensão (χώρα)". O final da frase poderia parecer pouco de acordo com a visada de Aristóteles, que é a de mostrar não que Platão identifica o lugar e a χώρα (o que é evidente), mas que ele identifica o lugar (que ele chama de χώρα) e a matéria (que ele a chame de μεταληπτικόν ou de qualquer outro nome); mas, como a χώρα é manifestamente o receptáculo, o final da frase quer dizer, por uma espécie de braquilogia, que Platão identifica por toda parte o receptáculo, qualquer que seja o nome pelo qual ele o chame (χώρα, μεταληπτικόν etc.), e o lugar. Resta a indicação, à primeira vista enigmática, segundo a qual Platão chama o receptáculo de um outro nome nas doutrinas não escritas. Qual é esse nome? Não é necessário ir procurar muito longe, pois a resposta é fornecida vinte linhas adiante pelo nosso texto, que precisa que o receptáculo (aqui apresentado como "participante", μετεκτικόν) pode ser, sem que isso modifique sua identificação ao lugar, indiferentemente concebido como a matéria, "conforme está escrito no *Timeu*", ou como o *Grande e o Pequeno*. O Grande e o Pequeno, tal é portanto o nome que as doutrinas não escritas dão ao participante-receptáculo do *Timeu*, que o identifica à extensão e que Aristóteles chama de matéria.

Esse ponto é em grande parte confirmado pelos numerosos testemunhos de Aristóteles segundo os quais as doutrinas não escritas afirmavam a existência de dois princípios (ἀρχαί ou στοιχεῖα):[16] o Um por um lado, a Díade indefinida por outro, cujos termos são frequentemente apresentados como sendo a dupla do Grande e do Pequeno ou do Excesso e da Falta. Aristóteles traduz em sua linguagem a doutrina platônica dizendo que o Um age enquanto essência,[17] causa essencial[18] ou ainda forma[19] e que a Díade indefinida do Grande e do Pequeno age como matéria[20] ou causa material.[21] Mas o mais importante para nosso propósito é que, segundo as doutrinas não escritas, esses dois princípios não regem somente a constituição do sensível, mas também e primeiramente a do próprio inteligível: "Uma vez que as Ideias, escreve Aristóteles na *Metafísica*, são causas para as outras coisas, os elementos (στοιχεῖα) das Ideias foram considerados [por Platão] como sendo os elementos de todos os seres. Assim é que enquanto matéria o Grande e o Pequeno são princípios, e o Um o é enquanto essência. Pois é dos primeiros por participação no Um (κατὰ μέθεξιν τοῦ ἑνός) que são constituídas as Ideias."[22] E um pouco mais adiante Aristóteles precisa que, sob um certo ponto de vista, as Ideias desempenham com relação ao Um o mesmo papel de matéria subjacente (ὕλη ἡ ὑποκειμένη) que o sensível com relação às

---

16 Ἀρχή em *Metafísica* A 6, 987b 21; στοιχεῖον em *Metafísica* A 6, 987b 19-20, 988a 14-15; A 9, 992b 18; B 3, 998b 9; N 1, 1087b 10, 13; N 2, 1088b 14 ss; cf. também K 1, 1059a 23. Sobre esses dois últimos textos, ver mais abaixo.

17 Οὐσία (A 2, 987b 21-22; N 1, 1087b 9).

18 Τοῦ τί ἐστι αἴτια (A 6, 988a 10).

19 Εἶδος (A 6, 988a 2-3); cf. também μορφή a propósito do Um como "elemento dos Números" (N 1, 1087b 15-16). Sobre esse último texto, ver mais abaixo.

20 Ὕλη, em todos os textos citados nas três notas precedentes; para A 6, 988a 10, ver a nota seguinte.

21 Αἴτια κατὰ τὴν ὕλην (A 6, 988a 10).

22 A 6, 987b 18-22. Citamos com uma pequena variação a tradução que L. Robin dá dessa passagem em seu "Études sur la signification et la place de la physique dans la philosophie de Platon", *Revue philosophique*, 86 (1918), reproduzido em *La pensée hellénique des origines à Épicure*, Paris, 1942 (2.ed., 1967), p. 231-336 (aqui p. 258).

Ideias, e essa "matéria", que é portanto também nas Ideias, "é a Díade, o Grande e o Pequeno".[23]

A conclusão é fácil de tirar, mesmo se ela se choca com aquilo que nós cremos saber do platonismo a partir unicamente dos *Diálogos*: para o Platão das doutrinas não escritas, as Ideias são mistos, compostas como são de dois "princípios" ou "elementos", dos quais um desempenha o papel de participante e o outro de participado.

Não é somente no sensível, mas também no universo das Ideias, que está em ação um princípio material de indeterminação, ilustrado pelo balanceamento indefinido do Grande e do Pequeno ou ainda do Excesso e da Falta, que suscita e recebe, tal um receptáculo, a ação determinante e limitante do princípio formal de unidade. De resto Aristóteles confirma em um texto da *Física* que, para Platão, "o infinito (ἄπειρον) é ao mesmo tempo nas coisas sensíveis e nas Ideias", infinito que, acrescenta ele, não é outro senão o Grande e o Pequeno.[24]

Com isso, parece-nos, se esclarece definitivamente nosso texto da *Física*: se o Grande e o Pequeno são um elemento constitutivo das Ideias e se o Grande e o Pequeno não são senão um outro nome daquilo que Platão chama no *Timeu* "de extensão",[25] então Platão deverá nos explicar como as Ideias poderiam não comportar um elemento espacial em sua definição, consequência que contradiz entretanto tanto o senso comum quanto outras asserções platônicas que afirmam a não localização das Ideias.

---

23 988a 11-14.
24 *Física* III 4, 2013a 4, 15-16.
25 Na verdade, essa equivalência não foi jamais demonstrada, uma vez que o *Timeu* não fala do Grande e do Pequeno. Mas é evidente que, para Aristóteles, o Grande e o Pequeno são uma determinação da grandeza (μέγεθος) (*Metafísica* N 1, 1088a 19); ou "o lugar parece ser [para os platonistas] o intervalo da grandeza" (*Física* III 2, 209b 6).

Léon Robin já havia interpretado nesse sentido nosso texto,[26] o qual ele aproximava de outros testemunhos, notadamente de um fragmento de Teofrasto segundo o qual os platônicos ligavam o vazio, o lugar e o infinito à Díade indefinida do Grande e do Pequeno e faziam delas gêneros primeiros do mesmo nível que os Números ideais.[27] E Robin comentava esses testemunhos convergentes da seguinte maneira: "Esses dados da tradição imediata são preciosos no que concerne, na doutrina platônica, à existência de um lugar, de uma localização ou de um vazio – que a isso se chame como se queira – que, ou bem confundindo-se com o não ser ou com o Grande e o Pequeno, ou bem reduzindo-se a ele, teria sua função inclusive no mundo inteligível.[28]

Admira-nos que essa solução, entretanto clara e distinta, do enigma colocado por 209b 33 ss tenha sido ignorada pelos exegetas posteriores. A razão disso é sem dúvida que eles não levaram suficientemente a sério a existência das doutrinas não escritas ou que mesmo, no rastro de H. Cherniss, chegaram até a suspeitar de sua existência – a qual se vinga aqui pela incompreensão a que se viram por essa razão condenados.

***

O outro exemplo de um texto, este ainda mais subestimado, que não se esclarece a não ser à luz das doutrinas não escritas nos é fornecido pelo livro K da *Metafísica*. Penso ter mostrado em outro lugar, seguindo P. Nartop e A. Mansion, que esse livro, constituído de resumos de

---

26 *La théorie platonicienne* ..., n. 334, p. 421-423; e "Études sur la signification et la place de la physique ...", p. 259.

27 TEOFRASTO, *Frag.* XII, 11 fin e 12 Wimmer.

28 "Études...", p. 260-261.

outras partes da *Metafísica* e da *Física*, não é de Aristóteles.²⁹ Mas essa circunstância não modifica em nada meu propósito. De qualquer forma, não tendo a passagem que vou citar equivalente nesse livro, neste caso o livro B, que é resumido no essencial pelos dois primeiros capítulos de K, o problema da fonte desse texto apócrifo não pode ser inteiramente dissociado daquele que formula sua interpretação.

O autor do livro K, resumindo no capítulo 1 as aporias de *Metafísica* B 1, se pergunta qual é o objeto da ciência que procuramos sob o nome de sabedoria (σοφία). Ele pressupõe que uma tal ciência não pode tratar a não ser de realidades imateriais. Tal seria perfeitamente o caso das Ideias; infelizmente, estas "não existem" (1059b 2)! Quanto aos seres matemáticos, eles não são "separados", isto é, separados da matéria, e não respondem portanto aos requisitos da ciência buscada. O autor de K se pergunta então: "De um modo geral poder-se-ia perguntar a que ciência pertence o exame das aporias concernentes à matéria dos seres matemáticos (περὶ τῆς τῶν μαΘηματικῶν ὕλης)" (1059b 14-16). E ele responde que essa ciência não pode ser a física, uma vez que esta se ocupa de seres que têm neles mesmos o princípio de seu próprio movimento (o que não é evidentemente o caso desses seres imóveis que são os seres matemáticos, tampouco o de sua "matéria"); não pode ser tampouco além disso "a ciência que trata da demonstração e da ciência" (sem dúvida porque a afirmação da existência de uma "matéria" dos seres matemáticos não é uma simples premissa hipotética requerida pela ciência, mas corresponde a uma realidade); "resta portanto, conclui o autor, que é a filosofia que nós buscamos [isto é, a filosofia primeira] que se ocupa dessa pesquisa" (1059b 16-21).

---

29 Cf. AUBENQUE, P. Sur l'inauthenticité du livre K de la *Métaphysique*. In: *Zweifelhaftes in Aristoteles, Actes du IXeme Symposium aristotelicum* (Berlim, 1981), Berlim-Nova York, de Gruyter, no prelo. [O artigo mencionado, ainda não publicado na época, está traduzido nessa edição. (N. do T.)]

A expressão ὕλη τῶν μαΘεματικῶν, que é única no *corpus* aristotélico, é evidentemente o que constitui, aqui, problema. Se se entende ὕλη no sentido banal de "matéria sensível", a expressão implicaria que os seres matemáticos não seriam imateriais, o que certamente concorda com a asserção de 1059b 13 segundo a qual "nenhum dos seres matemáticos é separado".[30] Mas então a questão colocada torna-se estranha e a resposta que aí é dada francamente absurda, pois, depois de ter considerado o estudo dos seres matemáticos como indigno da filosofia primeira, porque eles não são suficientemente imateriais, considerar-se-ia confiar à filosofia primeira o estudo da matéria desses seres matemáticos! É portanto claro que ὕλη não pode significar aqui "matéria sensível".

Se por um lado os intérpretes concordam entre si de modo suficientemente amplo sobre essa impossibilidade, por outro eles divergem acerca do sentido positivo a ser dado à expressão. Apoiando-se em um uso possível de ὕλη, aliás atestado no mesmo livro K (4, 1061b 21), P. Natorp compreende que se trata do "objeto das matemáticas".[31] Mas, como observa Ross em seu *Comentário* (ad loc.), a questão colocada torna-se então tautológica, uma vez que ela seria: Qual é a ciência que se ocupa do objeto da ciência matemática? E, além disso, ela evocaria uma resposta – a matemática – diferente daquela que finalmente será dada – a filosofia primeira.

A maior parte dos outros intérpretes crê encontrar no interior do *corpus* aristotélico a resposta a seu embaraço. Bonitz, em seu *Co-*

---

30 Podemos colocar em questão o sentido de χωριστός, que significa às vezes também em Aristóteles "subsistente por si". É provável que a frase quisesse então dizer que os seres matemáticos são puras abstrações, que não têm existência autônoma. Mas isso não estaria de acordo com o uso de χωριστός no livro K (cf. por exemplo 1060a 19: χωριστή τῶν σωμάτων).

31 NATORP, P. "Über Aristoteles' Metaphysik", k 1-8, 1065a 26. *Archiv f. Gesch. D. Philos.*, 1, 1888, p. 186.

mentário de 1848-1849,[32] seguido imperturbavelmente desde então por Ross, Tricot e G. Reale em seus respectivos comentários, remete à *Metafísica* Z 10, 1036a 9 ss, onde Aristóteles fala de uma matéria inteligível (ὕλη νοητή) que "se encontra nos seres sensíveis, mas não enquanto são sensíveis, como por exemplo os seres matemáticos". Mas essa matéria, aliás chamada também de "matéria local" (ὕλη τοπική, H 1, 1042b 6), não é outra senão o espaço, como o sugerem os exemplos geométricos dados em Z 11, 1037a 4 e H 6, 1045a 35. É de resto aquilo que admite Ross, que, a propósito de K 1, 1059b 15, se contenta em formular a equação: "τῆς τῶν μαθηματικῶν ὕλης *practically = space*". Mas então deve-se perguntar por que o estudo do espaço é confiado à filosofia primeira e não, simplesmente, à geometria ou mesmo (em se tratando do lugar) à física.

A chave desse enigma é fornecida aqui ainda pelo recurso às doutrinas não escritas de Platão. É W. Jaeger o primeiro que, querendo mostrar que esse texto pertencia a uma fase antiga da carreira de Aristóteles, teve a ideia de colocá-lo em relação não com o livro Z, mas com o livro N da *Metafísica*, e notadamente com as passagens que atribuem a Platão uma doutrina dos "elementos" do inteligível.[33] W. Jaeger remete ao texto N 2, 1088b 14, onde é dito que o número deve comportar uma matéria se, como querem os platônicos, ele é "composto de elementos". Mas esse texto pretende criticar o uso que o platonismo não escrito faz de στοιχεῖον no sentido de "princípio" (ἀρχή),[34] enquanto que para Aristóteles os "elementos" são sempre as partes imanentes de um todo composto, aquilo que não deveriam

---

32 Mas Bonitz parece ter mudado em seguida de opinião, uma vez que sua tradução alemã da *Metafísica*, publicada depois de sua morte por E. Wellmann (Berlim, 1890), parece compreender exatamente como Natorp: *"Den der Mathematik zugrunde liegenden Stoff"*.

33 JAEGER, W. *Aristoteles*. Berlim, 1923 (2.ed., 1955), p. 221, n. 2.

34 N 1, 1087b 13; cf. K 1, 1059b 25.

ser as Ideias e os Números se se quer que eles sejam incorruptíveis. Parece-nos mais simples remeter à exposição mais objetiva de N 1, 1087b 14 ss, em que é questão desses filósofos platônicos que "admitem o Grande e o Pequeno juntamente com o Um, que são assim os três elementos dos Números, sendo os dois primeiros a matéria e o Um a forma". Se se desconsidera o fato de que Aristóteles habitualmente conta como dois o Grande e o Pequeno que constituem em realidade um único princípio para Platão,[35] reencontra-se aqui, aplicada aos Números, a teoria dos dois princípios constitutivos, material e formal, de toda a realidade, tanto inteligível como sensível.

A questão colocada por K 1 se esclarece a partir daí. Mesmo uma vez admitido que a filosofia primeira não se ocupa dos seres matemáticos, é legítimo atribuir-lhe uma competência no que concerne à matéria desses mesmos seres matemáticos, pois essa matéria é uma "matéria incorpórea" (ὕλη ἀσώματος),[36] mais principial que o próprio inteligível e, em consequência, perfeitamente digna da ciência suprema. Essa matéria não é a "matéria inteligível" de Aristóteles, que é a estrutura matemática dos seres sensíveis e pertence logicamente ao domínio da ciência matemática ela mesma. A matéria incorpórea dos platônicos não é uma matéria inteligível, ela é a matéria *do* inteligível e, ela é ela mesma, nesse sentido, suprainteligível. Poder-se ia objetar a mim que Aristóteles não tem por que se preocupar com essa matéria, já que ele não crê em sua existência, como testemunha a crítica que dela ele faz no livro N da *Metafísica*. Mas lembro que há boas razões para duvidar que o autor do livro K seja Aristóteles. Da passagem considerada e de algumas outras podemos inferir a suposição de que esse autor, que, sobre esse

---

35 Cf. *Física* III 4, 203a 15-16: "Para Platão dois são os infinitos, o Grande e o Pequeno."
36 Cf. *Metafísica* A 7, 988a 23-26.

ponto, parece inovar com relação ao texto correspondente do livro B, terá tido também em suas mãos um catálogo de aporias mais antigo que o livro B, constituído quando Aristóteles era ainda aluno da Academia, e que refletia uma dependência maior com relação à problemática platônica.

***

Que essa problemática tão largamente estranha àquela dos *Diálogos* tenha sobrevivido à crítica de Aristóteles e tenha permanecido viva na escola platônica, isso é atestado, sobre o ponto preciso que nos ocupa, pela doutrina plotiniana das duas matérias que lemos nas *Enéadas* II 4. Não podemos entrar aqui nos detalhes desse tratado. Lembremos apenas que ele começa por distinguir dois tipos de filosofias da matéria: aquelas que não concebem outra matéria que não a corpórea e aquelas que dizem que a matéria é incorpórea. Ter-se-ão reconhecido os estoicos no primeiro caso, os platônico-aristotélicos no segundo.[37] Dentre estes, convém dar um lugar à parte àqueles que dizem que há duas espécies dessa matéria incorpórea: "Uma que é o substrato dos corpos (é aquela de que falam os primeiros), outra, anterior a essa e que é, no inteligível, o substrato das Ideias e das essências incorpóreas".[38] Se a "matéria anterior ao substrato dos corpos" pode evocar o receptáculo do *Timeu*, só se pode atribuir às doutrinas não escritas de Platão o complemento decisivo que faz desse receptáculo não apenas o princípio material exigido pela constituição dos corpos, mas ainda o princípio de diferenciação pelo qual o inteligível, longe de se abismar em uma unidade sem conteúdo, se organiza e se arti-

---

37 Para Aristóteles, com efeito, a matéria mesmo se ela é matéria de um corpo, não é ela mesma corporal.
38 *Enéadas* II 4, 1, 1. 15-18, trad. de Bréhier modificada.

cula nessa totalidade diversificada que Plotino chamará de "mundo inteligível".³⁹

É por ter desconsiderado esse papel fundador, de algum modo pré-inteligível,⁴⁰ da matéria na constituição do mundo inteligível, que Plotino objetará a Aristóteles que "o indefinido não deve ser tido em toda parte por desprezível", οὐ πανταχοῦ τὸ τὸ ἀόριστον ἀτιμαστέον.⁴¹ Podemos supor, em todo caso, que, se eles tivessem desprezado menos o indefinido, Aristóteles, e, subsidiariamente, o autor do livro K não teriam tido que apresentar sob forma de paradoxos teses platônicas cuja formulação enigmática confundirá por muito tempo seus leitores.

Tradução de Irley F. Franco

---

39 Κόσμος νοητός (II 4, 4, 1.8). Com sua costumeira perspicácia, Bréhier observa em sua Introdução que essa ideia "é extraída do ensinamento de Platão, tal qual Platão o achava não nos diálogos, mas nos comentários e críticas que dela faz Aristóteles; é com efeito através somente de Aristóteles que sabemos positivamente que Platão admitiu dentro dos inteligíveis um infinito e em consequência uma matéria que deveria ser o modelo da matéria das coisas sensíveis" (PLOTINO, *Enéadas*, vol. II, p. 48).

40 Notemos a esse respeito, para evitar ainda uma vez a confusão com a ὕλη νοητή de Aristóteles, que Plotino, na maioria das vezes, não fala de "matéria inteligível", contrariamente à tradução sobre esse ponto inexato de Bréhier (fim do parágrafo 5), mas de "matéria nos inteligíveis" (parágrafo 5, 1, 38) ou ainda "da matéria que está embaixo" (passim). Em II 4, o adjetivo "inteligível" só é aplicado à matéria uma única vez (parágrafo 5, 1. 24). E em outro lugar a expressão "matéria inteligível" tem um sentido mais restritivo (ela designa a alma em III, 5, 6, 1. 45).

41 Início do parágrafo 3. Para a assimilação que Aristóteles faz da matéria e do indefinido, cf. por exemplo *Física* IV 2, 210a 6-8.

Sobre o nascimento da
doutrina pseudoaristotélica
da analogia do ser*

À memória de Paul Moraux

O aristotelismo conheceu, através do comentarismo antigo, uma transformação que, embora não tenha sido imediatamente notada, e nem sempre, ainda hoje, reconhecida, nem por isso foi menos decisiva para seu destino ulterior. Como é sabido, os grandes comentadores do fim da Antiguidade eram neoplatônicos. A partir de Porfírio, eles não cessaram de manifestar o que acreditavam ser a harmonia profunda – a "sinfonia", dirá Simplício[1] – que faz entrar em consonância os pensamentos de Platão e de Aristóteles. Não devemos, pois, achar estranho que essa tentativa tenha produzido, entre outras consequências, uma platonização ou mesmo, num certo sentido, uma replatoni-

---

* Tradução de uma conferência pronunciada em 13 de janeiro de 1984 na Freie Universität de Berlin-Ouest por ocasião do 65º aniversário do Pe. Paul Moraux, diretor do Aristoteles-Archiv. O texto alemão foi publicado com o título "Zur Entstehung der pseudo--aristolischen Lehre von der Analogie des Seins" nas *Mélanges* oferecidas a Paul Moraux, *Aristoteles' Werk und Wirkung*, Berlim-New York de Gruyter, 1987, vol. II, p. 233-248.
Esse texto retoma as conclusões de análises propostas em estudos anteriores: "Les origines de la doctrine de l'analogie de l'être: Sur l'histoire d'un contresens", Études Philosophiques, 1978, p. 3-12; "Néo-platonisme et analogie de l'être", em *Neoplatonisme. Mélanges* oferecidas a Jean Trouillard, Fontenay-aux-Roses, 1981, *Cahiers de Fontenay*, n. 17-22, p. 63-76; "Plotin et Dexippe, exégètes de *Catégories* d'Aristote", em *Aristotelica. Mélanges* oferecidas a Marcel de Corte, Bruxelles-Liège, 1985, p. 7-40. Gostaria também de reconhecer minha dívida para com a tese de Doutorado, ainda inédita, de Jean-François Courtine, "Ontothéologique et topique de l'analogie. Le tournent suarézien. Étude sur la formation du système de la métaphysique scolaire" (tese Paris IV, 1987).
1 Simplício. In: *Categ.*, 7, 29-32. – As citações dos comentadores gregos remetem todas à edição: *Commentaria in Aristotelem graeca*, da Academia de Berlim.

zação do aristotelismo, que é difícil, ainda hoje, dissociar da herança autêntica do Estagirita.

À vulgata aristotélica, que se transmitiu até nossos dias e se transmite ainda aqui e ali pelo canal da tradição escolar dominante,[2] pertence incontestavelmente uma suposta doutrina da analogia do ser, uma invenção cujo mérito atribuímos a Aristóteles. Eu gostaria de mostrar aqui como e em que circunstâncias essa falsa atribuição pouco a pouco se constituiu.

Se a doutrina da analogia do ser ocupou um lugar importante na história da metafísica, não foi em Aristóteles, mas na Idade Média, particularmente em Tomás de Aquino. A formulação e a fundamentação mais clara dessa doutrina na sua forma tomista encontram-se nos capítulos 4 e 5 do pequeno tratado de juventude *De ente et essentia*, ainda que o termo *analogia* não seja aí empregado. Deus é ser, ser puro, *esse tantum, esse purum, ipsum esse per se subsistens*. Os outros entes, isto é, as criaturas, diferem de Deus na medida em que não *são* seu próprio ser, eles *têm* o ser, *habent esse*, o que significa dizer que recebem seu ser de um outro, a saber, de Deus. Mas essa recepção do ser pelas criaturas e a doação correlativa do ser por Deus não advêm de maneira arbitrária (essa recusa do arbitrário é uma das características da doutrina tomista): cada ente recebe o ser na razão de sua essência, ou seja, na medida e segundo o grau apropriados à sua essência; ou ainda, em termos platônicos: cada ente participa do ser, segundo o modo que sua essência autoriza; quanto mais perfeita é a essência do

---

[2] Creio ser suficiente citar as notas da tradução de J. Tricot à *Metafísica* (por exemplo, a nota da p. 176 da nova edição, a propósito do início de Γ 2: a nota introduz a noção de analogia para comentar um texto em que esse assunto sequer é questão) ou ainda o comentário de H. Seidl à edição com tradução alemã da *Metafísica* na "Philophische Bibliothek", Hamburg, F. Meiner, 1978. – Para as razões históricas que interessam analisar, os intérpretes anglo-saxões do século passado e desse século mostram-se infinitamente mais prudentes sobre esse ponto, inclusive em suas terminologias.

ente considerado, mais alta é sua participação no ser. A analogia do ser significa portanto: repartição proporcional do ser (*esse*) entre os entes (*entia*), segundo o grau de perfeição da essência (*essentia*) destes. Essa forma da analogia que é, na minha opinião, a forma autêntica da analogia, na medida em que somente ela permanece fiel à significação da palavra grega, corresponde ao que os comentadores de São Tomás, como Caetano, denominarão *analogia proportionalitatis*, "analogia de proporcionalidade".

Mas há uma outra forma daquilo que se chamou na Idade Média "analogia": é aquela que São Tomás chama *analogia proportionis* e seus comentadores *analogia attributionis*, designações a propósito das quais é preciso manter no espírito que "*proportio*", no latim medieval não significa o que nós chamamos hoje "proporção", isto é, a igualdade de duas relações, mas significa simplesmente "relação", e que, por outro lado, na expressão "*analogia attributionis*", "*attributio*" vem da tradução errônea de termos árabes que significam igualmente "relação". A suposta *analogia attributionis* pretende significar que todos os entes, a despeito de suas diferenças e mesmo de sua heterogeneidade, possuem alguma coisa em comum, a saber, que eles se relacionam todos com um princípio único, do qual eles dependem. Mas, como cada ente difere de cada outro ente, é claro que o modo como cada ente se relaciona com o princípio primeiro é a cada vez diferente. Em termos matemáticos: encontramo-nos diante de um conjunto de relações que têm todas o mesmo denominador, mas que têm a cada vez um numerador diferente: a/p, b/p, c/p etc. A *analogia proportionis* não permite pois, em nenhum caso, falar de proporcionalidade ("proporção" no sentido moderno), ou seja, de igualdade de várias relações.

***

Como isso se passa no próprio Aristóteles? Mesmo os intérpretes de Aristóteles que continuam a sustentar que todos os elementos de uma doutrina da analogia do ser encontram-se de forma implícita em Aristóteles admitem que não se pode retraduzir em grego, sob a forma de uma ἀναλογία τοῦ ὄντος a *analogia entis* dos escolásticos.[3] O que é certo, em todo caso, é que ela não se encontra explicitamente formulada. Ora, como ele dispunha dos conceitos necessários à elaboração de uma tal doutrina, somos obrigados a admitir que, se Aristóteles não falou de analogia a propósito do ser, é porque não queria falar.

Aristóteles conhece o conceito de ἀναλογία, que desempenha um papel metodológico importante, notadamente em suas obras biológicas. Esse conceito é tomado de empréstimo das matemáticas e conserva sua estrutura matemática em todos os seus campos de aplicação. A primeira utilização metafórica do conceito de analogia em um contexto filosófico remonta a Platão. Na célebre passagem que fecha o livro VI da *República* (509d), onde Platão ilustra a divisão do conhecimento com o auxílio do exemplo geométrico da divisão de uma linha (mais exatamente, de um segmento), é dito que uma determinada linha deve ser primeiramente dividida em duas partes segundo uma relação determinada, por exemplo um por três, depois cada uma dessas partes em duas outras subpartes "segundo a mesma relação", ἀνὰ τὸν αὐτὸν λόγον, a que dá origem a uma *analogia*, à qual Platão atribui uma profunda significação simbólica. De um ponto de vista formal, o funcionamento desse conceito em Aristóteles

---

[3] Cf. nesse sentido, GRENET, P. Saint Thomas d'Aquin a-t-il trouvé dans Aristote *l'analogia entis*? In: *L'attualità della problematica aristotelica*. Pádua, 1970 (*Studia aristotelica*, 3), p. 153-175, notadamente p. 174. – Sobre os debates recentes desse tema, ver BERTI, E. L'analogia in Aristotele. Interpretazione recenti e possibili sviluppi. In: *Origini e sviluppi dell'analogia. Da Parmenide a S. Tommaso, a cura di Giuseppe Casetta*. Rome--Vallombrosa, 1987, p. 94-115 (E. Berti estuda um certo número de usos "metafísicos" da analogia em Aristóteles, mas sua posição é próxima da minha no que concerne à ausência de uma doutrina específica da analogia *do ser* em Aristóteles).

permanece o mesmo que em Platão, qualquer que seja seu domínio de aplicação. É assim que, na *Ética a Nicômaco*, quando da caracterização de uma parte da justiça como "justiça distributiva", Aristóteles retoma a definição matemática exata da analogia: Ἡ γὰρ ἀναλογία ἰσότης ἐστὶ λόγων, καὶ ἐν τέτταρσιν ἐλαχίστως (*Étic. Nic.* V 6, 1131a 31-32), "a analogia é a igualdade de duas relações entre pelo menos quatro termos". Mais precisamente, trata-se aqui da analogia dita geométrica, a única que desempenhará um papel em filosofia. Uma doutrina matemática geral das "analogias" ou proporções tinha sido já desenvolvida por Arquitas e será retomada por Euclides.

Mas Aristóteles jamais fala de analogia no caso do ser. Certamente ele desenvolve uma doutrina bem conhecida sobre as significações múltiplas da expressão "ser" (ὄν), segundo a qual estas não estão apenas justapostas em desordem (nesse caso, o "ente" seria uma realidade simplesmente homônima e "ente" seria um termo equívoco), mas manifestam uma certa comunidade na medida em que essas significações remetem a uma significação primeira e mais fundamental, que é a do ser como οὐσία, como "essência" ou, se seguimos a tradução latina vinda de Quintiliano e que tenderá mais tarde a se generalizar, como "substância". Aristóteles designa uma tal estrutura semântica πρὸς ἕν λέγεσθαι, quer dizer, o fato de "ser dito em relação a um só e mesmo termo" (*Met.* Γ 2, 1003a 33-34). Essa estrutura é exatamente o que se chamará na Idade Média *analogia attributionis* (ou *proportionis*). Porém em Aristóteles não se trata nunca de analogia nesse contexto, e isso por uma boa razão: na estrutura πρὸς ἕν a comunidade reside unicamente em um dos termos da relação e não na própria relação, que é a cada vez diferente. A quantidade, a qualidade, a relação, o ser-no-tempo, o ser-no-lugar, a paixão etc., todos realmente se relacionam ao ser substancial (o que lhes confere um mínimo de comunidade), mas de uma maneira que, a cada vez, é própria a cada uma dessas categorias, de modo que não se dá aqui nenhuma igualdade de relações ou "proporção" (a analogia dos gregos). Para evitar sobre esse ponto a confusão introduzida de forma duradoura pelo emprego escolástico do conceito de analogia nesse contexto, G. E. L. Owen propôs, em um artigo publicado em 1960,[4] traduzir a expressão πρὸς ἕν λέγεσθαι por "*focal meaning*" – portanto significação focal. Eu proporia dizer com mais exatidão: "unidade focal de significação"; de qualquer modo, uma tradução desse tipo está, por boas razões, em via de ser bem-sucedida em impor-se pouco a pouco ao uso dos intérpretes no lugar da velha analogia.

Aristóteles, já se disse, não fala nesse caso de analogia. No pequeno número de passagens "metafísicas" onde ele recorre a esse conceito, não é diretamente do ser que se trata. Trata-se somente da correspondência *entre* a divisão categorial do ser e de divisões semelhantes, que são ditas "análogas" à primeira. Assim é mostrado, em dois textos paralelos da *Ética a Eudemo* e da *Ética a Nicômaco*, que a unidade do bem não é uma unidade genérica, como Platão tinha erradamente acreditado, e é sugerido que essa unidade é no máximo uma unidade analógica. O bem é um homônimo; na verdade, ele não o é de maneira fortuita, pois poderia ser bem o caso que ele fosse um homônimo κατ'ἀναλογίαν (*Étic. Nic.* I 4, 1096b 28). Como mostra mais detalhadamente o texto paralelo da *Ética a Eudemo* (I 8, 1217b 25-33), trata-se aqui de uma analogia *com* o ser; as significações múltiplas do bem correspondem às significações categoriais do ser: assim a justiça é para a qualidade aquilo que a medida é para a quantidade, o momento oportuno (*kairos*) para o tempo, ou Deus para a subs-

---

[4] OWEN, G. E. L. *Logic and Metaphysics in Some Earlier Works of Aristotle*, publicado inicialmente em *Actes* do Ier Symposium aristotelicum (Oxford, 1957). Göteborg, 1960; reproduzido em OWEN, G. E. L. *Logic, Science and Dialetic. Collected papers in Greek Philosophy.* Ithaca, NY, 1986.

tância. Há uma analogia entre o bem e o ser nesse sentido em que as funções correspondentes operam nos campos de aplicação respectivos desses transcendentais, e isso apesar da diferença dos contextos. A mesma doutrina vale igualmente para o um. Mas não faz sentido falar de analogia do ser, enquanto a série das significações múltiplas do ser constituir a base última de referência e não for ela mesma reduzida a uma estrutura mais fundamental. Ora, uma tal redução é impensável para Aristóteles, em cuja obra a estrutura do ser constitui uma base última, tão inescapável quanto intransponível.

Consequentemente, não basta considerar apenas como erro terminológico – *peccatum veniale!* – a confusão escolástica da unidade focal de significação com a analogia, invocando o fato de que os escolásticos bem sabiam que essa forma de "analogia" não implica nenhuma proporcionalidade. Pois não se pode evitar pensar que a introdução do conceito de analogia, que só tem sentido em relação a um processo de repartição regrada, trazia consigo uma tendência à logicização e à racionalização contrárias aqui ao procedimento sobretudo fenomenológico de Aristóteles.

***

Em que medida os comentadores neoplatônicos do fim da Antiguidade são responsáveis por esse deslizamento terminológico e pelo erro de interpretação que ele corre o risco de veicular? Literalmente falando, não encontramos neles uma doutrina da analogia do ser. No máximo encontramos em João Filopono menção a uma "analogia dos entes" (ἀναλογία τῶν ὄντων), pela qual, aliás, se deve entender uma "analogia das substâncias", que visa, como veremos, a responder a uma problemática diferente daquela dos sentidos múltiplos do ser. Mas o que surge lentamente entre os comentadores é uma interpretação nova da "unidade focal de significação" que, contrariamente ao que se pode supor ser a intenção de Aristóteles, começa por autorizar uma interpretação proporcional, quer dizer, propriamente analógica dessa doutrina e que acabará por suscitar sua afirmação explícita.

Os comentadores estão preocupados em manifestar um acordo entre Platão e Aristóteles lá mesmo onde deveria prevalecer desde o início a impressão contrária. De acordo com a exortação de Simplício no começo de seu *Comentário das Categorias*, trata-se de ouvir a "sinfonia", não a "diafonia",[5] isto é, perceber uma sinfonia mais profunda que a dissonância inicialmente evidente: acordo entre Platão e Aristóteles, mas também, como condição desse acordo, "sinfonia" no interior de um aristotelismo doravante fortemente sistematizado.

A doutrina aristotélica da significação oferecia justamente à sutileza dos comentadores um convite, desde logo honrado, à sistematização e à harmonização. No início do tratado das *Categorias*, Aristóteles distingue dois tipos radicalmente diferentes de relação entre a coisa (πρᾶγμα) e a palavra (ὄνομα). Se várias coisas são designadas pela mesma palavra sem que haja entre elas uma comunidade de λόγος τῆς οὐσίας, isto é, de definição da essência, trata-se de uma homonímia: assim, o homem e o retrato são homônimos relativamente à sua designação comum como ζῷον; um outro exemplo aristotélico[6] tornar-se-á mais tarde característico da problemática da homonímia: é o do "cão" (κύων), que pode designar o animal ou a constelação celeste de mesmo nome (os comentadores acrescentarão o caso do filósofo "cínico" igualmente qualificado de "cão"). No caso contrário, onde tanto o *logos*, quanto o *onoma* são comuns aos objetos designados, fala-se de sinonímia; o exemplo dado pelas *Categorias* é o do

---

5 Cf. acima n. 1.
6 *Ref. Sof.*, 4, 166a 16.

homem e do boi, que são sinônimos relativamente à sua designação como "animal" (ainda aqui ζῷον). Observar-se-á que é a mesma palavra que ilustra sucessivamente o caso da homonímia e o da sinonímia: prova de que se trata de uma teoria sobre a função das palavras e não de uma classificação estática entre dois tipos de palavras.

Essa distinção é clara e pode parecer de fácil aplicação, mas ela está longe de esgotar todos os casos possíveis. Há casos em que nem o conceito de homonímia nem o de sinonímia se aplicam adequadamente. Isso vale especialmente para os casos que são tão importantes quanto os do ser, do um e do bem, que não podem ser considerados como designações puramente sinonímicas nem puramente homonímicas. Uma coisa é certa: tais termos, ou mais exatamente as coisas que eles designam, não são jamais qualificados por Aristóteles de "sinônimos". Mas ele hesita quanto à questão de saber se o conceito de homonímia convém ou não a tais casos. A propósito do ser, ele diz: o ser é com certeza dito de múltiplas maneiras, mas "não homonimamente" (οὐκ ὁμωνύμως: *Met.* Γ 2, 1003a 34). A propósito do bem, ele diz: o bem é certamente um homônimo (*Top.* I 15, 107a 3 ss), mas ele não o é de maneira fortuita (οὐκ ἀπὸ τύχης: *Étic. Nic.* I 4, 1096b 26).

Assim sendo, compreende-se que os comentadores estejam preocupados em instituir uma terceira possibilidade intermediária entre as duas precedentes, para escapar, em particular no caso do ser, à alternativa da homonímia e da sinonímia. Ora, no início do tratado das *Categorias*, Aristóteles, após ter definido a homonímia e a sinonímia, menciona justamente uma terceira possibilidade, que é a da paronímia (*Cat.* I 1a 12-15). Trata-se de coisas que são certamente heterogêneas, quer dizer, que não podem ser subsumidas em um gênero único, mas que são designadas por termos da mesma família: assim a gramática (γραμματική) como ciência e o gramático (γραμματικός) como detentor dessa ciência. A diferença entre essas denominações reside unicamente na flexão (em grego πτῶσις, que significa "queda", "declinação", em latim: "*casus*"). O parentesco terminológico exprime uma certa comunidade (κοινωνία), mas que, como diz Simplício,[7] não é completa (οὐ τελείως). Essa comunidade incompleta nem por isso é insignificante, porque ela reflete uma proveniência comum. Em uma família de palavras, há uma palavra que deve ser considerada como fundamental e as outras como derivadas: é assim que ὑγιεινόν (são, salubre, saudável) vem de ὑγίεια (saúde), e não o inverso. Isso vale também para os casos em que o uso da língua grega não reflete claramente essa relação de dependência: assim, γραμματικός (gramático) vem de γραμματική (gramática), não o inverso. A paronímia é, portanto, a expressão de uma estrutura hierárquica; ela repousa, por assim dizer, sobre a difusão de uma significação fundamental que está sobre significações laterais, que são teoricamente dedutíveis da primeira. Como diz Simplício,[8] há a cada vez um πρῶτον, um primeiro termo, em relação ao qual as denominações laterais recebem suas significações. Porfírio já interpreta essa estrutura de modo ontológico: fala-se de paronímia, explica ele, "quando certos entes se originam de outros, de tal modo que eles participam de alguma maneira de seu nome e de seu *logos* e não se distinguem dos primeiros senão por uma modificação do aspecto exterior (μετασχηματισνῶ)".[9] Percebe-se a ressonância platônica dessa explicação: a comunidade nominal relativa da paronímia baseia-se em uma participação diferenciada em um primeiro princípio.

Não é um acaso que os comentadores se interessem tanto pela paronímia, à qual, contudo, Aristóteles consagrou apenas quatro li-

---

7 SIMPLÍCIO. In: *Categ.*, 23.
8 Ibid., 37, l. 29-33.
9 PORFÍRIO. In: *Categ.*, 60, l. 30-33.

nhas em toda a sua obra. A paronímia parece refletir sobre o plano linguístico uma hierarquia ontológica, que poderia ser mais facilmente aplicada ao caso do ser, uma vez que os exemplos dados por Aristóteles para ilustrar a estrutura focal do *pros hen* são de fato exemplos de paronímia: trata-se de um lado, das significações múltiplas do "sadio" em relação à saúde (ὑγίεια), e do "medicinal" em relação à medicina (ἰατρική).[10] Entretanto parece que nenhum comentador antigo propôs expressamente essa aplicação.[11] Uma razão exterior dessa reserva pode ser plausivelmente buscada no fato de as significações categoriais do ser em Aristóteles (ποιόν, ποσόν, πρός τι, πού, ποτέ etc.) não manifestarem em suas denominações nenhum parentesco terminológico com a *ousia*, que deveria ser a raiz dessa família de palavras, de modo que não se pode falar aqui de paronímia no sentido estrito. Mas há uma razão mais profunda pela qual Aristóteles não podia extrair nada da paronímia para a elucidação do caso do ser, e de fato não forneceu a seus comentadores nenhuma oportunidade de usá-la nesse caso: é que a polissemia do ser fornece um critério, e mesmo uma espécie de modelo para derivações paralelas propriamente análogas (por exemplo, no caso das modalizações semânticas do bem, do um, mas também do sadio, do medicinal etc.), mas *essa polissemia não é ela mesma derivável*. Ilustremos o caso com um exemplo: uma escada permite que eu me desloque por degraus para cima ou para baixo; eu me desloco ao longo da escada e seguindo seus degraus, mas isso não significa que a escada se move ela mesma para cima ou para baixo para construir seus próprios degraus. A escada, neste caso a escada do

---

10 *Met.* Γ 2, 1003a 34 – b 3; Z 4, 1030a 35 – b 4.

11 Entre os modernos, a aplicação da "paronímia" para o caso do ser foi proposta notadamente por HIRSCHBERG, J. Paronymie und Analogie bei Aristoteles. *Philosophisches Jahrbuch*, 68, 1960, e, num outro sentido por PATZIG, G. Theologie und Ontologie in der "Metaphysik" von Aristoteles. *Kant-Studien*, 52, 1960-1961, p. 185-205.

ser, permite conduzir à dedução dos sentidos múltiplos do bem, do um etc., mas não é ela mesma dedutível.

A precaução em evitar confundir o caso do ser com os casos "análogos" era suficientemente clara nas duas passagens das *Éticas* aristotélicas que foram mencionadas acima. Essa precaução, entretanto, foi negligenciada pelos comentadores, justamente quando acreditavam poder se apoiar nessas passagens. Aristóteles, como vimos, diz que o bem é um homônimo, mas que ele não o é "por acaso" (ἀπὸ τύχης). Dessa asserção negativa, os comentadores, a partir de Porfírio,[12] extraem uma asserção positiva: uma homonímia que não é fortuita seria uma homonímia ἀπὸ διανοίας, uma homonímia intencional! O mínimo que se pode dizer é que essa sequência não é obrigatória. O contrário de ἀπὸ τύχης, "por acaso", seria antes em Aristóteles ἐξ ἀνάγκης "por necessidade".[13] O que não é fortuito é necessário, e o necessário não é sempre conforme o nosso desejo. A questão de saber, nesse caso particular, se a necessidade é ou não bem-vinda, permanece não decidida em Aristóteles. Mais notável é, por conseguinte, o fato de todos os comentadores neoplatônicos a partir de Porfírio terem sobre isso decidido no lugar de Aristóteles num determinado sentido: a homonímia não fortuita seria uma homonímia *desejada*, artificialmente instituída com uma intenção metodológica e com vistas a exercer uma certa função. A homonímia não é mais um estado de coisas necessário, ela se torna um procedimento ordenado para um fim.

Na passagem citada da *Ética a Nicômano* (1096b 27-28), Aristóteles tinha mencionado três formas possíveis de homonímia não fortuita: ἀφ'ἑνός, πρὸς ἕν, κατ'ἀναλογίαν, ou seja: em primeiro lugar, "como consequência de uma comunidade de proveniência", em

---

12 PORFÍRIO. In: *Categ.*, 65, l. 29-30.
13 Cf. *Fís.* II 5, 196b 12, 16.

segundo lugar, "em relação a um termo único" e em terceiro lugar, "segundo a analogia". Essa lista não pretende ser exaustiva, uma vez que Aristóteles, em outros textos, evoca uma outra possibilidade: τῷ ἐφεξῆς, "por sucessão".[14] É claro que com isso Aristóteles considera um certo número de possibilidades, que deveriam permitir, em certos casos, explicar a homonímia e de algum modo justificá-la (sim, trata-se de fato de justificá-la, pois a homonímia constitui certamente um fator de perturbação no funcionamento da linguagem como comunicação). A partir dessas parcas indicações de Aristóteles, os comentadores constroem uma teoria satisfatória para o espírito e de bela aparência, em que há dois tipos de homonímia: aquela que é "fortuita" e aquela que é "intencional" (ἀπὸ διανοίας), a qual se subdivide em quatro subespécies: segundo a semelhança (καΘ'ὁμοιότητα), a partir da analogia (ἐκ τῆς ἀναλογίας) e, como em Aristóteles, em consequência de uma proveniência única (ἀφ'ἑνός) e em relação a um termo único (πρὸς ἕν). O que de imediato impressiona nessa enumeração que remonta a Porfírio,[15] é em primeiro lugar a substituição da fórmula aristotélica κατ'ἀναλογίαν pela expressão ἐξ ἀναλογίας. Essa transformação aparentemente menor está longe de ser insignificante: a analogia deixa de ser um critério segundo (κατά) o qual se julga um estado de coisas e se transforma na fonte a partir da (ἐξ) qual uma situação nasce e se torna explicável.

Igualmente nova, em relação a Aristóteles, é a introdução de uma homonímia dita "segundo a semelhança". É pouco verossímil que o comentador tenha inventado totalmente essa forma suplementar de homonímia; ao contrário, trata-se, antes e principalmente, em Porfírio, da retomada teórica do exemplo dado por Aristóteles no começo

---

14 *Met*. Γ 2, 1004a 9, 1005a 11; Λ I, 1069a 20.
15 PORFÍRIO. In: *Categ.*, 60, l. 15 ss.

das *Categorias*: aquele do homem e de sua imagem. Mas, na realidade, esse exemplo tinha em Aristóteles a função exatamente oposta, uma vez que servia para ilustrar um caso de pura homonímia: entre um ser vivo e sua imagem não há nenhuma comunidade, visto que falta à imagem precisamente aquilo de que se constitui a essência do ser vivo, a saber, a vida. De resto, essa não é a única passagem onde a relação da imagem com seu modelo serve em Aristóteles para ilustrar o fenômeno da homonímia.[16] Porfírio inverte portanto o sentido do exemplo aristotélico quando não vê senão o lado positivo na relação da imagem com seu modelo, o elo unificador, a saber, a semelhança. Essa mudança de sentido responde seguramente a uma inspiração mais platônica do que aristotélica. Basta aqui relembrar a função positiva que em Platão recai com frequência sobre o conceito de *mimesis* como característica da relação positiva que une o sensível ao inteligível. A *mimesis* passa por uma das interpretações possíveis da participação (μέτεξις, μετάληψις).[17] Sob a luz platônica, a comunidade de nome que se baseia na semelhança aparece, ao lado de uma analogia, sustentada por uma justificativa, como o momento de um procedimento linguístico e intelectual metodologicamente praticado.

Uma outra circunstância pode ter contribuído para essa platonização progressiva e aparentemente irresistível da herança aristotélica. Várias passagens de Aristóteles relativas à sua crítica a Platão permitem supor que o conceito técnico de homonímia não era desconhecido de Platão;[18] mas contrariamente ao uso posterior de Aristóteles, ele significava, em Platão, a comunidade de nome fundada e legítima que existe entre a Ideia e as coisas que participam dessa Ideia, como, por exemplo,

---

16 Cf. também *Da Alma* II 1, 412b 19 ss; *Part. animal* I 1, 640b 35 ss.

17 Cf. *Met.* A 6, 987b 11-14.

18 ARISTÓTELES. *Met.* A 6, 987b 10 e A 9, 990b 6 (na exposição de doutrinas platônicas). Cf. PLATÃO. *Fedro*, 226a; *Parmênides*, 133d; *Timeu*, 52a.

entre a Ideia de Homem e o homem sensível. Os homens são chamados homens porque participam da Ideia de Homem, e não inversamente: tal é pelo menos a doutrina de Platão. Mais precisamente, o Homem em si e o homem sensível não levam o mesmo nome porque eles seriam de mesma espécie ou de mesmo gênero, mas sim porque o Homem em si é o princípio de uma derivação ontológica que o autoriza também a emprestar seu nome ao homem que dele participa. A homonímia repousa então em Platão sobre a participação na Ideia. Ainda que os comentadores compreendam perfeitamente que, sob o conceito da homonímia, Aristóteles entende exatamente o contrário, ou seja, uma comunidade de nome que não pode se apoiar sobre nenhuma comunidade real ou ideal, eles se esforçam para atenuar a gravidade do fenômeno linguístico descrito por Aristóteles e para transmutá-lo sempre que possível em uma homonímia positiva, fundada, dominável e que seria mesmo o fruto de uma intenção metodológica.

Assim compreende-se que a solução intermediária, o meio que pretendia ser a homonímia ἀπὸ διανοίας, cesse de ser uma homonímia e seja progressivamente aproximada da sinonímia. É o que um comentador mais tardio, Siriano, admite ingenuamente quando escreve: "Se existe um meio entre os homônimos e os sinônimos, esse meio [no caso do ser] inclina-se antes para os sinônimos".[19] Essa inclinação corresponde em todo caso à inclinação dos comentadores.

***

Resta indicar como essa teoria profundamente transformada da homonímia, que reduz a homonímia "intencional" a uma sinonímia praticamente não modificada, pôde ser aplicada pelos comentadores ao caso do ser.

---

19 SIRIANO. In: *Met.*, 57, l. 18-20.

O fio condutor dessa aplicação progressiva não é derivado de uma problemática aristotélica, que seria, por exemplo, a questão de saber como as significações categoriais do ser se relacionam umas com as outras para autorizar uma certa unidade semântica; o fio diretor deve antes ser buscado em uma questão que, pela primeira vez (pelo menos no estado em que se encontram nossos textos), é feita por Plotino a Aristóteles com uma intenção crítica e que consiste em contestar a unidade da categoria aristotélica da *ousia*. Plotino avalia que Aristóteles só levou em conta a constituição ontológica dos seres sensíveis, de tal modo que as suas categorias valem certamente para o mundo sensível, mas não para o mundo inteligível, fato que o próprio Aristóteles não teria reconhecido.[20] Em particular, a categoria da *ousia* seria em Aristóteles equívoca, porque ela não pode ter o mesmo sentido quando aplicada aos entes sensíveis e aos entes inteligíveis. Essa objeção não deixa de comportar uma certa ironia, pois, como é possível que Aristóteles, o grande adversário da homonímia, não tenha percebido a homonímia dos seus próprios conceitos, e isso em um caso onde o conceito incriminado deveria ter sido expressamente sinonímico, uma vez que para Aristóteles cada categoria corresponde a um gênero único?

No tratamento dessa questão de que, a partir de Porfírio, o discípulo de Plotino, se ocuparão todos os comentadores das *Categorias*, é digno de nota que a tendência geral visará a tomar a defesa de Aristóteles contra a objeção de Plotino. Assim procedendo, os comentadores estão menos preocupados em realçar o que há de próprio ao aristotelismo do que em mostrar, numa intenção conciliadora, que Aristóteles já havia respondido à objeção de Plotino, porque afinal ele era mais platônico e mesmo mais plotiniano do que o próprio Ploti-

---

20 PLOTINO. *Enn* VI, 1, 1.

no supunha. Essa demonstração, ou antes a tentativa de uma tal demonstração, é uma obra-prima do comentarismo, cujos traços principais não podem ser aqui senão esboçados. Essa tentativa se apoia, no essencial, sobre a primeira parte do livro Λ da *Metafísica*.

Nesse tratado frequentemente comentado (*Met.* Λ 1-5), Aristóteles se pergunta se os princípios e as causas (ἀρχαὶ καὶ αἴτια) são os mesmos para todos os seres, apesar da diversidade desses, ou mais exatamente, da sua heterogeneidade. A resposta é matizada: de uma certa maneira não, pois a gêneros diferentes e *a fortiori* a categorias diferentes (uma vez que as categorias são os gêneros supremos) devem corresponder princípios e causas a cada vez diferentes; entretanto, de uma outra maneira também sim e isso em dois sentidos:

1) Pode-se falar de uma unidade analógica (κατ'ἀναλογίαν) entre os princípios, na medida em que os princípios (como as causas) exercem em contextos diferentes uma função que permanece semelhante; por exemplo, o ato e a potência "funcionam" tanto para a categoria da qualidade ou da quantidade quanto para a da substância e essa função permanece *mutatis mutandis* uma e a mesma.

2) Aristóteles fala de uma relação de dependência e de uma gradação escalar designadas pela fórmula já evocada mais acima τῷ ἐφεξῆς, entre a categoria de substância e as outras categorias, uma vez que sem a substância as outras categorias e as entidades subsumidas a essas categorias (quantidade, qualidade, relação etc.) não poderiam existir.

Há portanto dois modos de explicar a unidade relativa dos princípios e das causas apesar da heterogeneidade de seus campos de aplicação. Essas duas explicações se completam, mas são independentes uma da outra. A primeira visa a manifestar uma semelhança funcional horizontal – é a analogia –, a segunda uma relação vertical de dependência, a qual, em Aristóteles, não significa aliás, longe disso, uma total dedutibilidade: um termo B é dito "depender" de um termo A quando fica estabelecido que sem A o termo B não pode existir, o que não quer evidentemente dizer que B seja gerado *por* A. Essas duas explicações, analogia horizontal de um lado, dependência hierárquica de outro, se cruzam, *cut across*, como diz Ross com exatidão, em seu comentário dessa passagem; essas duas explicações, de algum modo perpendiculares uma em relação à outra, não podem então se confundir.

Ora, o que acontece nos comentadores, a partir de Porfírio, é primeiramente uma identificação das duas explicações, de tal modo que a estrutura da analogia, que em Aristóteles remete sempre a uma correspondência funcional, que não pressupõe nenhuma hierarquia, se encontra de algum modo verticalizada e transformada em um processo de repartição-difusão que se propaga de cima para baixo. Mas produz-se também uma outra transformação: a estrutura focal de dependência (τῷ ἐφεξῆς de *Met.* Λ I, 1069a 20, assimilável ao πρὸς ἕν de Γ 2, 1003a 33), que em Aristóteles servia somente para elucidar o problema da unidade das categorias, é evocada pelos comentadores para resolver o problema ontológico da unidade das substâncias, e isso com vistas a uma solução teológica desse problema, na medida em que é Deus doravante que exerce a função de substância primeira, da qual todas as outras dependem. A verticalização da analogia e a interpretação proporcionalista da relação de dependência produzem, em sua aplicação ao problema da unidade das substâncias, um sistema ontológico que se estende ao todo do ente e que, por exemplo no *Comentário* de Asclépio *sobre a Metafísica*, toma a seguinte forma: "O ente primeiro tem sua existência (ὕπαρξις) na forma mesma do ente e o que não participa dele não é um ente, mas o ente primeiro dá graciosamente (χαριζόμενον) o ser a todos os entes em virtude da potência (δύναμις) que lhe é conatural."²¹ Mas essa doação de ser, cuja menção não era nova na tradição platônica²² e que não cessará de encontrar a aprovação dos leitores cristãos dos *Comentários* de Aristóteles, não acontece de maneira arbitrária: "Essa doação, continua Asclépio, ocorre de modo não uniforme (οὐχ ὁμοτίμως) segundo a capacidade daqueles que a recebem, assim como o Sol não clareia todas as coisas do mesmo modo devido à capacidade [diferente] das coisas que recebem a luz." Assim se encontra exatamente formulado desde o século VI o princípio em nome do qual Tomás de Aquino explicará a repartição proporcional do ser entre os entes: *Omne receptum est in recipienti ad modum recipientis* ("Todo dom recebido está no receptáculo na proporção do receptáculo").²³

Déxipo, aluno de Jâmblico (século IV), parece ser o primeiro que empregou o conceito de analogia no contexto de uma interpretação da unidade consecutiva das substâncias.²⁴ Mas é João Filopono, comentador de Aristóteles e ele mesmo cristão, que, no início do século VI, falará de uma "analogia dos entes" (ἀναλογία τῶν ὄντων),²⁵ para exprimir a participação gradual das substâncias no primeiro princípio, na proporção de suas respectivas capacidades. Assim, é somente no fim da Antiguidade e não, como muito frequentemente se supõe, no próprio Aristóteles, que se encontram estabelecidos os elementos que tornarão possível na Idade Média uma doutrina da analogia do ser, tanto no

---

21 ASCLÉPIO. In: *Met.*, 225, l. 34 ss.

22 A origem dessa tradição é o texto da *República* VI, 509ab, onde é dito que o *Bem* proporciona (παρέχειν) aos inteligíveis a verdade e o ser, assim como o Sol dá às coisas sensíveis a visibilidade e a gênese. Sobre o tema da "doação do ser", ver, por exemplo, AGOSTINHO. *De Civ. Dei*, XII, 2; DÉXIPO. In: *Categ*, 40, l. 29-30.

23 TOMÁS DE AQUINO. *Suma Teol.*, I ͣ P, q. 84, a. 1.

24 DÉXIPO. In: *Categ.*, comparar 40, l. 28 sq. e 41, l. 18.

25 FILOPONO. *De aeternitate mundi contra Proclum*, ed. Rabe, 568, l. 9 ss. Eu devo essa indicação importante a J.- F. Courtine.

sentido de uma *analogia proportionalitatis* como no de uma *analogia atributionis*, a qual, em todo caso, não seria pensável sem uma interpretação proporcional da unidade focal de significação de Aristóteles.

***

Em um ensaio célebre, Heidegger[26] defendeu a tese de que toda a metafísica ocidental se constituiu sobre a base de uma estrutura unitária dita "ontoteológica", segundo a qual a questão original do sentido do ser se encontraria reprimida e deformada pela busca de um princípio único (geralmente denominado Deus) de onde poderia ser derivado o ente na sua totalidade. É claro que a doutrina da analogia do ser terá contribuído de modo decisivo para essa segunda instauração, ontoteológica e não mais propriamente ontológica, da metafísica.

Não é um acaso que Aristóteles, mesmo que tenha tido a oportunidade, tenha ele mesmo permanecido estranho a essa doutrina. Ele era por demais consciente da diversidade dos fenômenos e da multiplicidade de seus respectivos modos de ser, ele era por demais respeitoso com relação ao surgimento sempre novo das diferenças, para sucumbir à tentação do recurso à analogia como instrumento de redução à unidade. Sob a influência do platonismo, mas também em virtude da tendência à sistematização, que é inerente a todo comentarismo, os comentadores neoplatônicos desconheceram o que podia haver de propriamente "fenomenológico" no começo aristotélico. Inclinando-se para a analogia, aquilo que Aristóteles tinha por uma simples unidade focal, focalizando e verticalizando, assim, o conceito de analogia na ocasião de sua nova aplicação ao ser, eles se tornaram infiéis à compreensão propriamente aristotélica do ser.

Tradução de Edson Peixoto de Resende Filho

---

[26] HEIDEGGER, M. Die onto-theologische Verfassung der Metaphysik. In: *Identität und Differenz*. Pfullingen, 1957, p. 35-73 (trad. franc. em *Questions*, III).

Sentido e estrutura
da Metafísica aristotélica

A interpretação da *Metafísica* de Aristóteles coloca ao historiador da filosofia um problema sem dúvida único nessa história, e provavelmente crucial: coletânea de notas de cursos pertencentes a épocas diferentes da carreira de Aristóteles, reunidas por editores posteriores sob um título que não é de Aristóteles, apresentando-se como uma coleção de problemas e argumentações exploratórias cuja unidade, e mesmo coerência, não aparecem claramente, esses catorze livros começam, mais de três séculos após a morte de seu autor, uma carreira póstuma que os transfigura pouco a pouco na expressão acabada de um sistema, que teria sido legado aos homens pelo "mestre dos que sabem". Essa reviravolta tardia só era paradoxal em aparência: se, na *Metafísica*, por um lado, a riqueza das análises de detalhe não tem igual senão no não acabamento do conjunto, por outro, era tentador reunir esses *membra disjecta* em um todo coerente. Se, hoje, o rigor do método histórico nos impede de substituir assim o Aristóteles de fato por um aristotelismo de direito, desejaríamos interrogar aqui sobre as vias que restam abertas ao intérprete e, apoiando-nos em um exemplo, tentar justificar uma delas:

1) O método genético esforçou-se por ordenar em uma *evolução* as teses aparentemente contraditórias que a *Metafísica* justapõe. Mas, na ausência de critérios externos, esse método pressupõe uma interpretação, que ele não pode por conseguinte fundar.

2) O método filológico, que prefere uma análise pontual à visão sinóptica, encontrou, nos exegetas da escola heideggeriana, uma metamorfose singular: aqui, apegamo-nos a palavras (*ousia, energeia,*

physis etc.) para tornar-nos atentos, por uma análise semântica frequentemente indiferente ao contexto, à verdade do ser que continua a desvelar-se através delas. A esse método exegético seria preciso objetar que a língua não fala somente nas palavras, mas também nas frases, e, tratando-se de um filósofo, nas articulações de um discurso que é menos degradação de uma verdade prévia que aproximação de uma verdade buscada.

3) Seríamos tentados então por um método estrutural? Mas, ao procurar em Aristóteles uma estrutura rigorosa, quer dizer, demonstrativa, correríamos o risco, seja de não encontrar nenhuma, e de tachá-lo então de incoerência, seja de projetar uma do exterior, e de cair daí por diante nas imprudências do método sistematizante.

4) Em todo caso, este método estrutural é o mais próximo daquele que propomos: os textos metafísicos de Aristóteles ordenam-se segundo uma estrutura de *fato*, muito diferente daquela segundo a qual o próprio Aristóteles gostaria de ter constituído a filosofia como ciência. Essa estrutura de fato é argumentativa e aporética, ou, na terminologia de Aristóteles, *dialética*. Dessa estrutura, acontece ter Aristóteles feito aqui e ali, e em particular nos *Tópicos*, a teoria. A única intervenção do intérprete consistirá então em projetar sobre a especulação efetiva de Aristóteles uma teoria da busca cujo possível parentesco com a primeira Aristóteles não viu senão episodicamente.

5) À crítica em que incorreremos assim de pretender compreender Aristóteles melhor do que ele compreendeu a si mesmo, responderemos perguntando se o sentido de uma filosofia não é algo a ser buscado tanto na sua realidade efetiva, ainda que ela seja inadequada à sua ideia, quanto na visada dessa ideia pelo filósofo.

6) Tomaremos como exemplo os diversos tratamentos possíveis de um conjunto de proposições que se encontram no livro Γ da *Metafísica*, e que se vê facilmente que são incompatíveis entre elas: a.

toda ciência trata de um gênero; b. o ser não é um gênero; c. há uma ciência do ser enquanto ser.

***

Gostaria, dentro dos limites que são os desta exposição, não de tentar justificar uma interpretação da *Metafísica* de Aristóteles, mas de interrogar-me sobre o método que deve guiar uma tal interpretação. Ao fazer isso, espero trazer, sobre um exemplo preciso, uma contribuição às discussões sobre o método em história da filosofia, que, desde Brunschvicg e Robin, não deixaram de animar periodicamente as sessões desta Sociedade.

Gostaria de partir de uma constatação que, embora banal, ainda não desenvolveu todas as suas consequências. É que não se lê, que não se pode ler e que não se deve fingir ler a *Metafísica* de Aristóteles como a *Ética* de Espinoza ou a *Crítica da razão pura*. À primeira vista, o caráter desordenado, indefinidamente incoativo do procedimento de Aristóteles, a ausência de plano de conjunto e de uma progressão visível opõem-se ao caráter arquitetônico de uma obra como a *Ética* ou, mais ainda, como a *Crítica da razão pura*. Disse-se desta última que ela era um "poema": metáfora por metáfora, poder-se-ia dizer da *Metafísica* que ela é uma rapsódia. Mas há mais: o que separa essas obras não é somente uma diferença de estilo, mas de *estatuto*. A *Ética* e a *Crítica da razão pura* são obras que não foram, é verdade, escritas de uma só vez, mas foram apresentadas de uma vez ao público, de modo que seus autores assumiram a responsabilidade por elas diante de seus contemporâneos e diante da história. Pelo ato da publicação, o autor coloca-se como simultaneamente responsável pela totalidade das afirmações contidas em sua obra, ele coloca a obra não como uma justaposição de frases ou mesmo de análises, mas como um todo cujas partes se entressignificam para compor uma significação global. Tratando-se da *Metafísica*, forçoso é constatar não somente que ela não foi escrita de uma só vez, mas que ela nem mesmo foi publicada pelo próprio Aristóteles. O fato de Aristóteles não ser o autor da *Metafísica*, mas sim de uma série de pequenos tratados que foram coletados após sua morte, e aos quais os editores deram o título de *Metafísica*, é uma aquisição da filologia moderna que subverte completamente os dados de nossa interpretação filosófica de Aristóteles.

Darei dois exemplos da revisão à qual nos obriga essa descoberta: 1) São Tomás, em um Comentário cuja sagacidade é, aliás, frequentemente notável, esforça-se por descobrir transições entre os diferentes livros da *Metafísica*. Mas um tal esforço é vão, e seus resultados ilusórios, se se sabe que os diferentes livros são dissertações independentes juntadas pelos editores.

2) Ravaisson, mesmo reconhecendo uma certa confusão na composição da *Metafísica* e atribuindo essa confusão a remanejamentos e acréscimos posteriores (o que deixa subsistir a hipótese de uma tela primitiva), propõe uma reconstituição sistemática do conjunto, segundo a qual elevar-nos-íamos do ser ao pensamento e a Deus, ou, segundo a terminologia que Ravaisson toma emprestada à filosofia romântica alemã, da sensibilidade ao entendimento e à razão: "*Primeiro* a unidade, a individualidade confusa, a matéria e a sensibilidade; *em seguida*, as oposições e as abstrações do entendimento; *enfim*, a individualidade e a unidade superiores da razão na forma imaterial da atividade pura" (*Essai sur la Metaphysique d'Aristote*, p. 482, grifo nosso). Que significam os advérbios temporais aqui empregados? Ou bem eles exprimem uma cronologia, mas essa cronologia tem grandes probabilidades de ser falsa: ela suporia que os livros ZHΘ sobre a essência sensível são anteriores ao livro Λ sobre Deus, Ato puro. Ora, é pelo menos contestável que o livro

Λ, que tem um grande parentesco com uma obra de juventude de Aristóteles, o *De philosophia*, seja o último escrito por Aristóteles. Ou bem esses advérbios temporais remetem ao que M. Goldschmidt chama o "tempo lógico", quer dizer, o tempo do sistema, o tempo das "razões", razões que podem estar ocultas ao próprio autor, de modo que esse tempo do sistema pode, sem inconveniente, não coincidir nem com a ordem cronológica da redação, nem com a sucessão, tal como ela é assumida pelo autor, das diferentes partes da obra. Assim, para Lachelier, a dialética transcendental precede logicamente a estética transcendental, porque é a impossibilidade de pensar sem contradição o espaço e o tempo como coisas em si que conduz Kant a admitir a idealidade do espaço e do tempo. Mas, se uma tal subversão da ordem dos capítulos é legítima, é porque a estética e a dialética são contemporâneas no seu conteúdo de verdade, assumidas que foram simultaneamente por Kant no momento da publicação e que, por conseguinte, a ordem dos capítulos proposta pelo autor não é senão uma ordem facultativa, pois que o conjunto forma um sistema onde cada parte remete à totalidade das outras e não se compreende senão por elas. Passa-se de maneira totalmente outra na *Metafísica* de Aristóteles. Nada nos diz, por exemplo, que o projeto aristotélico de uma ciência do ser enquanto ser (livro Γ) e o de uma ciência do ser divino e separado (livros E e Λ) foram assumidos simultaneamente por Aristóteles, menos ainda que se trata aí de duas formulações de um *mesmo* projeto, dos quais o segundo seria a explicitação do primeiro ou, ao contrário, o primeiro o alargamento do segundo. Tais especulações correm o risco, tratando-se de Aristóteles, de serem perfeitamente arbitrárias enquanto não se esteja seguro de que a justaposição desses dois projetos em um mesmo livro não é obra dos editores. Não se pode, pois, projetar a obra metafísica de Aristóteles nem em um tempo cronológico que permanece oculto para nós, por falta de informações suficientes sobre a vida de Aristóteles e sobre a composição de suas obras, nem em um tempo lógico que pressupõe a contemporaneidade das diferentes partes de um sistema com respeito à responsabilidade filosófica de seu autor. Seria conveniente, pois, quando se fala de Aristóteles, e não somente de sua *Metafísica*, abster-se cuidadosamente de frases como a seguinte, que recolho de uma recente obra de vulgarização: "Ao término de sua antropologia [o autor quer dizer: no livro X da *Ética de Nicômaco*], Aristóteles reata com a tradição platônica". Pois essa frase identifica sub-repticiamente a sucessão dos livros na edição de Andrônico de Rodes, a ordem cronológica da composição ("reata") e a ordem lógica do sistema ("ao término").

A *Metafísica* não é pois senão um rascunho, senão um esboço. Ora, não se comenta um rascunho como se comenta uma obra acabada. A obra acabada se torna, por seu acabamento, independente das condições de sua aparição, da mesma maneira que uma casa, uma vez construída, vale por si mesma e dispensa andaimes. Pode-se, a rigor, comentar a *Crítica da razão pura* sem nada saber de Kant nem de seu tempo. O rascunho, ao contrário, não pode ser considerado independentemente de sua historicidade; ele não existe como obra, mas tende em direção à obra, e, enquanto não é assumido pelo autor na sua totalidade, não se tem o direito de considerar suas afirmações como contemporâneas umas das outras. Não se pode fazer abstração do percurso enquanto não se tenha chegado. Parece, pois, que é preciso aqui, mais que em outra parte, fazer filologia, história, estratigrafia (o que os alemães chamam *Schichtenanalyse*), não como propedêutica a uma interpretação imanente, mas como substituto de uma interpretação imanente, que não é talvez possível na ausência da obra acabada.

***

Que nos trouxe pois a filologia? No domínio dos estudos aristotélicos, ela orientou-se segundo duas ordens de pesquisas, que chamarei, para a clareza da exposição, "genéticas" e "linguísticas".

I. – A primeira ordem de pesquisas está ligada ao nome de Werner Jaeger e a suas duas principais obras: *Studien zur Entstehungsgeschichte der Metaphysik des Aristoteles* (1912) e *Aristoteles, Grundlegung einer Geschichte seiner Entwicklung* (1923) (lamentemos, seja dito de passagem, que esta última obra, traduzida há muito em inglês, italiano e espanhol, não tenha ainda encontrado tradutor e editor em francês). Gostaria de lembrar aqui a importância decisiva dessas duas obras magistrais de Jaeger, ainda que não fosse por ter a morte de seu autor, há dois anos, passado quase despercebida do público filosófico. Hoje, está na moda criticar as cronologias de Jaeger, mas esquecemo-nos de lembrar que foi ele que tornou a *Metafísica* de novo interessante, ensinando-nos a ver nela não a má exposição de um mau sistema, a "série de episódios" de uma "tragédia ruim", como dizia Aristóteles do "sistema" de seu antigo condiscípulo Espeusipo, mas a pesquisa, por certos ângulos patética, com suas incertezas e suas voltas para trás, de um sistema que ainda está por vir. Depois de Jaeger, a questão para o intérprete não será mais reconstituir o sistema de Aristóteles e expô-lo melhor do que ele próprio o teria feito, mas reconstituir os caminhos percorridos por Aristóteles em seus esforços para realizar seu projeto.

Infelizmente, o método genético de Jaeger dificilmente podia fundar uma interpretação nova da *Metafísica*, pela razão essencial de que esse método, ele mesmo, pressupõe, e devia necessariamente pressupor, uma interpretação. Na ausência de critérios externos, como os critérios estilísticos que permitiram a Lutoslawski propor uma cronologia dos diálogos de Platão, não se podia, tratando-se de

Aristóteles, senão recorrer a critérios internos, quer dizer, filosóficos. O ponto de partida de Jaeger foi a constatação de contradições na *Metafísica*, especialmente daquela denunciada pela dupla definição, ontológica e teológica, da ciência (supondo-se que seja a mesma) de que trata a *Metafísica*. Constatação antiga, que se encontrava já em Suarez e, no século XIX, em autores como Bonitz e Natorp, mas da qual Jaeger tira uma consequência nova e engenhosa: de duas proposições contraditórias, a mais platonizante supõe-se ser a mais antiga e, com ela, o livro ou somente a passagem na qual ela se encontra. Assim, Aristóteles teria evoluído de uma concepção teológica a uma concepção ontológica da filosofia primeira antes de tentar conciliá-las no começo do livro E (na sua versão remanejada), afirmando que a filosofia primeira é universal porque primeira, e que assim a ciência do *summum ens* é mediatamente ciência do *ens commune*. Jaeger acrescentava, é verdade, que esse programa não foi realizado por Aristóteles e que, para ele, a teologia se afasta cada vez mais, até não ser mais que um polo imóvel no horizonte da pesquisa, a qual trata cada vez mais da estrutura da *ousia* sensível.

Essa reconstituição tinha o mérito de dramatizar o procedimento de Aristóteles, tendo o afastamento progressivo das preocupações teológicas, por compensação um pouco amarga, um interesse concedido cada vez mais às realidades móveis do mundo sublunar, que nos concernem mais que um Deus imóvel e longínquo. Sem entrar em detalhes que seriam aqui deslocados, gostaríamos de fazer a Jaeger várias objeções:

1) A primeira é que sua hipótese de base, a de um Aristóteles que se afasta progressivamente do platonismo, tem a seu favor sobretudo a verossimilhança psicológica, e mal pode apoiar-se sobre o conteúdo das obras ditas de juventude de Aristóteles, cujo caráter literário e exotérico dificilmente permite um confronto com os tratados propriamente científicos. Hipótese por hipótese, poder-se-ia considerar igualmente

verossímil a hipótese contrária: a de um Aristóteles que, no entusiasmo da juventude, começa por tomar, não sem algum exagero, a posição contrária às teses de seu mestre, ao passo que o Aristóteles da maturidade, de posse dos princípios de sua própria filosofia, poderia permitir-se assumir, sem se renegar, a herança, a princípio injustamente desprezada, do platonismo. É assim que uma das teses mais antiplatônicas de Aristóteles, a da homonímia do ser, e seu corolário, a tese da impossibilidade de uma ciência universal, encontram-se em obras cujo conteúdo permite considerar, por outro lado, como antigas: os *Tópicos* e a *Ética de Eudemo*.

2) A problemática ontológica se situa no prolongamento direto, de uma parte, das discussões da Academia,[1] de outra parte, das discussões retóricas e sofísticas sobre a universalidade e a primazia da arte dialética, arte que, porque não é circunscrita em um domínio particular, permite falar com verossimilhança da totalidade. Ora, é pouco provável que Aristóteles não tenha voltado senão tardiamente a um gênero de problemas que já eram debatidos na escola platônica e talvez nas escolas socráticas rivais.

3) Enfim, e sobretudo, toda a construção jaegeriana repousa sobre uma interpretação prévia da *Metafísica*, fundada sobre a constatação de uma contradição. Mas é preciso se perguntar aqui se a filosofia de Jaeger não é um pouco rasa, e se ele não está inclinado demais a ver contradições lá onde uma reflexão mais atenta permitiria descobrir uma solução. Assim, o fato de abrir a filosofia à consideração das essências sensíveis não implica necessariamente um abandono da teologia, não mais que a abertura do platonismo ao movimento, à multiplicidade e à relação, no *Sofista* ou no *Parmênides*, implica um abandono da teoria das ideias. O intérprete não pode pois apoiar-se

---

[1] Cf. OWEN, G. E. L. Logic and Metaphysics in Some Earlier Works of Aristotle. In: *Aristotle and Plato in the mid-fourth Century*, Actes du Premier Symposium aristotelicum em Oxford. Göteborg, 1960.

sobre a cronologia de Jaeger como se se tratasse de um dado filologicamente estabelecido, pois que essa filologia ela mesma se apoia sobre uma interpretação que não se pode aceitar sem exame.

II. A filologia aristotelizante sofreu uma outra metamorfose, que chamarei, se me permitem, a metamorfose "heideggeriana". Há talvez um certo paradoxo em apresentar Heidegger e seus discípulos como adeptos da filologia, pois eles são frequentemente criticados, sobretudo na França, pelo que se crê ser uma solicitação abusiva dos textos em nome de pressupostos filosóficos. Penso que essa crítica é mal fundada. A filologia de M. Heidegger é segura, ousarei mesmo dizer: cada vez mais segura, e as objeções filológicas são certamente aquelas às quais ele presta mais atenção. Penso especialmente em suas etimologias. Esse caráter filológico dos exegetas heideggerianos poderia explicar-se facilmente pela importância que o próprio filósofo alemão atribui à linguagem, que desvela, e ao mesmo tempo vela, a verdade do ser, e que é, por conseguinte, o único lugar onde essa verdade se perde e se recupera. Que me seja permitido também ver aí um efeito, particularmente brilhante, do sistema universitário alemão, que une, mais que o nosso, filologia e filosofia. Não é um acaso que as interpretações heideggerianas brotem de "seminários". Ora, a lei do seminário é partir dos textos, e somente dos textos, mais ainda, da página que se tem sob os olhos. Na França, a explicação de texto é antes concebida como uma sondagem, uma ocasião – a propósito de uma parte – de ganhar uma perspectiva sobre o todo da obra. Ao contrário, no seminário alemão, onde se evitam cuidadosamente generalidades e onde se sucumbe menos que entre nós à tentação das aproximações e dos grandes afrescos, o texto é estudado por ele mesmo, ele não remete senão a ele mesmo, ele é o alfa e o ômega, ele assume como que um valor sagrado. Creio que esse método é bom, talvez mesmo seja o único bom, tratando-se de um poeta, ou mesmo de certos filósofos, como os pré-socráticos. Estou menos seguro de que o seja no caso de Aristóteles. Aplicá-lo a Aristóteles seria supor que, nele, todas as palavras carregam, que em cada uma delas continua a ressoar, uma significação infinita, que lhe viria do fundo dos tempos. Quando Aristóteles emprega φύσις, ele pensa às vezes em φύεσθαι, e ele próprio o diz. Mas quando ele diz, no começo do livro Γ, que é preciso que os princípios primeiros e as causas mais elevadas pertençam a alguma φύσις, creio simplesmente que ele empregou o termo φύσις como sendo mais vago que o termo οὐσία, pois que ele vai justamente mostrar que o ser enquanto ser não é uma οὐσία. Não se pode pois fundar toda uma interpretação da *Metafísica* sobre essa assimilação, como o faz um estudo de inspiração heideggeriana publicado em inglês, em Haia, em 1954.

Tomando emprestada uma distinção feita por meu amigo Axelos, a palavra de Aristóteles não é profética, mas professoral, o que quer dizer que ela não fala igualmente em todos os lugares, que ela procede por repetições, aproximações, correções, e não por vaticínio. Ela não é revelação, mas substituto laborioso de uma revelação que Aristóteles parece considerar ausente: "Que é que o discursante teria para fazer, pergunta ele uma vez, se as coisas devessem já aparecer por elas mesmas e não tivessem necessidade do discurso?" (*Poética*, 1456b 7). Não se comenta uma frase de Aristóteles como se comentaria um versículo da Bíblia, pois ela remete à totalidade das outras; ela é menos significante que cossignificante e sua verdade só se esclarecerá retrospectivamente, com relação à totalidade que ela contribui para constituir. Não se pode, pois, compreender o discurso de Aristóteles senão sob a condição de manter todos os seus fios reunidos e de considerá-lo como totalidade esboçada ou visada, que vale menos pelo detalhe que pelo conjunto. É esse ponto de vista da totalidade que uma interpretação pontual demais desconhece.

III. É preciso então apegar-se à estrutura do discurso aristotélico, à ordem de suas razões? Esse método poderia parecer ter inspirado, *avant la lettre*, aqueles que empreenderam a tarefa de colocar em silogismos os escritos de Aristóteles. Verdade que os silogismos não se deixam ler imediatamente no texto da *Metafísica*. Mas deduzia-se da falta de estrutura da *Metafísica* inacabada o que deveria ser uma metafísica acabada. E acreditava-se descobrir a teoria dessa estrutura nos *Analíticos*, especialmente os *Segundos*, que enunciam a teoria do discurso científico, quer dizer, demonstrativo. Essa aplicação à metafísica do cânone lógico dos *Analíticos* era justificada em aparência pelas declarações programáticas de Aristóteles, segundo as quais a filosofia primeira era uma ciência, e, mais ainda, a mais alta de todas. Mas não se reconhecia o fato de essa ciência, segundo admitia o próprio Aristóteles, ser somente "buscada", e não se perguntava se a *Metafísica* de Aristóteles não é busca da ciência, propedêutica ao mais alto saber, antes que saber verdadeiro.

É somente, parece, com Hegel que apareceram as primeiras dúvidas sobre a aplicabilidade do cânone lógico dos *Segundos analíticos* aos escritos metafísicos de Aristóteles. Em suas *Lições sobre a história da filosofia*, ele nota com efeito a desproporção entre a teoria da ciência dos *Analíticos* e a maneira como Aristóteles procede de fato na sua especulação efetiva, e ele explica essa discrepância pelo fato de que o infinito que estaria em ação na *Metafísica* faz romper, sem que Aristóteles se dê conta disso e mesmo contra sua intenção, os quadros de sua lógica, que é uma lógica do entendimento, quer dizer, do pensamento finito. Regozijando-se por essa distorção, Hegel tomava uma posição exterior com relação à *Metafísica* de Aristóteles, que seria dialética (no sentido hegeliano), ou pelo menos comportaria momentos dialéticos, sem que Aristóteles tivesse ele mesmo consciência disso.

Reteremos dessa observação a ideia de uma dualidade de estruturas na obra de Aristóteles: estrutura lógica, que ele descreve nos *Analíticos* com sua teoria do silogismo demonstrativo, e estrutura efetiva de seus escritos, especialmente metafísicos. Mas, antes de louvar Aristóteles por ter procedido *de fato* diferentemente do que gostaria de ter procedido de direito, e antes de tomar assim sobre ele um ponto de vista exterior, o intérprete deve ter esgotado as possibilidades de sucesso da interpretação imanente. Ora, dessa estrutura de fato, que é a estrutura da pesquisa, acontece ter Aristóteles feito a teoria em um outro de seus escritos, os *Tópicos*. As afinidades entre o procedimento, ou melhor, os tipos de procedimentos descritos nos *Tópicos* e os que estão em ação na *Metafísica* são numerosos:

1) A dialética, de que tratam essencialmente os *Tópicos*, bem como a ciência do ser enquanto ser não têm objeto que lhes seja próprio, mas movem-se no domínio do ser em geral. Ao contrário, o discurso científico, porque é um discurso genérico, é um discurso regional. Para além dos gêneros, cai-se no que Aristóteles chama os discursos "dialéticos e vazios". Não se pode pois falar senão dialeticamente da totalidade. Ora, a ciência do ser enquanto ser é a herdeira do projeto de uma ciência da totalidade.

2) A ciência do ser enquanto ser trata dos axiomas comuns, quer dizer, dos primeiros princípios. Ora, esses fundamentos que são de todas as demonstrações, não podem eles mesmos ser demonstrados. É preciso pois que eles sejam estabelecidos dialeticamente, como é o caso para o princípio da contradição, estabelecido no livro Γ da *Metafísica* pela via dialética da refutação de seus negadores.

3) A dialética é ζητητική. Nesse sentido, ela não é a ciência, mas uma propedêutica à ciência. Ora, a ciência do ser enquanto ser é apresentada na *Metafísica* como uma ciência ainda "buscada": enquanto ciência, ela é do domínio da analítica, mas, enquanto busca, ela é, ao menos provisoriamente, do domínio da dialética. Mas se acontecesse a essa ciência buscada não ser descoberta e ser sempre buscada, como insinuará mais tarde Leibniz, referindo-se a essa expressão de Aristóteles, então a preparação dialética ao saber se tornaria o substituto do próprio saber. "A dialética, lemos no livro Γ (2, 1004b 25), é um pôr à prova (πειραστική) do que a filosofia nos faz conhecer (γνωριστική)." Mas, se acontecesse à *Metafísica* de Aristóteles não exibir nenhum objeto, então o pôr à prova das opiniões possíveis sobre esse objeto inencontrável se tornaria o substituto de um impossível saber desse objeto.

Essas observações parecem afastar-nos de uma interpretação literal de Aristóteles. Em realidade, a intervenção do historiador se limita aqui à exigência mínima para a inteligibilidade do conjunto. Essa intervenção consiste em constatar: a. que a *Metafísica* é inacabada; b. que a ciência que Aristóteles chama "ciência buscada" não se dá jamais a nós sob a forma demonstrativa que seria a única conforme à sua ideia; c. que a *Metafísica* nos apresenta por conseguinte uma busca, e não uma ciência; d. que Aristóteles fez, nos *Tópicos*, a teoria da busca; e. que, em duas ou três passagens (uma ou duas nos *Tópicos*, uma na *Metafísica*), ele reconheceu o parentesco entre a busca ontológica e certas particularidades da dialética. O intérprete será pois autorizado, parece-nos, e isso pelos textos de Aristóteles, a considerar como dialético, no sentido aristotélico, o procedimento da *Metafísica*.

***

Gostaríamos, para terminar, de tentar esclarecer esses princípios gerais de interpretação pela sua aplicação a um exemplo. Os dois primeiros capítulos do livro Γ da *Metafísica*, verdadeira *crux commentatorum*, comportam três séries de afirmações que parecem dificilmente conciliáveis:

1) A primeira é a que abre de maneira abrupta o livro Γ: "*Há uma ciência que estuda o ser enquanto ser*" (Γ 1, 1003a 21).

2) Toda ciência trata de um gênero: "Ἅπαντος δὲ γένους καὶ αἴσθησις μία ἑνὸς καὶ ἐπιστήμη" (Γ 2, 1003b 19).

3) O ser não é um gênero. Essa tese não é, é verdade, formalmente afirmada no livro Γ: ela é estabelecida no livro B (3, 998b 22) e nos *Tópicos* IV 1, 121a 11-12 (οὔτε τὸ ἕν οὔτε τὸ ὄν εἶναι γένος). Mas só essa tese nos parece dar um sentido aceitável a um argumento do livro Γ (2, 1004a 5), segundo o qual o ser (τὸ ὄν) comporta *imediatamente* (εὐθύς) gêneros, a cada um dos quais correspondem as diferentes ciências. O ser não é um gênero, mas ele se divide imediatamente em uma pluralidade de gêneros supremos ou categorias, as quais, enfatiza em outro local Aristóteles, são irredutíveis à unidade: οὐδὲ ... ἀναλύεται οὔτ'εἰς ἄλλελα οὔτ'εἰς ἕν τι (Δ 28, 1024b 15). Essa tese não é aliás, senão um corolário da tese da homonímia do ser, estabelecida nos *Tópicos* e na *Ética de Eudemo*, e lembrada ainda no livro I da *Ética de Nicômaco*.

Vê-se facilmente que, se se admitem duas das três afirmações que isolamos acima, se é obrigado a recusar a terceira. De fato, é o que faz às vezes o próprio Aristóteles, e, mais ainda, no próprio livro Γ: assim, querendo mostrar que há uma ciência do ser enquanto ser, que é uma ciência geral que engloba as ciências particulares, ele chega a dizer que essas tratam das *espécies* do ser (1003b 21-22), o que implica que este seria um gênero. Mas, supondo-se que essa observação seja de Aristóteles (o que certos editores contestam), ela não faria senão tirar a consequência rigorosa da primeira afirmação, completada pela segunda: a da existência de uma ciência genericamente uma do ser enquanto ser; e de qualquer forma, essa consequência é expressamente contraditada algumas linhas abaixo.

Não é desprovido de interesse classificar os diferentes tipos de "soluções" às quais os comentadores recorreram para sobrepujar uma dificuldade tão manifesta:

1) A primeira consistia em reconhecer a incoerência do texto e em atribuí-la a acidentes de composição. É a via seguida por Colle (em seu comentário publicado em 1931 em Louvain) e, em menor escala, por Jaeger. Essa solução é a mais fácil. Não se deveria recorrer a ela senão após ter esgotado as possibilidades de sucesso da interpretação "filosófica".

2) Pode-se suprimir a contradição, sustentando que as proposições 1 e 3 não falam do mesmo ser: o ser que não é um gênero seria o ser em geral, comum a todas as coisas, ao passo que o ser enquanto ser do qual há uma ciência seria o ser *separado*, quer dizer, divino. Essa solução é a mais antiga. Foi-lhe dado crédito pelos comentadores por um texto que eles não tinham razão para atribuir a outro que não Aristóteles, uma vez que fazia parte do *corpus* aristotélico: o livro K, 1-8, da *Metafísica* assimila com efeito o ser enquanto ser e o ser divino (especialmente em 1064a 28 ss). Mas essa doutrina se choca contra duas ordens de objeções que, acrescentando-se a particularidades estilísticas, fizeram com que se suspeitasse com justiça da autenticidade aristotélica de toda a passagem. Primeiramente (e isso foi provado especialmente por Monsenhor Mansion), a expressão ᾗ ὄν não pode ter em grego o sentido de um superlativo (o que é eminentemente ser), mas só pode designar o ponto de vista formal sob o qual se considera o ser: o ser não enquanto isso ou aquilo, "número, linha ou fogo",

mas enquanto ele é somente ser, quer dizer, ser qualquer, sobre o qual Aristóteles se pergunta se ele tem propriedades e quais são elas. A essa observação filológica acrescenta-se uma objeção filosófica: a ciência do ser enquanto ser é claramente definida (e é mesmo a única definição que é clara) por sua oposição às ciências particulares. Herdeira da ciência universal dos sofistas e dos retores bem como da dialética "sinóptica" de Platão, ela não pode confundir-se com a teologia, que é uma ciência "particular", que trata de um gênero particular, ainda que eminente, do ser (E 1).

3) Pode-se acomodar, por uma dupla atenuação, a compatibilidade das proposições 2 e 3: a. O ser, se não é um gênero, comporta pelo menos uma certa unidade de significação, no sentido de que suas significações múltiplas se referem a uma significação fundamental, que é a da essência. O ser é um πρὸς ἓν λεγόμενον; b. por seu lado, a ciência não exige mais absolutamente a unidade genérica de seu objeto, mas somente uma certa unidade: "Pois não é somente onde há um caráter comum (καΘ'ἓν λεγομένων) que é preciso ver o objeto de uma ciência única; as coisas ditas com relação a uma natureza única (πρὸς μίαν φύσιν) constituem também um tal objeto; pois essas coisas têm, de uma certa maneira, um caráter comum (λέγεται καΘ'ἕν). É, pois, evidente que pertence também a uma só ciência estudar os seres enquanto seres" (1003b 12 ss). Essa solução poderia parecer a de Aristóteles, ainda que ela não seja absolutamente a conclusão da passagem. Mas, para ser efetiva, essa solução teria exigido uma elucidação do caráter comum atribuído aqui às categorias e uma dedução da pluralidade das categorias a partir da categoria fundamental da οὐσία. Será necessário lembrar que não se encontra nada disso em Aristóteles? Será preciso então admitir, como o faz o Pe. Owens (*The Doctrine of Being in the Aristotelian Metaphysics*, p. 298), que "o desenvolvimento projetado... no qual

se poderia ter atingido o acabamento da doutrina não chegou à posteridade"? Parece-nos um método melhor buscar primeiramente as razões filosóficas dessa ausência.

4) Pode-se transmutar o sentido óbvio da proposição 3 por meio de um tratamento apropriado da negação: O ser não é um gênero, isso quereria dizer: O ser é mais que um gênero. Se não há ciência do ser, é porque o ser, em sua unidade inefável, depende de um modo de apreensão mais alto. Essa "solução" é, para simplificar, a neoplatônica: o Um plotiniano, herdeiro do ser enquanto ser aristotélico, é "uma maravilha anterior à Inteligência" (*Enéadas* VI 9, 3; cf. ibid., 5; VI 7, 38), e sua indivisão repugna à composição do discurso científico. Mas Aristóteles não conheceu, nem sem dúvida pressentiu, mesmo que suas análises a preparem, uma tal transmutação do sentido da negação: nele, a negação não exprime um excesso, mas uma falta; ela não é signo de superabundância, mas de pobreza essencial.

5) A última interpretação, a que nós propomos, é a interpretação aporética da passagem: ela consiste em ver nas pretensas contradições os termos de uma aporia, ou melhor, de uma diaporia, percursos exploratórios e provisoriamente divergentes, mas que tomam seu sentido numa visada de conjunto. Cabe ao intérprete tentar reconstituir essa visada antes que isolar "teses", que parecerão cedo contraditórias, se não as restituímos ao movimento que as faz nascer.

Que esse movimento seja inacabado justifica nosso propósito de não nos atermos a "teses". Mas que Aristóteles, ele, tenha ficado com essas teses díspares coloca um problema que não se deixa inteiramente resolver pela invocação de uma morte prematura ou de um desinteresse progressivo pelas especulações metafísicas. E permaneceria esse paradoxo insustentável de que Aristóteles teria passado seu tempo, em seus cursos, a demonstrar a impossibilidade da ciência à qual a posteridade ligará seu nome. Nós faremos pois um passo a mais, e admitiremos que, se a metafísica é inacabada, é porque ela era, para o próprio Aristóteles e mesmo que ele jamais tenha sido consciente disso, inacabável. O acidente aparente seria então reintegrado à própria filosofia, e o fracasso reintegrado ao projeto como sua realização paradoxal: a metafísica inacabada se tornaria metafísica do inacabamento. Acontece ao filósofo não encontrar o que ele procura e encontrar, nessa busca mesma, o que ele não procurava. Em Aristóteles, a busca dialética da unidade torna-se o substituto da unidade ela mesma.

Dir-se-á que esse ponto de vista, de onde se vê o fracasso de Aristóteles em fundar uma ciência do ser enquanto ser se transmudar em procedimento positivo, nos afasta definitivamente de uma interpretação imanente. Entretanto, a noção de *substituto*, que acabamos de introduzir, não nos parece estranha à filosofia de Aristóteles, embora ele a aplique à solução de outros problemas. Quando Aristóteles fala de μίμησις, ele não entende com isso a reduplicação de um modelo, mas uma espécie de imitação paradoxal, que reproduz a função do superior passando por seu contrário: assim, os seres em movimento do mundo sublunar imitam, por sua mobilidade mesma, a imobilidade do divino (livro Θ). Não se poderia dizer então que o movimento da busca, na medida em que ela é a aproximação infinita de uma ciência do ser enquanto ser que toma a teologia por modelo, torna-se, de fato senão de direito, o substituto de uma filosofia conforme à visada de Aristóteles, quer dizer, ao mesmo tempo universal e primeira? Não teríamos feito com isso senão aplicar ao fenômeno humano da busca uma noção que Aristóteles elaborou em outra parte para pensar em geral as relações do mundo sublunar com o mundo divino. A interpretação permaneceria pois imanente ou, se se quer, circular, referindo à pesquisa filosófica ela mesma o que não é senão uma aquisição provisória dessa. Assim seria garantido à *Metafísica* aristotélica o máximo de inteligibilidade compatível com a estrutura aporética que ela manifesta.

Discussão

Sr. Jean Wahl. – Agradeço ao Sr. Aubenque por sua belíssima exposição, que está bem na linha de seus trabalhos anteriores. Para abrir a discussão, talvez pudéssemos pedir à Srta. Ramnoux que apresente seu ponto de vista, o que ela comunicou em carta que acaba de chegar até o senhor.

Srta. Ramnoux. – Em minha carta,[2] eu me encontrava exatamente no terceiro tipo de interpretação que o senhor propõe, quer dizer: atenuar a contradição; eu o fazia apoiando-me sobre o fato de que não se trata de um gênero, mas que se trata, em suma, de referência, por um termo comum, a algo que, sem poder ser chamado de "gênero" é semelhante ao gênero ou está mesmo para além dele. Em seguida, é dito que não há exatamente uma ciência mas um estudo daquelas coisas, que é um. E como o estudo daquelas coisas é um, e a ciência do gênero é uma, pode-se tratá-la como uma *quasi*-ciência de gênero, embora isso não seja a ciência de um gênero. É assim que eu me saía dessa. É pois exatamente a terceira maneira que o senhor definiu. Em seguida, eu bem via que Aristóteles fazia uma assimilação com o caso do Um, que é também, aqui, tratado da mesma maneira. De modo que eu via essa ciência do ser enquanto ser, que não é senão uma *quasi*-ciência, antes assimilável, se não se fala com perfeita exatidão, a uma ciência de gênero, eu a via antes como uma espécie de contorno puramente estrutural de pares de concretos e de axiomas, algo de

---

[2] Ver adiante p. 191.

vazio, mas que, levando a definir a oposição móvel-imóvel, levava a postular de uma certa maneira o motor imóvel, portanto a teologia.

Sr. Aubenque. – Creio que sua interpretação tem a favor dela o fato de ser, ao menos episodicamente, proposta pelo próprio Aristóteles. É nesse sentido que as interpretações tradicionais, as mais coerentes em todo caso, se esforçaram por conciliar as afirmações que eu isolei. Contudo, o que reterei de suas palavras é que a Senhorita reconhece o caráter aproximativo de uma ciência do ser enquanto ser. A Senhorita fala de uma *quasi*-ciência, o que me incomoda um pouco.

Srta. Ramnoux. – Sim, é uma *quasi*-ciência: ele o diz bastante claramente.

Sr. Aubenque. – O que me incomoda é que, justamente, seja somente uma *quasi*-ciência, considerando-se que Aristóteles nos diz da ciência em questão que ela é a mais alta das ciências, que ela é a ciência mais perfeita. Então, colocarei o problema sob a forma de paradoxo: como a ciência mais perfeita é somente uma *quasi*-ciência? Será que falando de uma *quasi*-ciência a Senhorita não vai ao encontro do que, agora há pouco, eu dizia ao falar de uma aproximação da ciência, e de uma aproximação que pode ser infinita?

Srta. Ramnoux. – Tenho aqui o texto somente na tradução de Tricot, e tinha anotado uma série de proposições. Tinha destacado: 1. "Há uma ciência que estuda o ser enquanto ser." 2. "Ela não se confunde com nenhuma das ciências ditas particulares." 3. "O ser se toma em diversas acepções, mas é sempre relativamente a um termo único." 4. "Não somente o estudo das coisas que são nomeadas com relação a um só termo é do domínio de uma ciência única, mas ainda o estudo de tudo o que é relativo a uma natureza única." Aí, estou de acordo com o Senhor: *natureza* é tomada como uma palavra vaga para evitar uma palavra mais precisa. 5. "É pois evidente que cabe a uma só ciência estudar todos os seres enquanto seres." 6. "Para cada gênero ... não há senão uma única ciência." Aproxime as proposições: não há senão *uma só ciência* que estuda o ser enquanto ser; não há senão *uma só ciência* que estuda os gêneros. É aí que a perplexidade aparece. E é por que eu disse: pode-se tratá-la como ciência de gênero, sem que entretanto seja a ciência de um gênero.

Sr. Aubenque. – Creio efetivamente que o próprio Aristóteles entreviu uma solução nesse sentido; mas eu perguntarei: onde está essa ciência? Onde está a ciência que, num mesmo movimento, seria ciência das diferentes significações do ser, e não somente da primeira? Para responder ao esquema aristotélico, é preciso que essa ciência trate não somente da natureza única, que é o termo de referência das significações múltiplas, mas é preciso que a partir dessa significação fundamental, referencial pode-se dizer, se possam reencontrar as outras significações, segundo um modo que me parece dever ser um modo dedutivo. Ora, não se vê jamais que Aristóteles deduza as categorias da primeira de todas elas, quer dizer da οὐσία.

Srta. Ramnoux. – Acho sua solução muito simpática: ele queria fazê-lo, ele não pôde fazê-lo.

Sr. Aubenque. – É uma solução programática, que não foi jamais explicitada por Aristóteles.

Srta. Ramnoux. – E ele nem mesmo elucidou completamente – como se fará depois dele nas teologias negativas – porque ele mesmo não pôde chegar a ela.

Sr. Aubenque. – Sim. Por exemplo, na expressão πρὸς ἕν λεγόμενον, há um termo que Aristóteles não explica jamais, é o πρός. Qual é a relação das diferentes significações do ser com essa significação fundamental? E, quando acontece a Aristóteles elucidar essa relação, ele não faz senão nos dar uma espécie de enumeração. As categorias outras que a essência são afecções da essência, ou são negações da essência, são vias em direção à essência. Mas não se vê aí o fundamento comum dessas diferentes relações. De tal sorte que me parece que a teoria do πρὸς ἕν λεγόμενον não faz senão transpor para a preposição πρός a homonímia, a ambiguidade, que ele tinha reconhecido precedentemente como sendo a da palavra ser, ὄν.

Sr. Brunschwig. – Sobre essa questão do πρὸς ἕν λεγόμενον pergunto-me se você não é exigente demais a respeito de Aristóteles. Ele nos diz em suma: o ser tem diversas significações. Dessas significações, uma é primordial, é a da essência; vou, pois, fazer uma teoria da essência, e o resto será, de alguma forma, dado por acréscimo. Que ele não tenha explicitado a relação que liga a essência com as outras categorias sob a forma de uma dedução é talvez algo que não se pode recriminar-lhe, porque o ponto de partida – a saber, a solução do problema pelo reconhecimento de uma significação primordial – acarretava por acréscimo o valor da ciência da essência como ciência do ser enquanto ser; o que lhe permite, se bem me lembro, contentar-se, ao longo do livro Z, em dizer de tempo em tempo: o que eu acabo de dizer é válido ἑπομένως, em seguida, de maneira consequente, para as outras categorias, para as categorias segundas, para as categorias que não são a substância. É a questão que eu gostaria de lhe fazer sobre o problema preciso do πρὸς ἕν λεγόμενον.

Sr. Aubenque. – Sou talvez exigente a respeito de Aristóteles, mas essa exigência está contida no próprio Aristóteles: quando ele fala da ciência, da ἐπιστήμη, creio que é bastante natural – e é o que fizeram com razão os comentadores de Aristóteles mais tradicionais – reportar-se ao que Aristóteles nos diz da ciência, especialmente nos *Segundos analíticos*. Ora, aí, vemos que Aristóteles tem uma concepção muito exigente da ciência: toda ciência é de tipo demonstrativo, procede por silogismos. Ora, parece-me que se houvesse uma ciência única das diferentes significações do ser, essas diferentes significações deveriam estar ligadas entre elas de uma maneira um pouco menos vaga do que me parece indicá-lo esse advérbio ἐπομένως que é empregado no livro Z. Parece-me que essa relação de consecução entre a significação primordial, que é a da οὐσία, e as significações secundárias ou derivadas deveria ser explicitada.

Sr. Brunschwig. – Com essa reserva, de que nos *Segundos analíticos* ele não fez, justamente, a teoria dessas ciências particulares, que tratam não de um gênero na sua unidade, mas desse *quasi*-gênero, para retomar a expressão utilizada há pouco, constituído por um grupo de noções unidas por sua referência comum a uma mesma significação.

Sr. Aubenque. – Não estou nem mesmo seguro de que tenhamos aqui uma *quasi*-ciência de um *quasi*-gênero; e seria espantoso que essa *quasi*-ciência de um *quasi*-gênero respondesse exatamente ao programa muito ambicioso, que, justamente, parecia ser o de Aristóteles, quando ele falava de uma ciência que é a mais alta de todas.

Sr. Brunschwig. – Sim. Poder-se-ia talvez objetar também que a significação primeira não é somente significação primeira, mas também significação eminente. De maneira que a ciência do mais ser é ao mesmo tempo e por acréscimo, como dizia, a ciência do menos ser, do menos essencial.

Sr. Aubenque. – Só que eu diria que há algo mais nas categorias segundas com relação à essência, antes que algo menos.

Sr. Brunschwig. – Para você; mas não sem dúvida para Aristóteles.

Sr. Aubenque. – Aristóteles diz em algum lugar que são παραφυάδες, quer dizer, espécies de parasitas da essência: é um texto que se encontra no livro I (1096a 21) da *Ética de Nicômaco*. Parece-me justamente que essas categorias outras que a essência são categorias em um certo sentido supérfluas. Então, a dificuldade é explicar que elas existem. Dito de outra forma, a dificuldade é explicar que as essências que conhecemos, quer dizer, as essências sensíveis, as essências do mundo sublunar, não são somente essências, mas têm também uma quantidade, uma qualidade, que elas mantêm relações, que elas têm uma situação etc., para retomar a lista das categorias de Aristóteles. Há uma essência que não comporta nenhuma pluralidade categorial, que é só consigo mesma, é a essência divina. De modo que há, apesar de tudo, um problema em Aristóteles, que é de saber por que as essências sensíveis são, em um certo sentido, mais que essências, sendo esse *mais* evidentemente um *menos* ontológico. Trata-se de uma espécie de superabundância que é ao mesmo tempo uma espécie de subtração.

Sr. Brunschwig. – É sobre esse problema da inversão do menos em mais que se poderia igualmente, ultrapassando a questão do πρὸς ἕν λεγόμενον, levantar algumas questões. Parece-me – resumindo a impressão que tive ouvindo sua exposição e depois de ter lido seu livro – que tudo o que você diz da obra de Aristóteles é perfeitamente fundado, mas que talvez você tenha errado em procurar nos textos de Aristóteles provas do que você descobria em sua obra. Não é o momento agora de fazer a exegese desses dois ou três textos nos quais você acredita reencontrar vestígios dessa consciência que Aristóteles teria tomado da natureza exata do que ele teria feito, por oposição ao que ele queria fazer. Mas pode-se perguntar, mais geralmente, se é o caso de procurar vestígios de uma tal consciência. Eu não estou persuadido disso. Creio que isso levou você algumas vezes na sua tese a fazer os textos dizerem mais do que eles diziam. Creio também que é talvez um projeto que está em contradição com a palavra de ordem de interpretação total que você defendeu há pouco, com bastante pertinência, contra a exegese heideggeriana, especialmente. Pergunto-me, falando de outra forma, se é necessário ser tão prudente quanto você foi – eu sei que a prudência é uma virtude pela qual você tem amizade! –, eu me pergunto se o papel do intérprete não deve ser assumido, na relação que você tem com Aristóteles, de uma maneira mais audaciosa. Você teme que se recrimine a você pretender compreender Aristóteles melhor do que ele se compreendeu a si mesmo..., mas eu diria que é perfeitamente normal que você compreenda Aristóteles melhor do que ele se compreendeu a si mesmo; séculos de filósofos ajudam você nisso, ensinando-lhe um certo número de verdades que Aristóteles não conhecia: você sabe que o ser é dilacerado, que o homem é finito, que o mundo é fustigado pela contingência, que Deus é oculto, que pouco falta para que ele não exista, e, tudo isso, Aristóteles não o sabe; e é o que permite a você proceder a essa reviravolta que, nos insucessos de Aristóteles, faz perceber outros tantos triunfos. De uma maneira geral, pode-se opor, em história da filosofia, uma interpretação imanente, e uma interpretação que aceita francamente ser transcendente. Eu me pergunto se não é preciso escolher, quando se interpreta a *Metafísica* de Aristóteles, entre um plano, digamos "metafísico", que seria o da interpretação dos textos, e um plano que se poderia chamar "metametafísico", inspirando-se no uso dos lógicos que falam de lógica e de metalógica, de linguagem e de metalinguagem. Parece-me que sua interpretação pertence à "metametafísica", e que ela talvez não tenha de preocupar-se em encontrar sobre o plano "metafísico" pontos de apoio que permitiriam ao intérprete aliviar-se de uma parte de suas responsabilidades.

Sr. Aubenque. – Creio com efeito que uma interpretação de um autor filosófico não pode jamais ser totalmente imanente, e que, seja no início da interpretação, seja ao seu término, chega um momento em que o intérprete, de qualquer forma, coloca suas próprias questões ao autor que ele estuda. Dito isso, creio que é um mau método de história da filosofia, que sempre foi considerado como tal, projetar sobre o autor suas próprias preocupações, ou uma problemática com conceitos que não são os de seu tempo. Disso poder-se-iam citar numerosos exemplos, sobre os quais não quero aqui estender-me. Creio pois que numa interpretação, a intervenção do intérprete deve ser reduzida ao mínimo exigido para assegurar a coerência da interpretação. Aqui, creio que a intervenção do intérprete é exigida para dar a esse inacabamento de fato da *Metafísica* de Aristóteles um mínimo de significação, contrariamente a uma interpretação por demais puramente filológica que, por não poder interpretar a *Metafísica* tal como ela é, explicaria esse inacabamento pela morte prematura de Aristóteles, ou por todas as espécies de circunstâncias acidentais. Creio pois que, mesmo que a explicação imanente seja insuficiente, deve-se primeiro dar-lhe todas as suas possibilidades de sucesso; deve-se levar até seus limites extremos a interpretação imanente. E é somente no limite da interpretação imanente, no seu horizonte, que pode aparecer, mas, creio, timidamente, apesar de tudo, com uma certa prudência, a intervenção do intérprete.

Para voltar então muito precisamente a Aristóteles, bem sei que ele jamais teria aceitado, coisa pela qual num certo sentido eu lhe sou grato, o caráter aporético e inacabado de sua *Metafísica*. É evidente que o projeto de acabamento estava inscrito no projeto aristotélico da ciência do ser enquanto ser. E quando Aristóteles nos diz que essa ciência é universal porque primeira, há nisso, efetivamente, o esboço de um sistema. Logo, Aristóteles não teria certamente admitido todas as afirmações, ou melhor, todas as questões que me coloco a seu respeito, especialmente a que eu colocava no fim, ao me perguntar se essa busca não era de fato um substituto do que ela busca, quer dizer, um substituto da unidade. Dito isso, creio que, num autor, podem-se distinguir duas espécies de afirmações: há primeiramente o projeto explícito, e há uma reflexão talvez episódica sobre esse projeto, ou sobre o fracasso desse projeto. Por conseguinte, em meu livro sobre Aristóteles, esforcei-me por colecionar atentamente todas as passagens que rompem o encadeamento da *Metafísica* de Aristóteles, de suas obras em geral, e que são como espécies de confissões do próprio Aristóteles, uma espécie de reconhecimento episódico e em geral fugidio da realidade de seu procedimento. Há, por exemplo, no caso de Aristóteles, um interesse muito grande de estudar não somente o *Organon* como expressão de seu método, mas de estudar todas as reflexões metodológicas adventícias que se encontram na maior parte de seus tratados científicos, ou na própria *Metafísica*. Há aí, creio, uma espécie de reflexão de Aristóteles sobre seu procedimento efetivo, mesmo que esse procedimento efetivo jamais tenha sido assumido enquanto tal, na sua totalidade, como sendo um procedimento aporético.

Creio que Aristóteles reconheceu em duas ou três passagens, seguramente em duas, das quais uma se encontra no livro Γ, esse parentesco da dialética e da ontologia, afinidade que o chocou a ele próprio porque ele tinha aprendido a desprezar a dialética dos retores e dos sofistas. Não vejo por que o intérprete não tiraria partido dessas reflexões do próprio Aristóteles.

Sr. Brunschwig. – Talvez porque ele tenha tendência – a prudência aqui vira temeridade – a ampliar a significação disso. Por exemplo, existe nos *Tópicos*, no começo do livro I, se bem me lembro, uma passagem na qual, enumerando as razões que o leitor pode ter de interessar-se pela disciplina que lhe vai ser exposta, Aristóteles diz que a dialética tem um interesse e um valor para as ciências filosóficas, porque ela permite remontar aos princípios, que não são demonstráveis, e que, por conseguinte, não são apreensíveis senão por uma via de aproximação diferente daquela da ciência demonstrativa. Só que essa declaração não se assemelha praticamente a uma volta reflexiva do metafísico sobre sua própria obra, pois que ela se situa nos *Tópicos*, obra considerada geralmente como precoce: essa declaração é certamente anterior à edificação dos livros centrais da *Metafísica*. Não se pode pois anexá-la ao dossiê da reflexão de Aristóteles sobre seu próprio empreendimento metafísico.

Sr. Aubenque. – Sobre essas questões de cronologia, não estamos muito seguros, como recordava há pouco. Creio que, mesmo que a *Metafísica* de Aristóteles não estivesse constituída no momento em que ele escrevia os *Tópicos*, o gênero dos problemas "metafísicos", especialmente a definição do ser enquanto ser, era debatido na escola platônica. Creio que, sobre esse ponto, o artigo que eu citava há pouco de Owen é extremamente importante, porque mostra o enraizamento da problemática do ser enquanto ser, que Jaeger acreditava tardia, nas preocupações da Academia. Por conseguinte, não creio impossível que já nos *Tópicos*, Aristóteles tenha refletido sobre a afinidade dos problemas, digamos, ontológicos, e do método dialético. Em todo caso, há um texto que me parece muito claro no livro Γ...

Sr. Brunschwig. – Sim, aquele onde é dito que a metafísica é um pôr à prova daquilo de que a filosofia é um conhecimento.

Sr. Aubenque. – Sim, e, numa frase imediatamente vizinha, ele acaba de dizer que a dialética, como a filosofia, tem em comum o fato de tratar de todas as coisas.

Sr. Brunschwig. – Estamos de acordo sobre esse ponto. Mas a declaração em questão estabelece entre dialética e filosofia uma diferença que talvez não seja senão programática, mas que ainda assim é afirmada no momento mesmo em que Aristóteles reconhece a identidade dos domínios (ou mais exatamente a idêntica ausência de domínio) da dialética e da filosofia.

Sr. Aubenque. – Há evidentemente uma diferença de objetivo, de finalidade, entre a dialética e a metafísica. E eu me pergunto se, na medida em que a metafísica não atinge seu objetivo, ela não permanece, de fato, nisso que Aristóteles chama a dialética.

Sr. Brunschwig. – Sim, certamente, mas talvez Aristóteles o saiba menos bem que você.

Sr. Beaufret. – Gostaria de colocar três questões.

A primeira é a propósito de uma observação que me fazia há pouco no ouvido o Sr. de Gandillac, quando o Senhor dizia que Aristóteles não explica o que ele entende por πρός. Parece no entanto que ele o fez longamente, em outro lugar. Nas *Categorias* ele se explicou sobre o πρὸς τι.

Segundo ponto: quando Aristóteles fala do ὄν como de um πρὸς ἕν λεγόμενον, pensa ele somente nas categorias ou também nas quatro acepções do ser, aquelas que estudou Brentano em sua dissertação sobre Aristóteles? A questão se tornaria a partir desse momento ainda mais difícil.

Terceiro ponto: aquilo sobre o que nós discutimos atualmente é particular a Aristóteles? Não há outros filósofos em que um pensamento é tão "focal", para retomar uma palavra que o senhor citou há pouco, que em nenhum momento ele chega a uma explicitação inteira? Penso, por exemplo, em São Tomás, na noção de analogia: creio que se observou, desde há muito tempo, que não há uma doutrina plenamente coerente da analogia em São Tomás, o que justificará a composição do *De nominum analogia* de Cajetan, que não aparecerá senão bem mais tarde. Ou bem na *Crítica da razão pura* de Kant, pode-se dizer qual é exatamente o assunto de que trata Kant? Eu me tinha perguntado há tempos se a questão mais essencial para ele não seria a da *Darstellung*. É uma palavra um pouco difícil de traduzir em francês. Kant ataca a questão de vários lados de uma só vez, quando fala de exemplos, de construções, de esquemas, de símbolos, de tipos. O que me chamou a atenção é que, na obra de Kant, em nenhum momento aparece um quadro completo de todas as acepções da noção de *Darstellung*, exatamente como, em São Tomás, não aparece em nenhum momento um quadro exaustivo da significação da analogia. Não se pode pensar que isso, em relação a que a ciência está na situação do πρός, é alguma coisa que é tão essencial e tão radical para Aristóteles que em nenhum momento ele pôde dizer mais do que ele disse?

Sr. Aubenque. – Eu lhe agradeço por essas três questões muito precisas. No que respeita ao primeiro ponto, há apesar de tudo uma certa dificuldade, é que o πρός τι é uma das categorias: pode-se então aplicar uma das categorias à elucidação da relação das categorias com a significação fundamental? Parece-me que há aqui um círculo. Como o Senhor explicitará a relação da relação com o ser, a relação da categoria de relação com a significação primordial de essência? Há aqui, repito, de uma ou outra maneira, um círculo que talvez...

Sr. Beaufret. – É a grandeza de Aristóteles, ele está no círculo.

Sr. Aubenque. – Sim, mas esse círculo pode ser elucidado bem mais por procedimentos dialéticos que por um procedimento demonstrativo. A demonstração, em Aristóteles, é perfeitamente linear. Por conseguinte, invocando aqui o caráter circular do procedimento aristotélico, parece-me que o Senhor traz um argumento a mais ao que eu dizia sobre o caráter dialético desse procedimento.

Sobre o segundo ponto, é um problema de exegese: será que o πρὸς ἓν λέγεσθαι significa simplesmente as categorias do ser, ou será que significa as diferentes acepções do ser? O Senhor está pensando no ser em ato, no ser em potência, no ser como verdadeiro, no ser segundo as categorias, no ser em si e no ser por acidente, enumeração na qual as categorias seriam apenas um dos elementos. Creio que em realidade isso só faria agravar o problema, como o senhor diz, e manifestaria, uma vez mais, o inacabamento dessa busca. Creio que, apesar de tudo, o πρὸς ἓν λέγεσθαι (seria preciso ver aqui os textos) refere-se, antes, à relação das diferentes categorias com a οὐσία. Fato é que se pode estender a aplicação disso, pois que, de todo modo, trata-se de explicar, com isso, que o ser, a palavra ὄν, tem uma pluralidade de significações e essas não são exclusivamente as categorias. Mas o próprio Aristóteles não faz essa ampliação.

Sobre o último ponto, que nos leva às observações metodológicas gerais desta exposição, estou plenamente de acordo em que toda filosofia comporta uma parte de inacabamento, que a filosofia é inacabada talvez por essência, sem o que nós não estaríamos aqui. Creio que, se toda filosofia é inacabada, esse inacabamento pode ter diversas formas. Por exemplo, pode ser um inacabamento no sentido da dedução a partir de princípios: é a ideia da *philosophia perennis*, quer dizer, de uma filosofia que estaria solidamente constituída em seus princípios, mas que não terminaria jamais de desdobrar as consequências desses princípios. É evidente que em Aristóteles não temos um inacabamento desse gênero: temos um inacabamento muito mais fundamental, no sentido de que Aristóteles não chegou ele mesmo a ter uma ideia clara dos próprios princípios de sua filosofia primeira, uma vez que esses princípios eles mesmos são o objeto de um procedimento dialético que parece não chegar a um estabelecimento definitivo desses princípios.

Por outro lado, quando o senhor compara o inacabamento da *Metafísica* de Aristóteles com o inacabamento que seria inerente à filosofia kantiana, creio, apesar de tudo, que há uma diferença de estatuto na interpretação da obra: eu me coloco aqui do ponto de vista do historiador da filosofia, não do ponto de vista do filósofo. É a diferença de estatuto que invoquei há pouco, no sentido de que, em Kant, há uma espécie de inacabamento residual que o Senhor descobre lendo Kant, mas que Kant de alguma forma não podia assumir enquanto tal. A *Crítica da razão pura* é alguma coisa que é acabada em si mesma, quer dizer, da qual Kant assume a responsabilidade, na totalidade de suas manifestações; logo, se há contradições na *Crítica da razão pura*, é uma crítica que o Senhor faz à *Crítica da razão pura*.

Ao contrário, se há contradições na *Metafísica* de Aristóteles, não é necessariamente uma crítica, porque o próprio Aristóteles jamais pretendeu que havia uma *Metafísica* da qual ele seria o autor, de tal modo que ele teria de dar conta de todas as afirmações dessa *Metafísica*. Em Aristóteles, há talvez um duplo inacabamento: o inacabamento inerente a todo ato de filosofar – mas isso é uma visão filosófica, se posso dizer –, mas há além disso um inacabamento suplementar que o historiador da filosofia aristotélica particularmente deve levar em conta, que é devido justamente ao fato de a *Metafísica* de Aristóteles não ter sido publicada por Aristóteles, logo, que ele não tem obrigação de responder pela verdade simultânea de todas as afirmações que ela contém, o que parece extremamente importante do ponto de vista metodológico. Creio que eu próprio tentei, mas sob uma forma interrogativa, ligar esses dois inacabamentos, na minha questão final, perguntando-me se esse inacabamento de fato da *Metafísica* de Aristóteles não tinha também um sentido filosófico. Aqui, saímos do domínio rigoroso da interpretação para entrar no da reflexão filosófica autônoma, e independente da história.

Sr. Jean Wahl. – Gostaria de retornar à questão do πρός τι e do πρὸς ἕν, porque creio que não é necessário pensar que Aristóteles verdadeiramente explicou o πρὸς ἕν, ao explicar o πρός τι. Talvez sejam duas coisas. O πρὸς ἓν λεγόμενον, ele, faz uma unidade. E talvez Aristóteles não se tenha sequer dado conta de que havia o πρὸς. Para ele, era o πρὸς ἓν λεγόμενον, e é talvez diferente do πρὸς τι. Não sei o que pensa disso o sr. Aubenque.

Sr. Aubenque. – Aristóteles jamais pôs em relação essas duas coisas. E na análise que ele dá do πρὸς τι no livro Δ, ele não faz nenhuma alusão à sua própria teoria do πρὸς ἓν λεγόμενον, nem aliás inversamente.

Sr. Abade Grenet. – Tem-se tendência de tomar Aristóteles por mais rígido do que ele é em realidade; mesmo na sua lógica, Aristóteles tem perfeitamente consciência da oposição que há entre o ideal da ciência e a ciência real. Ele se dá conta disso não somente na prática diária da pesquisa, mas mesmo no momento em que estabelece regras ideais da ciência, e, por exemplo, se diz: a ciência versa sobre um gênero; é verdade, e mesmo há todo um capítulo onde Aristóteles diz: um grande erro que se deve evitar é a μετάβασις εἰς ἄλλο γένος. Entretanto, no capítulo VII do livro I dos *Segundos analíticos*, Aristóteles se deu conta de que há entre ciências distintas, que versam sobre gêneros distintos, apesar de tudo, princípios comuns: κοιναὶ δόξαι, κοινά, e, entre eles, há em especial os primeiros princípios, que são os princípios de toda demonstração, a alma de toda demonstração. Aristóteles indica justamente que será preciso. cedo ou tarde, estudar, por eles mesmos, esses princípios, que não são hipóteses, que são o não hipotético aristotélico. Da mesma forma nos *Analíticos posteriores*, livro I, capítulo 11, 77 a 26: todas as ciências se comunicam entre elas pelos princípios comuns, por aqueles que desempenham um papel de base na demonstração. Em *Metafísica* 996b 28, Aristóteles se pergunta: se os princípios da demonstração não entram na ciência do filósofo, que outra ciência será encarregada de verificar a verdade ou a falsidade deles? Parece-me que vejo aí, após a afirmação de que, claro, o ser não é um gênero, a confissão de que, entretanto, ele goza de uma certa unidade. Da mesma forma, toda ciência trata de um gênero, mas todas as ciências têm algo em comum, e será preciso decididamente que um dia uma ciência se encarregue disso que há de comum a todas as ciências. Já mesmo no momento em que ele ainda não elaborou a *Metafísica*, longe disso, em que talvez mesmo o problema metafísico não se tenha ainda colocado para ele, Aristóteles entrevê já por cima de todas as ciências uma ciência daquilo que é comum a todas as ciências. E na metafísica há apesar de tudo alguma coisa que ele constituiu, a saber, a justificação, a defesa, o pôr em ação ou o trazer à luz os primeiros princípios. Sobre esse ponto pelo menos não há alguma coisa de realizada por Aristóteles?

Sr. Aubenque. – Creio que, com efeito, a ciência do ser enquanto ser responde a esse problema que se encontra nos escritos lógicos ou em certos escritos científicos, a saber, a necessidade de uma ciência dos primeiros princípios, dos princípios comuns. Só que, creio, nos escritos lógicos de Aristóteles, pode-se encontrar um argumento aparentemente irrefutável, que faz com que esse conhecimento dos princípios comuns não seja ele mesmo uma ciência no sentido aristotélico do termo. Com efeito, Aristóteles diz sempre que os axiomas, quer dizer, os princípios comuns de cada ciência, não são demonstráveis no interior dessa ciência, uma vez que eles são o ponto de partida de todas as suas demonstrações, mas eles podem ser demonstrados a partir da ciência anterior.

Sr. Abade Grenet. – Mas em nome do que se recusaria a Aristóteles, inventor de diversas ciências e entre outras da metafísica, o direito que se concede a todo pesquisador: o de revisar progressivamente suas próprias definições e, entre outras, sua definição da ciência? Só a redação dos *Analíticos posteriores* já testemunha a alternância de dois pontos de vista: o ponto de vista do ideal absoluto da ciência, e o ponto de vista da prática humana da ciência... Com maior razão, quando Aristóteles aborda o objeto novo e difícil de uma ciência que ninguém – nem mesmo ele – fez ainda, é *a priori* inverossímil que ele seja levado a revisar sua concepção do *objeto* científico, e a atenuar a noção que ele não tinha até então elaborado senão a propósito das ciências particulares existentes?

Sr. Aubenque. – Ele não podia atenuar sua concepção da ciência a ponto de negá-la pura e simplesmente. O que faz a coerência da concepção aristotélica da ciência é a ideia da demonstração, da ἀπόδειξις. Ora, é claro que os princípios mais comuns não podem ser demonstrados por uma ciência anterior que seria uma ciência mais geral, uma vez que não há essa ciência. Assim pois eles não podem ser demonstrados e por conseguinte – é o próprio Aristóteles aliás que o reconhece – não há senão a dialética que nos permita estabelecer os princípios mais gerais, mais universais.

Sr. Abade Grenet. – Então, dizer que essa metafísica é *quasi*-ciência ou que essa suprema dialética não é uma ciência, talvez não seja fazê-la cair abaixo das outras ciências, mas sim elevá-la acima delas, não?

Sr. Aubenque. – Talvez, mas com a nuance, apesar de tudo, de que é uma exaltação um pouco amarga, porque não se pode deixar de lamentar que em Aristóteles, do ponto de vista do próprio Aristóteles, o ser enquanto ser não possa ser o objeto de uma ciência, nem aliás, parece, de uma intuição. Para Plotino, haverá pelo menos uma intuição do Um, ao passo que em Aristóteles a intuição não nos é trazida jamais. Aristóteles não se refere jamais a uma pretensa intuição do princípio de identidade, por exemplo. Tudo o que ele nos traz é uma justificação dialética.

R. Pe. Le Blond. – Quero primeiramente agradecer-lhe por sua exposição, porque fiquei feliz de ver posto à luz o caráter aporético da filosofia de Aristóteles, que se negligencia com demasiada frequência. Estamos plenamente de acordo sobre esse ponto.

Mas eu gostaria de pedir-lhe uma explicação sobre a relação da dialética – o Senhor atribui, com justiça, bastante importância aos

Tópicos – com a metafísica, ou, mais exatamente, com os princípios da metafísica. Essa relação é difícil de precisar porque a dialética não é somente caracterizada pelo fato de ela tratar de tudo – o que é, se o Senhor quer, seu ponto de partida e seu objeto "material" –, mas também porque ela parte do "provável". Ora, o provável, o ἔνδοξον de Aristóteles, não designa precisamente o que se aproxima da verdade e por consequência da "ciência", mas é aquilo que é relativo ao domínio da opinião. Ora, na filosofia grega, a partir de Platão, mas também em Aristóteles, há um abismo entre a opinião e a ciência, entre o que se diz e a verdade. Caracterizemos isso por palavras; eu penso, por exemplo, que πιΘανόν é muito diferente de ἔνδοξον. O πιΘανόν é aquilo que não é provado, mas que se aproxima de "o que pode ser provado", uma aproximação de verdade. O ἔνδοξον é o que se diz geralmente, e sua proximidade é "extrínseca". Outro exemplo: εὔλογον e εὐλόγως têm uma relação intrínseca com a verdade. Eles não designam somente o que todo o mundo admite; não se passa assim com o ἔνδοξον. Por conseguinte, permanece uma dificuldade fundamental para a identificação da dialética com a busca dos princípios, de onde toda ciência tira seu valor, Aristóteles, em certos momentos, parece operar essa identificação; mas há aí uma aporia séria.

O senhor me permite uma segunda questão? Não é preciso, apesar de tudo, fazer da metafísica uma espécie de ciência, de "saber"? Certamente não uma ciência dedutiva. O senhor acaba justamente de lembrar: por definição, o saber dos "princípios" não pode ser uma dedução desses princípios. Não se pode tampouco "deduzir" as categorias, não somente a substância, mas também a relação das outras categorias com a substância; pode haver disso apenas descrição, inventário. Por conseguinte, o sentido de ἐπιστήμη deve perder, em metafísica, o sentido que assume em συλλογισμός ἐπιστημονικός, aquilo que prova pela causa. A metafísica não pode ser uma ciência pela causa: ela é a ciência das causas. Voltamos à questão do conhecimento dos princípios, objeto de uma "*quasi*-ciência" (não de uma semiciência, mas de uma ciência num outro sentido).

Eis minhas duas questões. Não são objeções: creio que o Senhor realmente mostrou as dificuldades de Aristóteles, as aporias que ele admite. Creio, entretanto, que é útil examinar tais questões.

Sr. Aubenque. – Agradeço ao Pe. Le Blond por suas observações que me trouxeram à lembrança seu belíssimo livro sobre *Logique et Méthode chez Aristote*, do qual, creio, muitas posições se reencontram *mutatis mutandis*, e aplicadas à metafísica, no que eu posso ter dito hoje, e no que eu posso ter escrito.

No que concerne à noção de ἔνδοξον é evidente que em Aristóteles tudo o que diz respeito à dialética permanece afetado de uma espécie de coeficiente pejorativo, é justamente o que faz a dificuldade da interpretação da dialética aristotélica. Na medida em que a dialética trata do ἔνδοξον, na medida em que, como rezam frequentemente as traduções, ela trata do verossímil, é evidente que ela está muito abaixo da ciência, que, ela trata da verdade, mais precisamente mesmo sobre o necessário, quando se trata da ciência demonstrativa. E creio que essa constatação incontestável do caráter pejorativo que Aristóteles continua a ligar às noções como as de opinião – no que ele permanece na tradição platônica – induziu em erro certos intérpretes, muito importantes, aliás, da filosofia de Aristóteles: penso por exemplo em Hamelin, que diz mais ou menos textualmente em *Le Système d'Aristote* que a dialética, versando sobre o verossímil, encontra-se absolutamente eliminada de tudo o que concerne à pesquisa da verdade. Creio que há nisso um exagero manifesto que se liga ao fato de que, numa certa tradição do fim do século XIX, tudo o que não era a ciência no sentido estrito se tornava desvalorizado; e o fato pois de que para Aristóteles a dialética versava sobre o verossímil era uma razão suficiente para desvalorizá-la inteiramente. Em realidade, penso que a posição de Aristóteles é ambígua a respeito da dialética, e poder-se--iam opor as afirmações desvalorizadoras ou pejorativas a uma espécie de reabilitação de fato dessa dialética. A dialética versa, pois, sobre o verossímil, mas, por um outro lado, ela versa sobre a totalidade.

R. Pe. Le Blond. – Eis a questão: verossímil é uma aproximação da verdade, ἔνδοξον é o que é admitido por todos.

Sr. Aubenque. – Creio que não há contradição: o que é admitido por todos é apesar de tudo um signo da verdade; o consentimento universal, digamos, é um signo. Há uma expressão que chama vivamente a atenção, que se encontra sobretudo nos escritos éticos, mas também na *Física* de Aristóteles, é a expressão τὰ φαινόμενα, que tem a significação de as opiniões dos homens, o que parece indicar que há nas opiniões dos homens um modo de manifestação de uma certa verdade, um modo talvez ambíguo, imperfeito, insuficiente, mas apesar de tudo um modo de manifestação da verdade. Assim, pois, creio que a palavra ἔνδοξον não tem uma significação inteiramente pejorativa em Aristóteles. E, em todo caso, creio que há uma ligação entre esses dois aspectos da dialética; é que a partir do momento em que se fala de um objeto cada vez mais universal, deixa-se o solo firme da experiência, que é sempre uma experiência parcelada e fragmentária, que incide sobre regiões determinadas. Cai-se então no que Aristóteles chama discursos dialéticos e vazios, διαλεκτικῶς καὶ κενῶς. Mas, de outro lado, não deixa de ser necessário falar do universal, ou melhor, desse para além do universal que Aristóteles chama o κοινόν. Isso é necessário, pois é o único meio de ter uma visão sobre a totalidade; é o único meio de evitar que nossos conhecimentos sejam unicamente fragmentários. Por conseguinte, há, em Aristóteles, ao mesmo tempo a condenação dos discursos dialéticos e vazios e, de outra parte, o reconhecimento da necessidade de tais discursos. De modo que há ao mesmo tempo uma condenação da dialética na tradição platônica – eu digo na tradição platônica porque a dialética de Aristóteles versa justamente sobre o ἔνδοξον sobre as δόξαι – e ao mesmo tempo uma reabilitação que não é talvez inteiramente assumida (nisso eu talvez reencontre minha discussão de há pouco com Brunschwig), mas que apesar de tudo se manifesta em certos momentos, reabilitação essa segundo a qual a dialética, modo inferior de conhecimento, nem por isso é menos indispensável lá onde um conhecimento de tipo científico é impossível por causa da universalidade grande demais do objeto.

Não sei se isso responde à segunda questão sobre a busca dos princípios. Creio que se se entende por ciência simplesmente um discurso rigoroso, ou que se quer rigoroso, a busca dos princípios é "científica".

R. Pe. Le Blond. – Pode-se ao mesmo tempo declarar esse procedimento científico e dialético?

Sr. Aubenque. – Não vejo tanto inconveniente em chamá-lo de dialético, se se admite que a dialética em Aristóteles não tem somente um sentido pejorativo. Citaria aqui um exemplo, é o exemplo do estabelecimento do princípio de contradição no livro Γ, que é francamente dialético: é um ἔλεγχος, uma refutação, quer dizer um procedimento dialético descrito por Aristóteles nos *Tópicos*.

R. Pe. Le Blond. – Será que não seria preciso distinguir em Aristóteles, na própria dialética, diversos aspectos: o aspecto erístico, que não é necessariamente, no começo pelo menos, pejorativo, o aspecto de ἔλεγχος, de demonstração pelo absurdo, e o aspecto sofístico?

Sr. Vignaux. – Posso simplesmente trazer uma confirmação, se não conclusões, pelo menos da problemática que o Sr. Aubenque nos propôs. Essa confirmação, para mim, não vem somente da luz que o trabalho do Sr. Aubenque sobre Aristóteles poderá projetar sobre o aristotelismo medieval. Ela vem antes da convergência entre um certo número de análises já feitas do aristotelismo medieval e a problemática do Sr. Aubenque. Embora a Idade Média, por seu regime mental, um "regime dos autores", pareça, pelo menos à primeira vista, tratar de todas essas *auctoritates* da mesma maneira – quer elas venham dos "santos", quer dos "filósofos" –, trate pois Aristóteles como um autor sagrado, encontra-se nos medievais um ponto de vista análogo ao que nos foi proposto. Poder-se-ia justificar essa afirmação considerando-se o destino do aristotelismo (não somente da *Metafísica*, mas igualmente da *Física*) no século XIV, mas seria uma consideração global, e estimo que as considerações globais sobre o século XIV são bastante prematuras, muito aventureiras.

Tomarei simplesmente o exemplo de uma "pesquisa metafísica" cujo estudo eu acabava de retomar uma vez mais, quando li a tese do sr. Aubenque: "a pesquisa metafísica" de Duns Escoto; ele próprio fala de *Inquisitio metaphysica*.

Primeiramente: Duns Escoto, sendo um lógico, sentindo a exigência do rigor proposto pelos *Analíticos*, se colocou o problema da unidade da ciência do ser enquanto ser, desse "ser" que não é um gênero. Se ele apresentou sua famosa tese da univocidade do ser, é para que a metafísica não seja somente *scientia de ente*, mas também, mas primeiro, *scientia una*: a univocidade não é aqui outra coisa senão o grau de unidade necessário ao "ser" para que ele possa ser objeto de ciência. Isso é apenas um primeiro ponto: paradoxalmente, quando Duns Escoto assim elaborou a exigência de um discurso rigoroso sobre o ser, ele é levado a reconhecer que esse discurso rigoroso sobre o ser, que seria "a metafísica ela mesma", *metaphysica in se*, não é certamente a "metafísica em nós", *metaphysica in nobis*. Ele descreve assim a situação: "a metafísica em si" partiria da unidade do ser, unívoco, para descer em direção às propriedades que o dividem – *passiones entis* – tais como possível-necessário, finito-infinito. Ora, a possibilidade dessa descida, digamos dessa "dedução", a evidência dos princípios dessa dedução, da ligação entre o ser e suas propriedades, nos falta. Resta a *metaphysica in nobis*, que não é a *metaphysica in se*. É na medida em que a metafísica tal como ela é em nós, na nossa condição presente (teologicamente: *pro statu isto*), não é a metafísica em si, que há em Escoto um problema das provas da existência de Deus, de provas da existência de um ser infinito e de provas que, em um espírito que tem um ideal de ciência *a priori*, são inevitavelmente *a posteriori*. Ele as aproxima tanto quanto ele pode das provas *a priori*, mas tendo consciência de que elas são inevitavelmente provas *a posteriori*. Tal me aparece o segundo aspecto da experiência da *inquisitio metaphysica* em Escoto: alguém quis dar mais rigor do que encontrava em Aristóteles ao discurso sobre o ser; ele foi conduzido a reconhecer que esse discurso bem poderia existir, plenamente rigoroso, em um outro espírito, mesmo finito, que não o nosso, mas em nós ele não tem essa perfeição.

Em terceiro lugar: quando Duns Escoto trata como um dado uma experiência feita (atitude fundamental, como o sr. Gilson o notou), a metafísica tal como ela a encontra em Aristóteles e seus continuadores, mais ou menos livres, ele não vê essa metafísica como um conjunto perfeitamente sistemático. A filosofia que ele assim encontra em livros, que ele parece tratar como acabada, enquanto experiência já cumprida, lhe parece igualmente como inacabada: inacabada na medida em que ele nela encontra raciocínios que são demonstrações, e raciocínios que os "filósofos" deram como demonstrações, que, em realidade não o são, aos quais se podem opor outros, demonstrativos. Tal como ele o vê, Aristóteles vai ora num sentido, ora num outro. O Aristóteles de Duns Escoto não é absolutamente "o mestre daqueles que sabem"; ele se apresenta, ao contrário (o Sr. Gilson assinala numa nota, lugar onde se encontram frequentemente as concepções mais complexas dos historiadores), como um espírito perplexo, incerto, se não incoerente...

Finalmente, quarto ponto, que diz respeito ao destino do aristotelismo medieval na sua relação com o contorno e a significação de conjunto do aristotelismo: essa tese que Duns Escoto coloca desde seus primeiros escritos e até aos últimos, a tese da univocidade do ser que funda a possibilidade da metafísica como ciência, Duns Escoto não parece considerá-la como assegurada de uma vez por todas, ele a submete no fim de sua carreira ainda a uma nova prova, se se crê na edição crítica dirigida pelo Pe. Balic. Assim, o gênero de problemas que se podem colocar para Aristóteles se coloca para a pesquisa metafísica de Duns Escoto, embora se tratasse de uma pesquisa de teólogo, no interior de uma teologia. Poder-se-ia perguntar se essa pesquisa sobre a univocidade mesma do ser é inacabada porque a morte do pesquisador a interrompeu, ou bem se não há aí um inacabamento *essencial*, devido ao fato de que a univocidade do ser é a solução de uma aporia que faz surgir novas aporias. Isso explicaria a continuidade da obra própria de Duns Escoto e trabalhos da escola "escotista", muito livre e diversa, mesmo sobre essa tese, a respeito de seu fundador. Poder-se-ia em seguida perguntar se essa natureza aporética ou dialética, como o Senhor disse, da metafísica aristotélica, não é tão profunda que, sob o dogmatismo teológico mesmo, essa natureza permanece, aparece, impõe-se.

Voltando ao meu ponto de partida, penso que, seguindo essa direção de pesquisa convergente com a seguida pelo sr. Aubenque, poder-se-ia não somente esclarecer a experiência de Duns Escoto, mas ver para além, tentar considerar o destino do aristotelismo do século XIV. Sublinha-se de bom grado, às vezes exclusivamente demais, o aspecto crítico do século XIV. O Sr. Gilson viu aí o efeito de uma "crítica da filosofia pela teologia", ou, fórmula mais exata, de uma "crítica da filosofia por ela mesma sobre as instâncias da teologia". Não se poderia precisar ainda mais, pelo menos para toda uma "região", falando de crítica do aristotelismo por ele mesmo? Teria havido tomada de consciência de dificuldades internas, principalmente da contradição entre o ideal de ciência demonstrativa que se encontra em Aristóteles e as realizações não somente da *Metafísica* mas ainda da *Física*. Encontraríamos a ambiguidade da dialética da qual o Senhor falava há pouco na ambiguidade do *probabile* no século XIV ou no XV: ambiguidade tal que as mesmas teses podem ter, em autores diferentes, significações opostas. Tal é a convergência de pontos de vistas que eu podia assinalar.

Sr. Aubenque. – Creio que o Sr. Vignaux, se não confirmou meu discurso sobre Aristóteles, pelo menos mostrou que problemas análogos se colocavam em filósofos que consideramos em geral, com ou sem razão, como responsáveis pela sistematização de Aristóteles. É possível, ainda que eu seja muito incompetente, que a filosofia do século XIV tenha sido mais crítica do que a da época precedente, e que, por conseguinte, o lado aporético de Aristóteles tenha sido mais sentido por Duns Escoto que por São Tomás. Embora eu não esteja seguro de que não se possam encontrar também momentos dialéticos ou aporéticos no próprio São Tomás.

Farei simplesmente uma observação, ou melhor, colocarei uma questão: pergunto-me, apesar de tudo, se a teologia cristã não fornecia um meio de sistematizar Aristóteles. Dito de outra maneira, pergunto-me se a questão que, em Aristóteles, permanece aberta sobre a relação entre a οὐσία e as outras categorias, o que eu chamei há pouco a questão da elucidação do πρὸς, não é num certo sentido resolvida, ou se não se pode encontrar uma solução, na noção de criação. Creio pessoalmente que a teoria da analogia do ser, que eu tentei mostrar que não se encontrava em Aristóteles, não se encontra nos autores medievais, por exemplo em São Tomás, senão porque eles tinham uma teologia criacionista. Creio que essa observação é de Monsenhor Mansion: é na perspectiva criacionista que se pode estabelecer uma relação de tipo dedutivo entre a οὐσία e as outras manifestações do ser, essas outras manifestações do ser sendo, nesse momento, uma superabundância, e não o signo de uma finitude essencial.

Sr. Vignaux. – Eis como poderia ir no sentido de sua observação sobre a influência de uma teologia da criação, a partir da experiência intelectual que nos oferecem Duns Escoto e os medievais posteriores. Parece-me característico que terministas como Occam, adversários por outro lado do realismo de Duns, afirmem a univocidade do ser. É que eles bem viram (não tendo São Tomás sido para eles a importância central que nós lhe reconhecemos hoje) que a tese da univocidade em Escoto é dirigida expressamente, elaborada expressamente por ele contra uma certa doutrina da analogia, a de Henrique de Gand, doutrina teológica explicitamente fundada sobre o dogma da criação. Para Henrique de Gand, podem-se precisamente conceber os seres sob um conceito de algum modo comum, porque todo ser não é ser senão como uma imagem do Ser primeiro e infinito: esse Ser que antes de Malebranche, Henrique de Gand considera como ser *indeterminado*. Para Duns Escoto, e é o ponto de partida de toda uma série de autores, escotistas e também terministas, essa solução não é satisfatória para o lógico enamorado de um ideal de ciência rigorosa; eis por que ele postula a univocidade do ser. Entretanto, mesmo admitida essa univocidade, nossa metafísica não atinge a capacidade de evidência e de dedução *a priori* da metafísica em si; e Duns Escoto, até o fim de sua vida, não cessou de pôr à prova essa noção da univocidade do ser, como se o problema de fundar a metafísica como ciência devesse ser constantemente retomado. Dito de outra forma, não há para Duns Escoto, como para Henrique de Gand (sua referência principal não é, sobre esse ponto, São Tomás), senão uma solução teológica ao problema, mas não é uma solução filosófica. A filosofia, precisamente, não pode referir-se simplesmente às relações da criatura com o Criador, como "imagem" ou "vestígio", quando ela tenta formular um discurso rigoroso sobre o ser.

Sr. Bollack. – Há uma questão que me teria bastante interessado: qual é a unidade de texto no interior da qual há coerência? Quando há pouco o senhor evocou a virtude dos seminários, o senhor opôs um trabalho sobre os pré-socráticos, por exemplo, ou sobre Platão, ao que poderia ser um trabalho sobre Aristóteles. O senhor dizia que, no segundo caso, não se podia ater-se à letra do texto da mesma maneira. Creio que não sou inteiramente de sua opinião. De uma parte, é evidente que, se se toma um diálogo de Platão, os termos tornam-se mais e mais explícitos: não tenho senão que lembrar-lhe a importância das técnicas da repetição nos diálogos de Platão, por mais diferente que seja a cada vez essa técnica. Se se remonta aos pré-socráticos, é evidente também que é preciso abarcar conjuntos, que infelizmente, em muitos casos, não possuímos mais, para apreender o verdadeiro sentido dos termos: ἐόν no verso 3 do fragmento 8 de Parmênides não tem exatamente o mesmo sentido que no verso 37. Em Aristóteles, dever-se-ia, creio – seria um princípio de método muito importante –, delimitar a unidade de texto no interior da qual há certas correlações, uma coerência, uma constelação com um centro único, e saber quando é preciso explicar duas ou três páginas ou vários parágrafos que se seguem para compreender o conjunto, e, a partir desse conjunto, as palavras mesmas. É somente a partir desse momento, a partir desse trabalho que seria apesar de tudo um trabalho de explicação de textos comparável ao que o Senhor recusava, que se pode em seguida comparar entre eles os diferentes estágios de uma obra como a *Metafísica*, e a *Metafísica* com outras obras. A única diferença essencial que vejo, é que não há, em Aristóteles, o desejo de criar uma obra única e inteira, pelo menos nós não a vemos: não se pode ver começo nem fim; não há, por exemplo, construção em espiral pela qual se sobe de um patamar a outro, para finalmente ver cada vez mais claro permanecendo-se numa problemática idêntica. Seria preciso tanto mais, creio, isolar esses grupos, essas unidades, por haver dois níveis diferentes, segundo minha opinião, em Aristóteles: um onde ele se encontra envolvido numa pesquisa, tal como acabo de esboçar, e outro onde ele aplica a um domínio determinado termos cujo sentido está já fixado para seu leitor ou seu ouvinte. Há textos onde ele guia uma pesquisa e outros onde ele aplica.

Sr. Aubenque. – Creio que sua objeção é muito importante sobre o plano metodológico. Dou-me conta aqui de que na crítica – muito amável – que eu fazia de um certo método de interpretação dos textos, havia um elemento bastante perigoso, pois, se não se parte dos textos, ou de textos limitados, de que se parte? E não se corre o risco então de cair no que o próprio Aristóteles chamava os discursos dialéticos e vazios? Há evidentemente em um método de interpretação global o perigo de falar genericamente demais e de perder de vista a relação com os textos. Estou, pois, de acordo em que é preciso retornar aos textos de Aristóteles e a unidades que significam por elas mesmas, e das quais não se pode dizer somente que elas cossignificam a totalidade.

Só que, no caso particular de Aristóteles – ainda uma vez, não pretendo generalizar meu método –, é extremamente difícil delimitar as unidades de significação textual, pois, no interior de um mesmo capítulo, como o capítulo 2 do livro Γ, não se está seguro, e sobre esse ponto Jaeger tem perfeitamente razão, de que não haja várias camadas de redação. Não se está seguro tampouco de que não haja interpolações, ou uma intervenção do redator que juntou rascunhos, no sentido próprio do termo, que ele teve à mão. Por conseguinte, em Aristóteles, não se pode jamais isolar um texto como tendo uma unidade desejada pelo próprio Aristóteles, dados os acidentes da transmissão desses textos. Creio, pois, que sobre esse ponto é preciso ser mais crítico do que se é a propósito de um fragmento de Parmênides. No caso dos pré-socráticos, há outros problemas: é preciso ser crítico a respeito das pessoas que nos transmitiram o fragmento; mas o fragmento mesmo tem uma certa unidade, que é atestada pelo estilo.

Sr. Bollack. – Em Aristóteles também se encontra um certo número de páginas que têm um estilo próprio e que formam um conjunto, com um começo e um fim.

Sr. Aubenque. – Mesmo admitindo-se que se chegue a isolar tais unidades – o que é contestável na maior parte dos casos –, creio que com isso condenamo-nos a não ter a visão de conjunto de Aristóteles. E como os textos que temos são fragmentários e descontínuos, corremos o risco de ter de Aristóteles uma visão ela mesma descontínua.

Sr. Bollack. – Fui levado este ano a estudar as *Partes dos animais*, e pude persuadir-me da autonomia de certos capítulos. Tendo sempre na cabeça outros textos comparáveis, passa-se frequentemente ao largo do sentido.

Sr. Aubenque. – Creio, no caso da *Metafísica*, que não a compreendemos muito bem se não temos presente ao espírito os textos dos *Tópicos*. E um dos erros da tradição foi justamente não relacionar esses dois textos de Aristóteles que pareciam efetivamente muito diferentes em seu projeto, mas que se esclarecem mutuamente se comparamos os métodos, os procedimentos que são postos em ação em um deles, e são descritos no outro. Creio pois que, para Aristóteles menos ainda que para um outro autor, não se pode explicar a parte sem ter um pressentimento do todo; considerando-se, bem entendido, que a elucidação do todo pressupõe o conhecimento das partes, deve haver uma relação "dialética", num sentido que não é de Aristóteles, entre o estudo filológico dos textos e a interpretação filosófica global.

EXTRATO DE UMA CARTA DO SR. JOSEPH MOREAU

Bordeaux, 18 de março de 1963

O sumário de sua comunicação coloca claramente seu problema e define seu método; ele descarta com firmeza e pertinência um procedimento exegético do qual hoje se abusa de maneira detestável. A conclusão que o Senhor quer estabelecer em sua comunicação é a da primeira parte de seu livro: o projeto aristotélico de uma "ciência" do ser não pode realizar-se; ele não pode ultrapassar o estágio de uma discussão "dialética".

Se eu assistisse à sessão, pedir-lhe-ia sem dúvida que precisasse que essa conclusão não concerne senão ao estudo do ser enquanto ser, o qual não esgota o conteúdo da *Metafísica*. A partir do livro Z, a pesquisa se aplica, não mais ao ser em geral, mas à *ousia*, que é a primeira das categorias, em que se exprime o que há de fundamental no ser, e estabelece que só a *ousia* é propriamente cognoscível. Enfim, o livro Λ mostra que só o ser imaterial, que é forma pura, preenche sem ambiguidade a noção da *ousia*. Essas pesquisas não me parecem estranhas ao projeto inicial da *Metafísica*; elas respondem a questões levantadas no livro das aporias; e o capítulo primeiro do livro E permite perceber a teologia no horizonte da ontologia. Sem dúvida, o autor do livro K errou em assimilar esses dois estudos; mas a presença mesma desse livro na série dos tratados metafísicos atesta que a unidade da coletânea foi considerada bem antes da intervenção dos editores. A desconfiança legítima a respeito do método sistematizante não deve desviar-nos da tarefa de buscar a unidade de um pensamento, ainda que essa unidade se encontrasse somente em sua "visada"; e dessa preocupação sua obra testemunha suficientemente.

J. Moreau
Professor da Faculdade de Letras e
Ciências Humanas de Bordeaux

CARTA DA SRTA. GINETTE DREYFUS

Rouen, 23 de março de 1963

Senhor Presidente,

Eu me propunha assistir à comunicação do Sr. Aubenque. Tive um impedimento de última hora.

A leitura de seu comunicado me tinha, com efeito, muito interessado, e eu endosso absolutamente o método que ele propõe.

É por isso que tinha a intenção de fazer certas reservas sobre o parágrafo 3. Ele deixa pensar que o método estrutural procura reencontrar em toda filosofia uma estrutura demonstrativa de tipo lógico-matemático. Ora, esse método não pressupõe a natureza da estrutura que ele deverá descobrir nas filosofias às quais o aplicamos. De outra forma não se trataria mais de um método das estruturas.

Parece, por conseguinte, que o Sr. Aubenque não põe em ação, a propósito da *Metafísica* de Aristóteles, nada além do método das estruturas.

É essa pequenina observação que me propunha fazer durante a sessão.

Solicito-lhe, Senhor Presidente, aceitar a expressão de meus sentimentos respeitosamente simpáticos.

Ginette Dreyfus

Maître de Conférences na Faculdade de Letras e Ciências Humanas de Caen, *detachée* ao Colégio Universitário literário de Rouen

EXTRATO DA RESPOSTA DO SR. AUBENQUE À SRTA. DREYFUS

Besançon, maio de 1963

Reconheço de bom grado que "endureci" talvez abusivamente o método das estruturas na apresentação que dele fiz, sobretudo no meu sumário. Entretanto, o epíteto "demonstrativo" aplicado à estrutura de uma obra filosófica não vem de mim, mas do Sr. Gueroult na sua *Leçon inaugurale au Collège de France*, em que ele fala de "técnicas... antes de mais nada demonstrativas" (p. 30), do "caráter eminentemente demonstrativo de toda filosofia" (p. 31) etc. O contexto mostra entretanto – e isso vai ao encontro de sua observação – que o Sr.

Gueroult toma cuidado de precisar que essa estrutura demonstrativa não reveste necessariamente a forma de "combinações de lógica pura" (p. 32), e ele cita mesmo, como exemplo do que não se deve fazer, a sistematização do leibnizianismo por Wolff.

Estamos, pois, de acordo sobre o fundo. Para evitar qualquer equívoco, preferiria entretanto falar de estrutura "argumentativa", uma vez que essa expressão seria suficientemente genérica para aplicar-se tanto a uma estrutura "dialética" quanto a uma estrutura "demonstrativa", sendo esses dois últimos adjetivos tomados no seu sentido aristotélico.

EXTRATO DE UMA CARTA DA SRTA. RAMNOUX

Paris, 22 de março

Gostaria de colocá-lo um pouco, ao Senhor mesmo, em dificuldade, opondo seu artigo 5 a seu artigo 2 [do argumento].

Pois no artigo 5 o Senhor distingue: o que o filósofo quis fazer, sua visada, e o que ele conseguiu fazer, a realidade efetiva da obra. Tocamos, nós, a realidade efetiva da obra, ou simplesmente o que o destino histórico nos houve por bem entregar? O Senhor reconhece pois que em toda obra, e mesmo toda obra filosófica, quer dizer, lúcida, é preciso levar em consideração as intenções conscientes e os acidentes de percurso capazes de desviar a intenção, causar embaraços, fazer fracassar projetos, mesmo colocar o autor em contradição despercebida. Para utilizar uma terminologia aristotélica, é preciso fazer uma parte ativa e uma parte passiva, uma parte do homem e uma parte do destino. A filosofia não é ato puro.

Mas no artigo 2 o senhor rejeita justamente o método mais apto para esclarecer a parte do destino, ou a da passividade. Não quero dizer o pontilhismo das etimologias, eruditas ou fantasiosas, e simples jogos de palavras. Mas a diacronia semântica. Todo homem que fala modifica o sentido das palavras de sua língua sem perceber o vetor da evolução. O filósofo que fala as modifica muito mais lucidamente, mas ainda com uma parte de ignorância. Ele percebe dificilmente, e somente por clarões, o vetor das evoluções reconstituídas pelos historiadores tardios. É a diacronia semântica aplicada a termos, e a estruturas escolhidas, que mais bem ajuda a situar os autores numa perspectiva apta a esclarecer a parte de seu destino, a parte de sua passividade. O outro também por conseguinte, segundo a lei dos contrários. Pois há aquilo que os filósofos fazem com as palavras, mas há também o que as palavras fazem com os filósofos. E não é necessariamente o menos interessante.

Extrato da resposta do sr. Pierre Aubenque à srta. Ramnoux

Besançon, maio de 1963

Cara Srta.,

Estou de acordo com a senhorita – e penso que minha exposição o mostrou – em que é preciso deixar "falar" a obra em seus diferentes níveis: o das intenções explícitas do autor e o do conteúdo de verdade que se desdobra eventualmente na obra sem que o próprio autor se dê conta. Eu continuo a crer entretanto, tratando-se de Aristóteles, que o que a Senhorita chama de a "parte do destino" se manifesta menos nas palavras que Aristóteles emprega (que são frequentemente aproximativas e intercambiáveis) que na estrutura de seu discurso (que se pense, por exemplo, na importância da estrutura predicativa, no τὶ κατά τινος). Essa predominância da estrutura global (e não somente da estrutura da frase, mas também da argumentação) sobre as palavras empregadas liga-se, parece-me, a uma questão de fato: o estilo de Aristóteles é um estilo falado, não um estilo escrito e, como mostrava recentemente o Sr. Dirlmeier num estudo que contém um interessante paralelo sobre "Mündlichkeit und Schriflichkeit bei Platon und Aristoteles",[3] um estilo que, ainda que escrito, quer conservar os ares do estilo falado. Por aí, observa ainda o Sr. Dirlmeier, Aristóteles quis preservar o que ele considerava como "a forma originária do filosofar, que é exprimir-se no círculo dos συμφιλοσοφοῦντες" (p. 16). Mesmo nas suas citações dos pré-socráticos, é bem conhecido que Aristóteles não se preocupa com a literalidade e reduz o mais frequentemente possível os textos ao estado de *logoi*, quer dizer, de teses numa discussão.

Isso não prova, no meu espírito, senão uma coisa: é que o discurso de Aristóteles tem mais chance de ser revelador em seu movimento que nos seus materiais, na sua sintaxe (e ainda sob a condição de tomar essa palavra num sentido muito amplo) que em sua semântica. A Senhorita me dirá que Aristóteles, tão atento às distinções de significações, é num sentido o inventor da "semântica". Mas não era justamente o meio de conjurá-la?

Tradução de Maura Iglésias

---

3 Merkwürdige Zitate in der Eudemischen Ethik des Aristoteles, Sitzb. d. Heidelberger Ak. d. Wiss., Philos.-hist. Kl., 1962, 2.

Sobre a inautenticidade do livro K da Metafísica

O debate sobre a significação, o lugar e – em última análise – a autenticidade do livro K ocupa há um século um lugar central na discussão geral sobre a coerência, a unidade e o sentido último da metafísica aristotélica. Essa importância liga-se a duas razões: uma, que foi a primeira a ser percebida, é de fundo, a outra, de forma. A razão de fundo liga-se à dualidade que há muito tempo e, em todo caso, bem antes de Jaeger,[1] se discerniu na inspiração dos tratados grupados sob o nome de *Metafísica*. Para falar nos termos da tradição aristotélica, o objeto em questão nesses tratados é o *ens commune* ou o *summum ens*? Estamos diante de uma *metaphysica generalis* ou de uma *metaphysica specialis*?, de uma ciência universal ou de uma ciência primeira?, ou ainda: de uma ontologia ou de uma teologia? A essa questão, a maior parte dos textos aristotélicos não permite apresentar uma resposta unívoca. O livro K constitui exceção: ele é o único dos livros da *Metafísica* que parece apresentar uma resposta clara e, além do mais, sintética: sob o nome de "ser enquanto ser" ele identifica com efeito o objeto ontológico e o objeto teológico e autoriza assim uma interpretação unitária, propriamente falando "ontoteológica" da metafísica no seu conjunto.

A razão de forma é que o livro K é o único dos textos da *Metafísica* que é, no sentido estrito do termo, um "*doublet*". K 1-2 é uma versão

---

1 As primeiras observações nesse sentido parecem remontar a Suarez, *Disputationes metaphysicae*, Ia Pars, disp. I, sect. 2. Entre os modernos, é preciso citar antes de mais nada NATORP, P. Thema und Disposition der aristotelischen Metaphysik. In: *Philos. Monatshefte*, 24, 1888, p. 37-65, 540-574.

abreviada das aporias do livro B; K 3-6 corresponde ao conteúdo do livro Γ; e K 7-8, 1065a 26 ao livro E. Todos estão de acordo sobre o fato de que se trata de uma *versio brevior* ou de uma *altera recensio* do conjunto constituído pelos livros BΓE.[2] Podem-se tirar desse fato diversas consequências, sobretudo a de que o livro Δ foi desajeitadamente introduzido entre os livros Γ e E cujo encadeamento ele rompe, encadeamento esse respeitado, ao contrário, pela versão paralela de K, que ignora Δ.[3] Mas sobretudo a comparação atenta de K 1-8 com o grupo BΓE permite descobrir entre esses textos divergências, portanto, supor uma eventual evolução de um a outro. É por isso que todos os intérpretes que, desde Jaeger, se dedicaram a elaborar uma cronologia dos textos metafísicos de Aristóteles atribuíram uma particular importância ao livro K.[4]

Em realidade, a introdução do ponto de vista genético modificou radicalmente, e de maneira irreversível, a maneira como se põem, para o livro K como para os outros textos duvidosos de Aristóteles, os problemas de autenticidade. Até então, dois tipos principais de argumentos podiam ser invocados contra a autenticidade de um texto: o das particularidades estilísticas, o das divergências doutrinárias. Daí em diante, o ponto de vista genético relativiza o primeiro argumento (o estilo de um autor pode evoluir, pelo menos dentro de certos limites) e parece tornar inteiramente inoperante o segundo, ou, ainda mais, autoriza sua derrubada em prol de uma "autenticidade" mais

---

2 W. Jaeger, ed. da *Metaph.*, p. 86, 213.

3 Ibid., p. XVI. Cf. do mesmo autor, *Studien zur Entstehungsgeschichte der Metaphysik des Aristoteles*. Berlim, 1912, p. 138 ss.

4 Além de W. Jaeger, seria preciso citar ARNIM, H. v. Die Entwicklung der aristotelischen Gotteslehre. In: *SAWW, philos.-hist. Kl.*, 1931, p. 3-80 (reproduzido em *Metaphysik und Theologie des Aristoteles*, hrgg. v. F.-P. Hager, p. 1-74; cf. em particular, p. 68 ss, o parágrafo XVI intitulado "Met. K und N aus derselben Zeit wie Λ"). WUNDT, M. *Untersuchungen zur Metaphysik des Aristoteles*, W. Theiler, 1958 (ver abaixo, nota 12). B. Dumoulin, 1979 (ver abaixo, nota 26).

profunda que a dos textos, a da vida com suas hesitações, suas evoluções, e mesmo suas contradições. É exatamente uma derrubada dessa ordem que se produziu na história recente dos julgamentos sobre o livro K. P. Natorp havia verdadeiramente aberto a discussão em 1888,[5] relevando nesse texto numerosos traços de uma "platonização" da doutrina de Aristóteles, orientação que, associada a um respeito servil da terminologia, não podia ser senão obra de um discípulo desajeitado e, mais grave ainda, sem inteligência. Ao contrário, em seu livro de 1923, que retoma, no essencial, as conclusões sobre esse ponto de seu livro de 1912,[6] W. Jaeger saúda no livro K um "unschätzbares Dokument", testemunha de uma etapa da evolução de Aristóteles, cuja coloração platonizante permite que seja tomado como anterior àquela representada por BΓE. Uma frase de Jaeger, dirigida contra Natorp, ilustra essa reversão: "Para nós essa constatação [do "platonismo" de K] torna-se precisamente um argumento decisivo, em favor da autenticidade".[7] Um pouco mais acima, Jaeger não hesitava em falar, a propósito desse mesmo livro, de uma "Urkunde von goldener Echtheit"![8]

Em verdade, os intérpretes modernos estão bem longe de partilhar, em seu conjunto, do entusiasmo de Jaeger a respeito do livro K. Se, por um lado, os comentadores antigos e medievais[9] souberam aproveitar nesse texto uma preciosa oportunidade de

---

5 Über Aristoteles' *Metaphysik*, K 1-8, 1065 a 26. In: *Arch. f. Gesch. der Philos.*, 1, 1888, p. 178-193.

6 *Aristoteles*. Berlim, 1923, e ver nota 3 acima.

7 *Aristoteles*, p. 217.

8 Op. cit., p. 216.

9 Não conservamos de fato senão o comentário grego do Ps.-Alexandre (Miguel de Éfeso), que se detém, aliás, em K 8, 1065a 26 pela razão de que o que segue ser do domínio da física. Do ponto de vista que nos ocupa, seria interessante estudar em que medida, no Ps.-Alexandre e em São Tomás em particular, a interpretação teológica do ὂν ᾗ ὄν, *ens qua ens*, como ser divino, se apoia privilegiadamente sobre o livro K.

neoplatonizar e de teologizar a *Metafísica* de Aristóteles, por outro, um mal-estar bastante geral é perceptível desde o século XIX na maior parte dos leitores atentos do livro K. Começou-se por incriminar o estilo, marcado especialmente pelo uso frequente e insólito da partícula γε μήν.[10] Mas, sobretudo, esses mesmos que não põem em suspeição a autenticidade aristotélica do conteúdo, notam aqui e ali obscuridades, e mesmo confusões, que traem a mão inexperiente de um discípulo. Assim Christ, em sua edição da *Metafísica* (1885)[11] e, mais perto de nós, W. Theiler, que, em seu estudo sobre "*Die Entstehung der Metaphysik des Aristoteles*",[12] entrega-se de longe em longe a comparações, geralmente pouco lisonjeiras para K, entre esse texto e os textos paralelos de BΓE: de uma maneira geral, diz ele, o livro K "acentua pontos secundários" (266, n. 1); mas ele nota também vários mal-entendidos ou erros (267, n. 5; 271 e n. 13-14), uma divergência "incômoda" (*nicht unbedenklich*) (276, n. 25), imprecisões (291 n.). Em um só caso W. Theiler estima "muito hábil" a formulação de K com relação ao texto de E (271, n. 14). Finalmente, ele considera o livro como "notas de aulas tomadas por um aluno de Aristóteles" às quais se encontrariam associados extratos de um curso de física (291 n.). Em razão dessa origem duvidosa, W. Theiler exclui o livro K de seu próprio esquema genético.

---

10 A observação parece remontar a L. Spengel.

11 Como nota MANSION, A. Filosofia primeira, filosofia segunda e metafísica em Aristóteles. *Rev. philos. de Louvain*, 56, 1958, p. 210, trata-se aí de uma retratação de Christ, que, em seu livro de 1853 (*Studia in Aristotelis libros Metaphysicos collata*. Berlim, 1853, p. 113 ss), elogiava ao contrário a clareza e a elegância da exposição de K.

12 Em: *Mus. Helv.* 15, 1958, p. 85-105 (reproduzido na coletânea *Metaph. u. Theol. des Arist.*, organizada por F.-P. Hager, ver nota 4 acima, p. 266 ss. Citamos segundo essa última coletânea).

Da mesma forma, S. Mansion, em seu artigo de 1955 sobre "Les apories de la *Métaphysique* d'Aristote",[13] ao mesmo tempo que nota que a autenticidade de K não parece ter sido posta em dúvida desde Natorp,[14] releva que em particular sobre a questão do ser enquanto ser e de suas relações com os seres reais, "a exposição de K é extremamente confusa".[15] Sem se pronunciar sobre a identidade do "autor do livro K", S. Mansion chega a observar, é verdade que no condicional: "Um aluno que não houvesse compreendido a doutrina da analogia do ser... não se exprimiria de outra maneira".[16]

Observar-se-á, de resto, que o próprio W. Jaeger, apesar da aparência, chegou – pelo menos no que concerne à pessoa do redator – a uma conclusão que não é tão afastada assim daquela que sugerem os julgamentos precedentes. Em seu livro de 1923 e contrariamente ao que ele supunha em seu livro de 1912, ele admite que há em K "o vestígio de uma mão não aristotélica", a do "discípulo recopiador que preparou a presente elaboração"; mas para logo acrescentar que "isso não prova nada contra a autenticidade do conteúdo".[17] E ele mantém, sem se preocupar com a data em que pôde ter sido efetuada essa "retranscrição" (*Nachschrift*), que os materiais que lhe serviram de base remontam a uma fase relativamente antiga do desenvolvimento do pensamento do Estagirita.[18]

---

13 As aporias da *Metafísica* de Aristóteles. In: *Autour d'Aristote. Mélanges A. Mansion.* Louvain, Publications universitaires, 1955, p. 141-179 (reproduzido em alemão na coletânea de F.-P. Hager, ver nota 4 acima, p. 175-221).

14 Op. cit., p. 160, nota 67.

15 Ibid.

16 Op. cit., p. 161, nota.

17 *Aristóteles*, p. 217, nota 2; cf. p. 216.

18 Op. cit., p. 216, 218.

Em realidade, como observa A. Mansion,[19] há aí da parte de Jaeger uma concessão importante. Pois, se o discípulo pôde desviar-se involuntariamente do estilo de seu mestre, como admite Jaeger em 1923, nada impede pensar que ele pôde também, involuntariamente ou não, trair seu pensamento. De fato, no artigo que acabamos de citar e que nos parece ser a contribuição mais decisiva para a questão que nos ocupa, A. Mansion mostra magistralmente que o redator do livro K partiu sim de uma doutrina autenticamente aristotélica: a de E 1, segundo a qual haveria "identidade de fato da filosofia primeira, ciência de Deus, com a filosofia do ser enquanto tal, quer dizer, de todo ser considerado como existente", mas que, não compreendendo bem o alcance dos conceitos que utiliza, ele foi incapaz *a fortiori* de perceber "as etapas pelas quais Aristóteles chegou a essa conclusão, bem como o itinerário de ordem lógica que ela pressupõe".[20] O julgamento final de A. Mansion parece ser sem apelo: "Parece-nos perfeitamente impossível atribuir ao próprio Aristóteles as incoerências e as confusões que se puderam constatar nesses poucos capítulos."[21]

Não se trata, no que segue, de retomar os argumentos de A. Mansion, que eu, pessoalmente, considero conclusivos. Meu propósito seria, antes, perguntar-me por que eles não convenceram universalmente, e, se possível, apresentar novos argumentos. Sobre o primeiro ponto, convirá responder – o que, tanto quanto eu saiba, não pôde fazer A. Mansion – a um artigo muito ligeiramente anterior de Ph. Merlan, que apoia sua interpretação teologizante e neoplatonizante

---

19 Op. cit. na nota 11 acima, p. 212. Decisivo para nosso propósito é, nesse artigo, o apêndice intitulado "O livro XI ou K da *Metafísica*" (p. 209-221). – O conjunto do artigo é reproduzido em alemão na coletânea de F.-P. Hager citado na nota 4 acima (p. 299 ss).

20 Op. cit., p. 220.

21 Ibid.

da metafísica aristotélica sobre a passagem K 7, 1064a 28 – 1064b 3, onde são identificados ser enquanto ser e ser separado.²²

Em todo caso, tratando-se de textos bem conhecidos, a inovação só pode consistir no método segundo o qual são abordados. Sabemos, desde Jaeger, que uma divergência doutrinária, mesmo considerável, não é um indício seguro de inautenticidade. Os adversários da autenticidade estão pois reduzidos a apoiar-se sobre incoerências internas ao texto estudado, incoerências tais que serão declaradas indignas de Aristóteles. Mas, vê-se – e é sem dúvida a razão pela qual A. Mansion não convenceu definitivamente –, que esse critério é de difícil aplicação. Primeiramente, não pode ser retido a nível do conjunto do livro K. Os oito primeiros capítulos parecem realmente ser "de uma tacada",²³ e eu estaria mesmo pessoalmente inclinado a admitir que o mesmo autor, visivelmente preocupado em fornecer um compêndio de filosofia aristotélica, poderia ter escrito o conjunto do livro, inclusive o resumo da *Física* que ocupa seu final (do capítulo 8, 1065a 26 ao capítulo 12).²⁴ Mas não se pode exigir, do livro em seu conjunto, nem mesmo de sua primeira parte sobre a metafísica, mais unidade do que há nas partes correspondentes da *Metafísica*. Assim, a diferença de terminologia e também de doutrina que se pode discernir entre os capítulos 1-2 de um lado e 3-4 de outro é normal, uma vez que os dois primeiros capítulos desenvolvem, por ocasião de uma exposição das "aporias" uma concepção platonizante e teologizante da "sabedoria" (σοφία), vizinha em sua inspiração do que lemos no livro

---

22 Metaphysik: Name und Gegenstand. *Journal of Hellenic Studies*, 77, 1957, p. 87-92 (reproduzido na coletânea de F.-P. Hager citado na nota 4 acima. – Citaremos segundo essa coletânea). Ph. Merlan responde a alguns dos argumentos de A. Mansion em um artigo posterior, "ὄν ᾗ ὄν und πρώτη οὐσία. Postskript zu einer Besprechung", em *Philos. Runcschau*, 7, 1959, p. 148-153.
23 MANSION, A. Op. cit., p. 220.
24 Ver abaixo minha tentativa de "Conclusão" a esse propósito.

A e, num grau menor, no livro B, enquanto os dois capítulos seguintes tomam certamente um novo ponto de partida para definir o que eles nomeiam a partir daí "filosofia", mas um novo ponto de partida que não é mais inesperado nem mais "abrupto" que aquele ao qual assistimos nos capítulos 1 e 2 do livro Γ.[25] E que o capítulo 7, reteologizando a filosofia, não esteja em completo acordo com a concepção mais "ontológica" dos capítulos 3-4, não deveria *a priori* suscitar uma dificuldade mais insuperável que aquela erguida pela relação entre E 1 e Γ 1-2. Nenhuma dessas observações prova pois a inautenticidade de K. Se K 1-8 é uma espécie de microcosmo de uma parte da *Metafísica*, é normal que reencontremos na *versio minor* as mesmas tensões que na *versio maior*. Entretanto, se se verificasse que as dificuldades internas à versão resumida são homotéticas àquelas que se encontram na versão desenvolvida, pareceria bastante difícil ver na primeira uma forma mais antiga, de alguma maneira incoativa, da segunda. Pois, se se compreende que um resumo reflete as dificuldades de seu modelo, compreender-se-ia menos bem que um primeiro esboço ainda hesitante não tenha sido desembaraçado de pelo menos uma parte de suas dificuldades no remanejamento ulterior. Se a unidade de estilo e de tom do livro K permite considerar pouco verossímil a hipótese extrema segundo a qual nosso texto seria ele mesmo composto de estratos sucessivos, uns anteriores, outros posteriores às partes correspondentes de BΓE, ou ainda a hipótese segundo a qual ele anunciaria BΓ, mas resumiria E,[26] forçoso é constatar – contra Jaeger e aqueles

---

25 Cf. MANSION, A. Op. cit., p. 215: "Com a segunda seção (K 3-4) encontramo-nos desde o início bruscamente transportados para uma atmosfera doutrinal inteiramente diferente, com um vocabulário igualmente diferente".

26 A primeira hipótese não me parece ter sido sustentada por ninguém. A segunda é aquela à qual chega B. Dumoulin na parte de sua tese *Recherches sur l'évolution de la pensée d'Aristote*, Strasbourg, 1979, t. II (Analyse génétique de la *Métaphysique*), p. 175. K 1-2 seria uma versão antiga das aporias, anterior a B, e é a ela (não a B) que remeteria M 9: essa

que o seguiram nesse ponto²⁷ – que o livro K tem mais chances de ser na sua totalidade um resumo do que um esboço. Além disso, ninguém, tanto quanto saibamos, afirmou o contrário no que concerne à segunda parte consagrada à física.

Ora, parece-nos que existe aí um ponto capital. Pois é claro que, se se tivesse demonstrado a anterioridade de K em relação a BΓE, ter-se-ia demonstrado, com isso, sua autenticidade aristotélica, ao menos quanto ao seu conteúdo. Em compensação, a posterioridade de K deixaria o caminho livre para a suspeita, pois não se vê por que razão Aristóteles, no intervalo de alguns anos, teria empreendido resumir-se a si mesmo e, mais ainda, sem apresentar uma melhora – ainda que fosse no sentido da clareza – em relação à exposição inicial. Não restaria então senão a hipótese de uma redação tardia por um discípulo, seja (no melhor dos casos) fiel, seja infiel (esta última hipótese podendo ela mesma se subdividir, dependendo de a suposta infidelidade ter sido involuntária ou intencional).²⁸

É preciso pois reler o livro K perguntando-se se ele se basta verdadeiramente a si mesmo, quer dizer, se ele é compreensível por ele mesmo na sua terminologia como no seu conteúdo, caso em que ele poderia ter existido independentemente de seu desenvolvimento ul-

---

versão ignora "ainda" a teoria da essência como forma do sensível que será desenvolvida em Z, mas já é anunciada em B. K 3-6 seria igualmente anterior a Γ. Em compensação, K 7-8 representaria uma elaboração posterior a E 1-4. A ordem dos livros seria pois: E – K – BΓ.
27 É o caso de H. v. Arnim (op. cit., p. 68-71), que situa K 1-8 entre A e BΓE; de Ross (ed. da *Metafísica*, p. XXVI); de G. Muskens ("De ente qua ens Metaphysicae aristoteleae obiecto", in: *Mnemosyne*, 1947). Ver o estado da questão no artigo citado de S. Mansion, p. 152, nota 47.
28 Deixo de lado a hipótese intermediária que A. Mansion parece não excluir (p. 220): a de um discípulo tardio (escrevendo "um certo tempo após a morte de Aristóteles") utilizando um curso antigo de seu mestre. Pois imagina-se mal que esse discípulo pudesse não ter tido conhecimento da versão diferentemente elaborada apresentada nesse meio-tempo por Aristóteles com os livros BΓE. Essa observação não exclui, aliás, como veremos, que possa ter havido também à sua disposição documentos mais antigos, especialmente um catálogo de aporias anterior a B.

terior nos livros BΓE – ou, se ao contrário, a compreensão, e por conseguinte também a redação de K pressupõem, muito longe de prefigurá-los, a terminologia e o conteúdo dos livros dos quais ele é a versão abreviada. Dir-se-á que esse método de leitura é *a priori* mal-intencionado, uma vez que ele se priva voluntariamente da ajuda que poderia ser trazida à compreensão do texto pela invocação de textos paralelos ou complementares. Mas eu responderia que, tratando-se de um *doublet*, que não é, em qualquer hipótese, senão a versão esquemática de um desenvolvimento mais longo, o ônus da prova compete antes ao partidário da autenticidade que ao da inautenticidade: se esse texto, que, no sentido próprio da expressão, é uma repetição inútil, comporta mais obscuridades do que traz esclarecimentos, será preciso invocar razões não para rejeitar um *doublet* inútil, mas, ao contrário, para conservá-lo no *corpus* autenticamente aristotélico (podendo uma dessas razões ser, por exemplo, sua antiguidade).[29]

Essa questão da autossuficiência de K me parece finalmente mais importante que a da coerência interna. Eu disse mais acima que não se podia exigir do livro K mais coerência e, em todo caso, mais continuidade do que há no conjunto constituído por BΓE. Mas, mesmo no detalhe da argumentação, Aristóteles nos habituou de tal forma a um procedimento aporético, que contradições no interior de um mesmo desenvolvimento, sob a condição entretanto de que se possa remetê-las a argumentos diferentes, não poderiam ser consideradas como uma prova do caráter não aristotélico desses textos. É uma das razões pelas quais eu não retomarei, no que segue, a análise contínua dos textos im-

---

[29] Ser-me-á concedido sem problema, penso, que o caso que nos ocupa nada tem de comum com o das duas dissertações sobre o prazer que lemos nos livros VII e X da *Ética de Nicômaco*: pois trata-se aí manifestamente de dois textos, ambos perfeitamente elaborados, independentes um do outro e sobre os quais nada impede por conseguinte de pensar que eles reflitam o ensinamento de Aristóteles sobre um mesmo assunto com alguns anos de intervalo.

plicados: isso foi feito por P. Natorp, mais brevemente por A. Mansion e, pelo menos para a passagem 1064a 28 – b 3, por Ph. Merlan,[30] – sem falar, bem entendido, dos comentários de Miguel de Éfeso, de São Tomás, de Bonitz ou de Ross. A nível da paráfrase ou de uma análise que se diria hoje estrutural, é quase sempre possível fazer aparecer a unidade (eventualmente aberrante em relação ao que se crê ser a doutrina "autêntica") de um desenvolvimento, mesmo que essa unidade se nutra de um certo antagonismo das partes que o compõem.

Eu me contentarei pois voluntariamente, no que segue, com uma sucessão de observações descontínuas e parceladas, que traduzem os espantos repetidos do leitor diante de um certo número de particularidades terminológicas[31] e de asserções intrinsecamente estranhas. Alguns dos pontos assinalados não têm relação imediata com a questão sobre a qual se cristalizou até aqui o essencial do debate em torno do livro K: a do objeto e do estatuto da filosofia primeira. Mas é bom que seja assim: uma razão para pôr em dúvida terá tanto mais peso pelo fato de nenhuma aposta filosófica importante, nem por conseguinte nenhum preconceito do intérprete, poder ser a ela associado. Segundo o bom método, não é uma decisão preconcebida sobre a unidade ou a ausência de unidade da *Metafísica* no seu conjunto que deve guiar nossa leitura do livro K, mas é, ao contrário, uma leitura tão ingênua quanto possível desse texto que deve permitir-nos decidir se ele pode ou não ser utilizado no grande debate em que ele, por tempo demais, serviu de munição a um ou outro dos dois campos.

---

30 MERLAN, Ph. "Name und Gegenstand ...", p. 256 ss.

31 Estranho os intérpretes não terem sido sensíveis até agora a essas particularidades. Natorp quase recrimina ao autor de K, ao mesmo tempo que sua "*Unselbständigkeit*" de fundo, uma "*stilistische Abhängigkeit von seiner Vorlage*" (p. 193). S. Mansion fala de um discípulo "que teria retido fórmulas técnicas" (p. 161, nota 67). E A. Mansion assegura: "O vocabulário é claramente aristotélico" (p. 220; cf. p. 215). Veremos que essas afirmações são elas mesmas otimistas demais.

Capítulo 1

K 1, 1059a 18: (ἡ σοφία) περὶ ἀρχὰς ἐπιστήμη τίς (ἐστι). Expressão não habitual. O objeto da ciência é expresso em Aristóteles por um genitivo. Cf. B 2, 996b 1-2: εἶ γε πλείους ἐπιστῆμαι τῶν αἰτίων εἰσὶ καὶ ἑτέρα ἑτέρας ἀρχῆς; A 2, 982a 31; 3, 983a 24; B 2, 996b 12-14, 997a 2 etc... Em 995b 11, encontra-se, é verdade, περὶ + acusativo para exprimir o objeto da ciência, mas o complemento é ligado a ἐπιστήμη por intermédio do verbo ἐστί.

1059a 19-23: A aporia muito geral (a sabedoria é constituída por uma só ciência ou por várias?) é reduzida na frase seguinte a uma dificuldade mais limitada: como uma só e mesma ciência pode abarcar os princípios, tendo em vista que eles não são contrários entre si? Esse enunciado reproduz quase textualmente o início do desenvolvimento da aporia correspondente em B 2, 996a 20-21, e deixa de lado toda a sequência (996a 21 – b 26), que, só ela, dá à aporia seu verdadeiro alcance: é a mesma ciência que se ocupa dos quatro gêneros de causa, tendo em vista que essas causas não se encontram todas em todos os seres? Assim, a causa eficiente e a causa final não se encontram nos seres imóveis, como os seres matemáticos. Mas é claro que essa objeção não representa o pensamento último de Aristóteles. Mais adiante, ele observará, ainda que brevemente (996b 12-13), que as coisas não apenas se tornam, mas são em vista do Bem, e pois que a sabedoria deve versar sobre ele. O autor de K abordará esse ponto um pouco mais adiante a propósito de uma outra aporia (1059a 34-38), mas sob uma forma dogmática, que contradiz, aliás, a asserção de B que acabamos de citar: a ciência buscada não versa sobre a causa final, uma vez que essa supõe a ação e o movimento. Essa asserção, que reproduz um momento da argumentação de B está apoiada aqui sobre uma referência explícita à *Física* e sobre uma caracterização da causa final como causa primeira do movimento.[32] Esse último ponto não leva em conta a distinção aristotélica entre causa final e causa eficiente, à qual está geralmente reservada a função de ser princípio do movimento (A 3, 983a 30; B 2, 996a 22; cf. *Física* VII 2, 243a 3-4) ou origem do movimento (A 4, 985a 13). A confusão deve ter sido sugerida por uma má compreensão de B 2, 996a 22-23: κινήσεως ἀρχήν ...ἢ τὴν τ'ἀγαθοῦ φύσιν, onde o ἢ é disjuntivo e não significa a equivalência (o sentido da frase é: "como seria possível que houvesse nos seres imóveis um princípio de movimento ou ainda a natureza do bem", quer dizer, uma causalidade final?).

K 1, 1059a 23-26: A aporia aqui formulada (é uma só e mesma ciência que se ocupa dos princípios da demonstração?) quase não tem sentido. Mas explicamos o que é provavelmente uma tolice se nos reportamos à aporia correspondente de B: é uma só e mesma ciência que se ocupa dos princípios da essência e dos princípios da demonstração? Isso ressalta claramente do enunciado da aporia (995b 6-10), de seu desenvolvimento (B 2, 996b 26 – 997a 15) e da resposta que é dada a isso em Γ 3. O redator se terá deixado enganar pelo começo do desenvolvimento em 996b 26: ἀλλὰ μὴν καὶ περὶ τῶν ἀποδεικτικῶν ἀρχῶν, πότερον μιᾶς ἐστὶν ἐπιστήμης ἢ πλειόνων, onde o καί não introduz uma aporia independente da precedente sobre as causas, mas prolonga esta última: é a mesma ciência (a dos princípios ou das causas) que trata também dos princípios da demonstração? – A dependência literal de K 1, 1059a 23-24 com relação a B 2, 996a 26-27 é confirmada pelo fato de que a expressão ἀποδεικτική ἀρχή não se encontra senão nessas duas únicas passagens do *corpus* aristotélico.

---

32 Traduzo assim as expressões πρῶτον κινεῖ e πρῶτον κινῆσαν das linhas 1059a 37-38. Contrariamente a Tricot (ad loc.), que parece ser, aliás, o único de sua opinião, não se pode tratar aqui do Primeiro Motor, pois se se pode dizer que o fim é sempre o primeiro a mover (ele move a causa eficiente, comenta São Tomás, ad loc.), é claro que nem por isso todo fim é Primeiro Motor, no sentido do motor imóvel da teologia.

Em outro lugar, Aristóteles diz: ἀποδείξεως ἀρχή (cf. Bonitz, *Index ar.* 79b 40 ss).

1059a 36: ἐν τοῖς πρακτοῖς ὑπάρχει. Expressão não habitual em Aristóteles. Para significar o pertencimento de um predicado (aqui, de um certo tipo de causalidade) a um sujeito, Aristóteles emprega ὑπάρχειν + dativo (cf., por exemplo, B 2, 996b 6, igualmente a propósito da causalidade). Ὑπάρχειν ἐν encontra-se também, mas somente no sentido local (cf. *Mete.* II 4, 360a 5: ὑπάρχει ἐν τῇ γῇ πολὺ πῦρ) ou, por metáfora, para exprimir o que está incluído na compreensão de um sujeito, como "homem" em "Cálias" (Δ 18, 1022a 27).

– Inversamente, o livro K emprega um pouco mais adiante ὑπάρχειν + dativo, no sentido de "presença em, imanência a" (1060a 13), quando se esperaria ὑπάρχειν ἐν.[33] – Enfim, o emprego de ὑπάρχειν em 1060a 10 sem conotação especial e praticamente como equivalente de εἶναι parece-me pós-aristotélico.

1059a 35: τὴν ἐπιζητουμένεν ἐπιστήμεν. – O livro B não empregava essa expressão ou uma expressão análoga (τὴν ζητουμένην [ἐπιστήμην]) a não ser três vezes: 995a 24, 996b 3, 32 e, ainda assim, nos dois últimos casos encontrava-se ela decomposta e exigida de alguma forma pela sintaxe da frase. O autor do livro K, num espaço bem mais restrito, não a emprega menos de sete vezes (uma vez sob a forma ἐπιζητουμένη, seis vezes sob a forma ζητουμένη ἐπιστήμη sem falar de expressões forjadas segundo o mesmo modelo: ἡ ζητουμένη νῦν ἀρχή (1060a 19), τὴν φύσιν οἵαν νῦν ζητοῦμεν, 1060a 27-28).

Vê-se como essa expressão, que parece nascer espontaneamente no livro B do embaraço no qual se encontra Aristóteles para designar uma ciência que deve preencher as exigências da "sabedoria", mas da qual se ignora ainda o conteúdo e pois o nome, torna-se para o autor

---

33 Aristóteles emprega, de preferência, nesse sentido, ἐνυπάρχειν; Cf. Z 7, 1032 (cf., aliás, aqui mesmo K 1, 1059b 24).

do livro K uma expressão estereotipada, e isso tanto mais quanto a presença da expressão desde a primeira frase do livro B podia parecer fazer desse livro um tratado sobre a "ciência buscada".

1059b 2: εἴδη ὅτι οὐκ ἔστι, δῆλον. – Eu não conheço nenhuma passagem de Aristóteles onde ele descarta tão brutalmente a doutrina das Ideias.[34] Na passagem paralela de B 2, 997b 5 ss, Aristóteles considera como "absurda" a homonímia das Ideias com as coisas sensíveis, mas não a afirmação mesma de sua existência; ele lembra mesmo que mostrou em outro lugar (A 9) em que sentido as Ideias podem ser entendidas – num bom sentido – como causas (formais) e "essências em si". A querela com Platão não é sobre a existência dos εἴδη, mas sobre a concepção que deles faz Platão como arquétipos do sensível. – Observar-se-á a esse propósito que o "platonismo" do livro K é menos seguro do que afirma a maior parte dos comentadores.

1059b 7: A passagem invoca o argumento do terceiro homem para colocar em dúvida a existência dos seres matemáticos, que são intermediários (μεταξύ) inúteis entre o sensível e o inteligível. Mas, em nenhum dos outros textos onde o argumento é enunciado (Platão, *Parm*. 132a; Arist., *Metaph*. A 9, 990b 17; Z 13, 1039a 3; M 4, 1079a 13; *Soph. El.* 22, 178b 37 ss) ele parece ter essa função; é dirigido contra a teoria da participação, que, entendida como relação de semelhança que implica a cada vez um modelo (portanto também um modelo da semelhança entre o modelo e a cópia etc...), chega não somente a uma tripartição, mas a uma reduplicação ao infinito, a qual deve ser rejeitada como absurda. O terceiro homem do argumento não é intermediário entre o homem sensível e o homem inteligível,

---

34 J. Owens me faz observar a passagem Z 14, 1039b 18-19. Mas, se por um lado essa passagem conclui: δῆλον ὅτι οὐκ ἔστιν εἴδη αὐτῶν (i.e., das coisas sensíveis), por outro ela acrescenta: οὕτως ὥς τινές φασιν, "no sentido em que alguns o entendem". Em M 8, 1083a 21, a expressão οὗτοι ὅσοι ἰδέας ... οὐκ οἴονται εἶναι visa, de acordo com o contexto, a Espeusipo.

mas é superior a um e a outro enquanto fundamento da semelhança entre eles. – Se, por um lado, a maior parte dos intérpretes modernos reconheceu o caráter desviante dessa utilização do argumento do terceiro homem, por outro, Natorp é até agora o único que disso extraiu um argumento contra a autenticidade do livro K.[35]

1059b 16: Ἡ τῶν μαθηματικῶν ὕλη. – A expressão é única no *corpus* aristotélico. E o problema levantado (De qual ciência depende o estudo das dificuldades concernentes à matéria dos seres matemáticos?) não tem equivalente em B. A resposta dada pode parecer surpreendente, uma vez que se diz que é a "ciência buscada" que deve ocupar-se dessa questão, enquanto um pouco mais acima recusava-se a ela o estudo dos seres matemáticos, seja porque esses não existem (b 8), seja porque não seriam separados, isto é, imateriais (χωριστόν, b 13).

Pode-se excluir a explicação de Natorp, que, apoiando-se sobre um uso análogo de ὕλη em K 4, 1061b 21, traduz: "o objeto das ciências matemáticas", pois a questão então posta (Qual é a ciência que se ocupa do objeto da ciência matemática?) se tornaria tautológica.[36] E deve-se considerar como insuficiente a explicação de Bonitz e de Ross (ad loc.), que compreendem que se trata da ὕλη νοητή, isto é, "praticamente" do "espaço" (Ross). Pois não se vê por que a sabedoria seria ciência do espaço. – A solução é fornecida aqui, parece-me, por Jaeger,[37] que remete à doutrina platônica dos "elementos" do inteligível, tal como ela é exposta no livro N. Jaeger cita N 2, 1088b 14, onde se diz que o número deve comportar uma matéria se, como querem os platônicos, ele é "composto de elementos". Trata-se de fato

---

35 Cf. ROBIN, L. *La théorie platonicienne des Idées e des Nombres d'après Aristote*. Paris: Alcan, 1908; ROSS, II 309, 611-612, e NATORP, op. cit., p. 185.

36 Assim como observa ROSS, ad loc., p. 309.

37 *Studien* ..., p. 74; ARISTOTELES, p. 221, n. 2.

das doutrinas não escritas, que, para além das Ideias e dos Números ideais, postulam dois princípios ou "elementos", o Um e a Díade indefinida, que Aristóteles assimila à forma e à matéria. Há pois efetivamente para os platônicos uma matéria dos Números e, aliás, também das Ideias (para a matéria dos Números, cf. N 1, 1087b 14-16 e, para a matéria das Ideias, A 6, 988a 12).[38] E compreende-se então que a "matéria" do suprassensível é sim, uma vez que é mais principial ainda que o próprio suprassensível do domínio da ciência suprema.[39]

A explicação do texto é pois satisfatória, mas não a consequência que dela tira Jaeger a favor da anterioridade, por conseguinte da autenticidade do livro K, que se situaria ao mesmo nível cronológico que o livro N, anterior tanto ao livro M quanto ao livro B, nos quais a questão dos "elementos" do suprassensível desapareceria. Veremos um pouco adiante que isso não é exatamente verdadeiro do livro B. Mas, sobretudo, o livro N não se contenta em expor a teoria platônica dos dois princípios: ele a rejeita; N 2 considera, em particular, como absurda a ideia de que o número possa ter uma matéria, uma vez que, comportando então potência, ele não seria eterno, como querem entretanto os platônicos. Como então Aristóteles, supondo-se que ele seja o autor do livro K, poderia utilizar, ainda que numa passagem aporética, não digo uma questão, mas uma noção que ele teria ao mesmo tempo por absurda? Quanto à resposta que o autor de K dá a essa aporia, concordar-se-á que ela não é muito convincente: não se vê por que a evocação da definição da física e da analítica por

---

38 Encontra-se também uma alusão crítica à pretendida "matéria" das Ideias e dos Números na dissertação sobre o lugar de *Phys.* IV (2, 209b 33 – 210a 2): Aristóteles nota que essa matéria é chamada "extensão" (χώρα) no *Timeu* e "Grande e Pequeno" nas doutrinas não escritas (comparar 209b 11-17 e 210a 1-2; é feita menção expressamente dos ἄγραφα δόγματα em 209b 15).

39 Que haja uma matéria inteligível mais principial ainda que o espaço é o que admitirão os neoplatônicos. Cf. o tratado de Plotino *Sobre as duas matérias*, II 4.

seus objetos respectivos e a constatação de que essas ciências não são aqui competentes deveria conduzir, por eliminação, à conclusão de que somente a ciência buscada, isto é, a sabedoria, pode ocupar-se da matéria dos seres matemáticos (por que ela, e não, antes, as próprias matemáticas ou uma ciência *sui generis*?).

Admitir-se-á pois para dar conta dessa passagem (1059b 14 -21) que o autor de K não se contenta em resumir B, mas que ele conhece e utiliza outros textos aristotélicos, no caso aqui o livro A e provavelmente também o livro N (aliás, ele utiliza também – ainda que seja fora de propósito – a *Física*, como mostra a evocação da definição do ser natural em 1059b 16-17). – Mas a utilização que ele faz desses textos é oportuna ou simplesmente pertinente? Ela não o é aqui, uma vez que o leitor que não conhecesse senão o livro K (hipótese exigida por aqueles que consideram o livro K como um esboço que se basta a si mesmo) estaria na absoluta incapacidade de compreender o paradoxo que faz aqui com que a "matéria" dos seres matemáticos seja mais digna de ser estudada pela sabedoria, por conseguinte mais imaterial, do que são os próprios seres matemáticos. Temo mesmo que o autor do livro K tenha ele mesmo sido incitado a acrescentar essa aporia àquelas do livro B pelo mesmo contrassenso que seu leitor está arriscado a cometer: é porque os seres matemáticos são substâncias sensíveis, como sugere o fim da aporia precedente, que eles têm uma matéria!

1059b 21 – 1060a 1: Enquanto a aporia precedente não tinha equivalente em B, esta passagem resume a sexta e a sétima aporias de B (respectivamente 995b 27-29 e 998a 20 – b 14, 995b 29-31 e 998b 14 – 999a 23). – S. Mansion[40] mostrou efetivamente que a questão colocada em B, 995b 27-29 (os princípios e os elementos são os gêneros

---

40 Op. cit., *Autour d'Aristote. Mélanges A. Mansion*, op. cit., notas 74-76.

ou bem são as partes imanentes – ἐνυπάρχοντα – nas quais se decompõe cada coisa?) pressupõe uma ambiguidade da palavra στοιχεῖον, que pode significar o ἐνυπάρχον, mas também o princípio no sentido platônico, e mais precisamente no sentido das doutrinas não escritas. É pois compreensível que o autor de K, desta vez perspicaz, evoque a esse propósito os filósofos que chamam "elementos" os princípios (1059b 23). Esses filósofos são evidentemente os platônicos, e não os fisiólogos (Tricot, ad loc.) ou uma nebulosa que englobaria Isócrates, Xenófanes e o Platão dos diálogos (Ross, ad loc.). Mas, enquanto B (998a 20 – b 14) desenvolve longamente a questão: "Os princípios ou elementos dos seres são os gêneros supremos no sentido platônico ou os elementos no sentido dos atomistas ou de Empédocles?", o autor de K decide, retirando por consequência toda realidade à questão, que os elementos não podem ser os princípios, uma vez que "é de opinião geral que eles são as partes imanentes constitutivas dos compostos" (1059b 24-25), compostos esses que não são do domínio da ciência buscada. S. Mansion comenta: "A ambiguidade da expressão στοιχεῖον não parece ser percebida pelo autor do livro K."[41] – Certo. Mas é preciso ir mais longe e admitir que o autor de K, no momento mesmo em que ele desacredita uma aporia que o livro B considerava digna de discussão, obtém sua segurança a partir de um outro texto de Aristóteles, o mesmo que Jaeger tinha invocado com razão para dar conta da aporia precedente: N 2, 1088b 14. É o próprio Aristóteles que, numa intenção polêmica, valendo-se da ambiguidade do termo στοιχεῖον, finge crer que os platônicos podem ter tomado os seres eternos por compostos: σύνΘετον γὰρ πᾶν τὸ ἐκ στοιχείων (1088b 14-15). Cf. 1088b 27-28: "Se é verdade que os elementos são a matéria da essência, nenhuma essência eterna poderia ter nela elementos

---

41 Ibid., fim da nota 76.

constitutivos" (στοιχεῖα ἐξ ὧν ἐστιν ἐνυπαρχόντων)". A associação julgada inevitável de στοιχεῖον com σύνΘετον e ἐνύπαρχον, oposta a uma concepção platônica do στοιχεῖον, se encontra portanto em K e em N, ao passo que não se encontra em B.[42] Nem por isso concluiremos que K é aristotélico, anterior a B e contemporâneo de N (Jaeger), mas somente que o autor de K tinha sob os olhos o livro N assim como o livro B. O desajeitamento do discípulo se reconhece pelo fato de que ele utiliza dogmaticamente, numa passagem que deveria ter permanecido aporética, um argumento ele mesmo polêmico de Aristóteles.

1059b 27 – 1060a 2: Esta passagem, que corresponde à sétima aporia de B (1, 995b 29-31) é, em minha opinião, a que parece mais bem resistir à suspeita de inautenticidade. Se, por um lado, a questão colocada é com efeito a mesma que em B 1, por outro, o desenvolvimento dado à aporia é independente daquele de B 2 (998b 14 – 999a 23). Ele se apoia em K 1 sobre a noção de συναναίρεσις, de "cossupressão", que designa uma espécie de experiência intelectual que permite reconhecer o que é "primeiro" ou o que é "mais princípio" (1.29-30; cf. 34-35, 36-37): se, sendo dadas duas realidades A e B, a supressão suposta de A acarreta a supressão de B, enquanto a supressão suposta de B não acarreta a supressão de A, dir-se-á que A é "mais princípio" (μᾶλλον ἀρχή) que B. Levando esse procedimento ao extremo, o texto acaba por dar esta caracterização concisa e vigorosa do princípio: ἀρχή γάρ τὸ σΘναναροῦν, "pois é princípio aquilo que, sendo suprimido, arrasta tudo consigo".[43]

---

42 No sentido, de uma parte, de que a noção de σύνΘετον não é aí explicitamente evocada, contrariamente a K e N, e, de outra parte, que o duplo sentido de στοιχεῖον é aí expressamente reconhecido (998b 11-14), ao passo que K ignora esse duplo sentido e que N o explora sem dizer.

43 1060a 1, trad. J. Tricot.

Natorp vê no uso do verbo συναναιρεῖν (1059b 30, 38d, 1060a 1), ausente da passagem correspondente de B, uma "inovação terminológica" (p. 186) própria do livro K. A experiência, e o método que ela descreve, são em realidade antigos e remontam à Antiga Academia, como bem mostrou H. J. Krämer.[44] A metafísica, fora de K, não conhece mais esse conceito, mas encontra-se ἀναιρεῖσθαι com a mesma função, Λ 5, 1071a 34-35: τὰ τῶν οὐσιῶν αἴτια ὡς αἴτια πάντων, ὅτι ἀναιρεῖται. Para exprimir essa ideia, Aristóteles emprega de preferência a expressão χωριστόν no sentido de "subsistente por si", "autossuficiente", "que não tem necessidade de outra coisa além de si mesmo para existir"; por exemplo, em Z 1, 1028a 31, um dos sentidos da prioridade da οὐσία é explicitado da seguinte maneira: "Enquanto nenhuma das outras categorias pode existir separadamente (χωριστόν), só a οὐσία o pode". Da mesma forma em Λ 1, 1069a 24.

Como bem observou Natorp, deve-se aproximar K 1, 1059b 27 ss de *Top.* VI 4, 141b 2 – 142a 7,[45] onde o método da συναναίρεσις já é aplicado à questão de saber se o gênero é "mais princípio" que a espécie ou se é o inverso e onde, de outro lado, essa aporia propriamente aristotélica é aproximada da questão, debatida na Antiga Academia, da ordem de prioridade na série ponto-linha-superfície-volume. É preciso dizer, como sustentava Espeusipo e parece ainda admitir Aristóteles nos *Tópicos*, que, sendo suprimido o ponto, a linha desaparece etc...., ou bem, como sustentará mais tarde Aristóteles (M 2, 1077a 31 ss), que sendo suprimido o volume, a superfície desaparece etc... No primeiro caso, linha, superfície e volume seriam construções obtidas ἐκ προσθέσεως a partir do princípio, o ponto. No

---

44 KRÄMER, H. J. *Der Ursprung der Geistmetaphysik*. Amsterdam, 1964, p. 24, 106.
45 Op. cit., p. 186. Em compensação, *Top.* IV 2, que Natorp também cita (e, aparentemente em seu rastro, Ross) não tem, no meu entender, nada que ver com nosso texto.

segundo caso, o que é primeiro é o volume, e todo o resto não é senão por abstração (ἐξ ἀφαιρέσεως).

B. Dumoulin mostrou que o texto de K deve ser aproximado, ao menos por sua terminologia, do *Protréptico*, fr. 5 a Ross, B 33, 35-36 Düring,[46] onde Aristóteles, em um sentido ainda platônico, ou melhor, espeusipiano, aplicava a συναναίρεσις à demonstração da prioridade ἁπλῶς do número com relação à linha, da linha com relação à superfície, da superfície com relação ao volume. Mas o texto de K, se, por um lado, efetivamente propõe um procedimento análogo para responder à questão de saber se o gênero é anterior à espécie ou a espécie ao gênero, por outro, não se pronuncia sobre o fundo. Por conseguinte, contrariamente a B. Dumoulin,[47] eu não consigo ver aqui que a aplicação da συναναίρεσις se faça "em um sentido inverso" de seu uso no *Protréptico* e nos *Tópicos*, o que permitiria ver em K 1-2 um estrato determinado na evolução do pensamento de Aristóteles. Em realidade, se a terminologia é antiga, nada permite dizer que aqui se situa o ponto de inflexão onde Aristóteles se desviaria daquilo que essa terminologia abrangia no uso acadêmico e no jovem Aristóteles.

De qualquer forma, a passagem 1059b 27 – 1060a 1, se, por um lado, corresponde a uma aporia de B, por outro, melhora sua apresentação usando de uma terminologia independente, que acontece ser aquela do jovem Aristóteles ainda platonizante. Concluirei, de minha parte, ou que o autor desconhecia o texto dos *Tópicos* VI 4, ou, mais provavelmente, que ele tinha sob os olhos, ao mesmo tempo que B, um outro catálogo aristotélico de aporias, provavelmente anterior ao do livro B, e onde Aristóteles utilizava ainda o método acadêmico da συναναίρεσις, para colocar o problema da relação de prioridade entre gênero e espécie.

---

46 Cf. DUMOULIN, B., p. 60 ss; e, do mesmo autor, *Recherches sur le premier Aristote*. Paris, 1981, p. 123-126.

47 DUMOULIN, B., p. 562. Mas ver p. 58, nota 3.

Capítulo 2

1060a 6-7: "Dissemos acima (εἴρηται) por que isso é impossível", a saber, que a ciência buscada trata dos gêneros e das espécies. Onde isso foi dito? Segundo Ross (ad loc.), "a referência parece remeter a 1059b 31-38". Mas há dois argumentos nesta última passagem e nenhum parece justificar essa referência: no segundo (1059b 34-38), é perguntado se é o gênero ou a espécie que são mais princípios; segundo a resposta dada, dir-se-á que a ciência buscada trata dos gêneros ou das espécies, mas não de nenhum desses dois conjuntos; – no primeiro argumento, é mostrado, de acordo com B 3, 998b 14-28, que o ser e o um não são gêneros; mas isso não exclui que os gêneros verdadeiros (menos gerais que os "transcendentais" ser e um) e *a fortiori* as espécies sejam objetos da ciência primeira.

De fato, o autor de K terá resumido mecanicamente a passagem correspondente de B, onde é dito igualmente: ὅτι ἀδύνατον ἄρτι διηπορήσαμεν (999a 32). Mas em B, o sentido da referência é claro: trata-se do longo desenvolvimento 998b 14 – 999a 16, onde é mostrado sucessivamente que os pretensos gêneros primeiros "ser" e "um" (τὰ πρῶτα da linha 999a 31) não são gêneros e que os gêneros últimos, eles mesmos (τὰ ἔχατα [γένη] de 999a 31), não existem fora dos indivíduos e que é melhor atribuir a dignidade de princípios a "aquilo que é predicado dos indivíduos" (999a 15), expressão que todos os comentadores compreendem como designando as espécies últimas (cf. aliás 999a 4-6).

A referência aparentemente interna dada em K 2, 1060a 5-7 remete, pois, em realidade a uma passagem do livro B sem equivalente em K, e de onde, aliás, é tirada aqui uma conclusão errônea, uma vez que a passagem contestava a qualidade de princípios aos gêneros, tanto "últimos" como "primeiros", mas não às espécies. Pode-se pois perfeitamente atribuir ao autor de K uma espécie de alergia a respeito dos gêneros e das espécies, que não se encontra no mesmo grau em B. Mas não se poderia inserir essa passagem, manifestamente fabricada a partir de B, em um "movimento de valorização do concreto", anterior a B e que se atribuiria ao próprio Aristóteles.[48]

1060a 11: Existe uma substância outra que as substâncias sensíveis? O texto diz aqui: ἄλλην, embora nesse contexto (e sobre a questão paralela de saber se há uma ciência outra que a física e superior a ela), Aristóteles empregue quase sempre ἑτέρα, que marca mais fortemente a heterogeneidade. Cf. E 1, 1026a 28; Λ 1, 1069b 1 (mas ἄλλη em 1069a 33); M 9, 1086a 25; *Phys.* I 2, 185a 2; *Cael.* III 1, 298b 20. Cf. de resto em K: 1060a 13, 18 etc...

1060a 22-23: τὸ εἶδος ... φθαρτόν. – Nesta asserção bem pouco aristotélica e que fez sobressaltar mais de um leitor do livro K,[49] culmina em realidade um desenvolvimento aporético que se encontra já na passagem paralela de B, 999b 12-16, mas com uma terminologia diferente. Trata-se de mostrar nesta última passagem que, se não há nada de eterno, o próprio devir é impossível (cf. 999b 5-6). Ora, o que é eterno no devir? A matéria? A essência (οὐσία)? Ou bem nem

---

48 Ibid.
49 Cf. por exemplo, Natorp: *"Auffällig ist übrigens (l. 22), dass die Form ohne weiteres als vergänglich bezeichnet wird, wozu ich keine Parallele finde"* (187). A doutrina constante de Aristóteles é que a forma não está submetida ao devir. Cf. Z 8, 1033b 5-7: τὸ εἶδος ... οὐ γίγνεται, οὐδ' ἔστιν αὐτοῦ γένεσις; H 5, 1044b 21: ἄνευ γενέσεως καὶ φθορᾶς ... τὰ εἴδη; *Phys.* V 1, 224b 5. Em H 3, 1043b 15, Aristóteles admite que a forma, sucessivamente, está e não está presente, de modo que se poderia a rigor dizer dela, como da essência (οὐσία, no sentido de essência formal), que ela é φθαρτὴν ἄνευ τοῦ φθείρεσθαι; mas essa maneira de falar é ela mesma incorreta, e convém falar antes de eternidade (ἀΐδιον, ibid.). – M. Dumoulin me informa sobre um texto que parece ter escapado a nossos predecessores: *Phys.* I 9, 192b 1, onde é dito que a física trata περὶ τῶν φυσικῶν καὶ τῶν φθαρτῶν εἰδῶν. Mas parece que se trata aqui de uma braquilogia para: "as formas dos seres físicos e corruptíveis".

uma nem outra? Não é dito em B por que a matéria não é eterna. Mas é provavelmente, como diz K (1060a 20-21), que preenche aqui utilmente uma lacuna de B, porque a matéria não é nem mesmo um ser, pelo menos em ato. Mas poder-se-ia ser também tentado a pensar que a essência (οὐσία) é gerável e corruptível. Por quê? Aqui ainda, B não o diz, mas sugere-o, pela via indireta de uma oração relativa, onde é dito que a essência é "o que a matéria se torna" (999b 14). Mas "se se pretende que nem a essência nem a matéria são [ser, aqui, no sentido ainda platônico de: ser verdadeiramente, isto é, eternamente], então nada será". Se se recusa essa consequência, ter-se-á de admitir que existe alguma coisa fora do composto, que preexiste a ele e que a ele sobrevive: são a configuração e a forma (τὴν μορφὴν καὶ τὸ εἶδος) (999b 14-16).

O que se torna o argumento em K? É pressuposto aqui que nós procuramos uma substância (οὐσία) "separada", isto é, "separada dos corpos",[50] e eterna – e isso não para dar conta do devir (problema com que o autor de K parece pouco se preocupar), mas para dar à sabedoria um objeto digno dela. Ora, a matéria não responde à primeira condição (ser "separada") e a forma não responde à segunda (ser eterna), τοῦτο δὲ φθαρτόν. Mas é "absurdo" (ἄτοπον) que não haja nada eterno. E, além do mais, "os espíritos mais distinguidos" – argumento de autoridade sem equivalente em B – postulam a existência de um "ser eterno, separado e permanente" (1060a 26-27), causa da ordem (τάξις) do mundo.

Que se passou entre B e K? A substituição, na análise do devir, da tríade ὕλη-οὐσία-εἶδος pela dicotomia ὕλη-εἶδος. Do fato de ser permitido pôr em dúvida a existência verdadeira e a não gerabilidade da οὐσία (composta), B conclui que é preciso postular a existência

---

50 Cf. χωριστὴ τῶν σωμάτων (1060a 19).

separada da forma. Do fato de ser permitido pôr em dúvida a existência da matéria e a não gerabilidade da forma, K conclui que é preciso postular a existência ... de Deus, sobre quem não se vê exatamente o que vem fazer nesse debate. Enquanto οὐσία tinha em B 4, 999b 14 um sentido ambíguo, designando sem dúvida a forma ingerável, mas podendo também ser entendida (falsamente) como o composto perecível – ambiguidade suprimida logo após, pela introdução da noção perfeitamente unívoca de εἶδος –, o autor de K suprime nesse debate o recurso à οὐσία (provavelmente porque ele não pode entender sob esse termo outra coisa que não a substância concreta), compreende entretanto confusamente que Aristóteles chama de οὐσία a forma, e chama pois de εἶδος o que Aristóteles chamava de οὐσία no livro B, mas atribui à forma o caráter perecível (φΘαρτόν) do composto! Depois disso, não lhe restava mais, para salvar o inteligível (mas não para dar conta, como em B, da inteligibilidade do sensível), senão procurar refúgio na teologia, valendo-se de um argumento de autoridade e de uma vaga alusão ao livro Λ.[51]

Essa passagem não contradiz a observação de B. Dumoulin sobre "a ausência em K de todo vestígio da teoria da substância-forma".[52] Mas eu não consigo ver nessa ausência um argumento a favor da autenticidade, muito ao contrário! Dumoulin argumenta assim: "Seria preciso supor no redator de K uma habilidade que beira a genialidade para ter apagado de seu texto tudo aquilo que anuncia Z em B e Γ!" Eu retrucaria que seria preciso supor no redator de K uma perspicácia particularmente aguçada para ter pressentido na passagem obscura

---

51 Λ 10, 1075b 24, como nota Natorp.
52 "Recherches sur l'évolution de la pensée d'Aristote", citado acima, nota 26. B. Dumoulin posteriormente completou e precisou sua posição, considerando particularmente minhas observações (*Analyse génétique de la* Métaphysique *d'Aristote*. Montréal-Paris: Bellarmin-Les Belles Lettres, 1986, p. 147-174).

de B, 999b 12-16 (como, aliás, de 996b 13-22, que ele não retoma) uma teoria da substância-forma que só será elaborada em Z. De fato, ele não terá compreendido – mas pode-se culpá-lo disso, se ele não conhecia Z? – que, após ter recusado às Ideias toda existência separada do sensível, Aristóteles possa ainda afirmar que a forma (εἶδος!) do corruptível é ela mesma incorruptível. Seria preciso para isso conhecer a doutrina do livro Z. Na falta disso, e uma vez abandonada a teoria das Ideias, a teologia permanece, para o autor do livro K, a única coisa que garante a existência de um "ser eterno, separado e permanente". Alguém me perguntará: por que essa não poderia ser a um dado momento a posição de Aristóteles? Responderei que o problema de Aristóteles (como, aliás, de Platão) sempre foi captar o que há de inteligível no sensível e no devir, problema que o autor de K substitui pela preocupação bastante fútil de garantir à sabedoria um objeto que não seja indigno dela.

Capítulo 3 e seguintes

Penso que, para decidir sobre a autenticidade ou inautenticidade do livro K, seria conveniente seguir até o fim do livro K (inclusive os capítulos que tratam sobre a física) o tipo de análise que acabo de propor para os dois primeiros capítulos. Limitar-me-ei provisoriamente para os capítulos seguintes a lembrar alguns pontos que merecem reflexão. Posso aqui ser mais breve por ser sobretudo sobre alguns desses capítulos (3-4 e 7-8) que até aqui tratou a discussão e por aderir eu, quanto ao essencial, aos argumentos já avançados por Natorp e A. Mansion (assim como às observações críticas de S. Mansion), argumentos que já tive a ocasião de precisar ou de completar.[53]

---

53 *Le problème de l'être chez Aristote*. Paris, 1962, 1978, p. 40-41, 194-195, 300, 394, 429.

No que segue, a questão será principalmente o objeto da filosofia primeira. Lembraria que o argumento contra a autenticidade não pode ser procurado no caráter "desviante" (com relação a quais normas?) da doutrina desenvolvida por essas páginas do livro K, mas em um certo número de particularidades ou de inconsequências terminológicas, de lacunas ao nível da argumentação e, eventualmente, de incoerências. Eis a seguir alguns exemplos.

1) Sobre a relação entre as significações múltiplas do ser:
a) Segundo o livro Γ, o ὄν é um πολλαχῶς λεγόμενον, mas cujas significações múltiplas se ordenam com relação a um princípio único, que é a οὐσία, segundo uma relação que Aristóteles nomeia πρὸς ἓν λέγεσθαι. Pode-se reter para essa expressão a tradução já clássica proposta por G. E. L. Owen: *"focal meaning"*, ou, mais pesadamente: unidade (relativa) de significação por convergência. No capítulo Γ 2, Aristóteles distingue claramente entre o modo de significação πρὸς ἕν e o modo de significação καθ'ἕν, quer dizer, sob uma "razão" única. A expressão τὰ καθ'ἓν λεγόμενα em Γ 2, 1003b 12-13 designa claramente os sinônimos que recaem sob uma ciência única, à diferença dos homônimos (cf. também 1005a 5). Mas o ser não é um puro homônimo, uma vez que ele é πρὸς ἕν: nesse sentido, pode-se aproximá-lo do καθ'ἕν e dizer que ele também, de uma certa maneira (τρόπον τινά), se comporta como este último e constitui o objeto de uma ciência única. Admitir-se-á que a aproximação entre os dois modos de significação, que é incontestável, não tem sentido senão na medida em que supõe uma distinção prévia.

Ora, o livro K começa por dizer que o ser se diz πολλαχῶς e não καθ'ἕνα τρόπον (1060b 32-33), o que supõe que a expressão κατά + acusativo designa, como em Γ, o modo de significação sinonímica (cf. também κατὰ κοινὸν μηδέν, 1060b 32-33).

Como explicar então que seja dito, um pouco adiante, do ser: καΘ' ἕν τι καὶ κοινὸν λέγεται πολλαχῶς λεγόμενον (1061b 12)? Observar-se-á que a frase contém uma contradição em termos, se nos ativermos ao uso mesmo do livro K, que opunha no começo do mesmo capítulo πολλαχῶς e καΘ'ἕνα τρόπον (1060b 31-32). – Que se passou? O autor de K, preocupado como Aristóteles – mas com menos precauções que ele – de mostrar que o ser, a despeito de sua polissemia, é o objeto de uma ciência única, terá tirado da aproximação proposta por Aristóteles em Γ 2, 1003b 12 ss a afirmação de uma identidade entre πρὸς ἕν e καΘ'ἕν e, esquecendo o que ele mesmo havia dito um pouco acima, terá chamado καΘ'ἕν o que Aristóteles chamava πρὸς ἕν.

b) Aristóteles mostrava no livro Γ que as categorias do ser são chamadas seres (ὄντα) porque elas se referem de uma maneira ou de outra à essência (οὐσία) (1003b 6-12). O livro K diz que as categorias são determinações do ser enquanto ser (1061a 8). Essa asserção não somente diverge de Γ (e Z 1, 1028a 17 ss), como não tem sentido, além do mais. Trata-se com efeito de mostrar que realidades heterogêneas como a quantidade, a qualidade etc. recebem o predicado comum "ente" porque elas se referem todas àquilo que há de primeiro no ente, a saber, a essência, do mesmo modo que tudo o que é dito sadio é sadio porque se refere à saúde. O ser (ὄν) é o predicado geral, não o fundamento da predicação, que é a οὐσία. E que não se diga que o ser enquanto ser significa aqui a οὐσία, uma vez que ele foi definido acima (1060b 31) – em conformidade com Γ 1 – como o ser que é tomado "universalmente e não segundo uma de suas partes". Ora, a οὐσία é uma parte do ente, uma vez que se pergunta por que há entes outros que a οὐσία mesmo que seja verdade que essa parte é a mais eminente.

c) A intenção redutora e unificadora que é a do autor de K é confirmada pelo emprego do verbo ἀνάγεσΘαι (1061a 2, 13), que

Aristóteles não emprega jamais nesse contexto, e pela expressão especialmente digna de nota de 1061a 10-11: παντὸς τοῦ ὄντος πρὸς ἕν τι καὶ κοινὸν ἡ ἀναγωγὴ, que se poderia traduzir por: "a redução do ente na sua totalidade a algo de um e de comum" (cf. também 1061a 16). Para o livro Γ, o ἕν do πρὸς ἕν λεγόμενον não era algo de comum, mas algo de primeiro, uma ἀρχή (1003b 6).[54]

2) Sobre a assimilação do ser enquanto ser e do ser divino:

Todo mundo está de acordo sobre o fato de que K 7, 1064a 28-29 assimila o ser enquanto ser e o ser "separado", isto é, o ser divino. Χωριστόν significa, como na totalidade das outras passagens de K onde o termo ocorre: "separado da matéria, imaterial".[55] Estando eliminadas as Ideias, Deus é o único ser verdadeiramente separado. A interpretação de χωριστόν não levanta dificuldades particulares e está em conformidade com o uso do termo em E 1.[56]

---

54 Trata-se mesmo de ἀναγωγή em Γ 2, 1004b 34 – 1005a 1, mas é para significar a redução dos pares de contrários ímpar-par, quente-frio, limitado-ilimitado a um par fundamental, que é o do um e do múltiplo; ora, como indica Aristóteles logo após, trata-se aí de uma redução de espécie a gênero, que supõe a existência de uma estrutura καθ'ἕν e não somente πρὸς ἕν. Enquanto o livro Γ distingue claramente os dois procedimentos (redução possível no caso do καθ'ἕν, impossibilidade de uma redução no caso do πρὸς ἕν), o autor do livro K crê sem razão poder apoiar-se sobre o reconhecimento de um πρὸς ἕν para dele deduzir a redutibilidade dos contrários (1061a 10-15). E. Berti já notou essa confusão, na qual ele vê uma razão entre outras para duvidar da autenticidade de K (La "riduzione dei contrari" em "Aristotele", em *Zetesis. Mélanges E. de Strijker*. Anvers-Utrecht, 1976, p. 142-143).
55 Contrariamente a Ph. Merlan (*Name und Gegenstand* ..., p. 253, 259) e a B. Dumoulin, não vejo passagem em K que obrigue a entender esse termo no sentido de "subsistente por si", "*selbständig*", por oposição a "abstrato". Em K 1, 1059b 13, o ser matemático é excluído do campo da ciência buscada porque ele é "não separado", isto é, não imaterial. Em K 2, 1060b 14 e 17, as essências matemáticas são apresentadas como "essências não separadas" porque elas não existem senão "em outros seres" mais concretos, logo mais materiais: os pontos são nas linhas, as linhas nas superfícies, e essas nos corpos (l. 15).
56 Sob a condição de que não se corrija ἀχώριστα em χωριστά, na linha 1026a 14, para fazer Aristóteles dizer que a física trata de separados. Sobre esse ponto, eu retiro o que escrevi (op. cit., p. 36, nota 2) e me associo à posição de DÉCARIE, V. La physique

O que é problemático em compensação é o sentido de ὂν ᾗ ὄν. Contrariamente ao que sustenta Ph. Merlan,⁵⁷ nada indica que a expressão deva ser entendida – não mais aqui que nos livros Γ e E – no sentido de "ser eminentemente ser" –, por conseguinte de ser divino. O começo de K 3 parece realmente assimilar o ser enquanto ser ao ser tomado universalmente e não segundo uma de suas partes,⁵⁸ pois somente essa universalidade explica a polissemia do ser afirmado imediatamente após. A consequência é que a sabedoria, ciência do ser enquanto ser, é uma ciência universal, da qual a física e a matemática não são senão partes, pois que elas estudam o ser sob aspectos particulares (K 4, 1061b 21-33).⁵⁹

---

porte-t-elle sur des non-séparés? *Rev. Sc. philos. theol.*, 1954, p. 466-468. Somente a lição dos mss. me parece hoje em conformidade com o caráter mediano das matemáticas que ressalta de todo o contexto (como notam JAEGER. *Aristoteles*, p. 255, e MERLAN. Op. cit., p. 251-253, que creem ambos entretanto dever aceitar a correção de Schwegler, no que concerne a Merlan, pela razão evocada na nota precedente). Tem-se de fato o seguinte esquema: a teologia trata do ser separado e imóvel, as matemáticas sobre o ser imóvel e não-separado, a física sobre o ser não separado e móvel.

57 O principal argumento de Merlan (op. cit., p. 255) é que Aristóteles, recusando toda subsistência às entidades matemáticas em consequência de seu caráter abstrato, não pode ter querido erigir em primeiro princípio uma abstração ontológica como "o ser em geral". Mas o ser enquanto ser só seria abstrato se fosse o mais geral dos gêneros: a estrutura πρὸς ἕν exclui precisamente essa possibilidade e obriga a procurar atrás da pluralidade das significações de um termo não uma vaga comunidade que só poderia ser vazia e abstrata, mas um termo primeiro, um foco de convergência.

58 Entendo assim o começo dessa primeira frase (1060b 31-32): "Uma vez que a ciência do filósofo trata do ser, enquanto ele é universalmente e não segundo uma de suas partes [do ser] ... " Não vejo com efeito o que poderia significar a consideração (em todo caso excluída aqui) de uma parte do ser enquanto ser, pois uma tal parte seria necessariamente determinada, e o ser não seria mais então considerado enquanto ser, mas enquanto ser isso ou aquilo (cf. Γ 2, 1004b 6). Não há mais diferença sobre esse ponto com Γ 1, onde se diz das ciências particulares que elas recortam uma parte do ser, não do ser enquanto ser (αὐτοῦ da linha 1003a 24 remete a ὄντος, não a ὄντος ᾗ ὄν).

59 L. Couloubaritsis me faz observar que a expressão μέρη τῆς σοφίας é própria a K. O livro Γ fala de μέρη φιλοσοφίας (1004a 3). Cf. COULOUBARITSIS, L. Sophia et Philosophia chez Aristote. *Annales de l'Institut de Philosophie de l'U.L.B.* Bruxelas, 1978. Qualquer que seja a diferença de uso entre as duas noções, pergunto-me se essa diferença

O que autoriza o autor de K – ao menos é o que se pensa – a assimilar o ser enquanto ser e o ser divino é evidentemente o texto de E 1, 1026a 30, que apresenta a teologia ou filosofia primeira como uma ciência igualmente universal, "universal porque primeira" (sendo o sentido o de que a ciência do princípio é mediatamente ciência daquilo de que o princípio é princípio). Mas E não chegava ao ponto de assimilar os objetos das duas ciências: teologia e ciência do ser na sua universalidade.

O autor de K transpôs esse passo. Fazendo isso, ele substitui a afirmação prudente de uma unidade tendencial da teologia e da ontologia, suposta possível a despeito da diferença de seus objetos, pela identificação ingênua, e de algum modo *a priori*, de seus objetos mesmos. Dir-se-me-á: por que um Aristóteles ainda platonizante não poderia ter sustentado a um certo momento uma tal teoria? Certo, mas a mão do discípulo se deixa reconhecer pelo fato de que ele deixa subsistir um problema que não tem mais sentido, a partir do momento em que se assimila o ser enquanto ser e o ser divino: a questão de saber se suas ciências respectivas coincidem. Além disso, o problema é posto ao inverso: o autor de K pergunta se a ciência do ser enquanto ser é uma "ciência universal" (1064b 7). Como não o seria ela, uma vez que ela foi desde o princípio definida como tal (e o autor de K não mudou de opinião nesse meio-tempo, uma vez que ele a compara, imediatamente após, à matemática geral, que é καθόλου κοινὴ περὶ πάντων, 1064b 9)? É por tais acidentes na argumentação, não pelo fato de a doutrina sustentada nos parecer ou não aristotélica, que se reconhece seguramente uma intervenção estrangeira a Aristóteles.

---

de vocabulário é aqui decisiva, uma vez que B 1, 995b 12-13 fala de "sabedorias" no plural e que em Γ 2, 1005b 1, diz-se da física que ela é uma certa sabedoria, σοφία τις, isto é, uma espécie de sabedoria entre outras, e que não é a primeira. Mais característico me parece o fato de que, nos dois capítulos K 3 e K 4, φιλοσοφία é sempre sinônimo de φιλοσοφία πρώτη, de maneira que o autor de K, tendo de resumir Γ, terá tido dificuldade em admitir que física e matemática são partes da φιλοσοφία.

Conclusões

As análises e as observações precedentes me parecem conduzir às seguintes conclusões:

1) K é posterior aos livros BΓE que ele pretende resumir, e sem referência aos quais certas passagens de nosso livro seriam incompreensíveis.

2) O autor desse resumo não é Aristóteles.

3) O autor de K não é um abreviador vulgar, mas numa certa medida um compilador que tem autonomia bastante para utilizar diversas fontes, ao lado da fonte principal que são BΓE.

4) Nos capítulos 1 e 2 em particular, ele parece ter utilizado, além de B, um catálogo de aporias anterior a B. Ele parece conhecer além disso A, Λ e MN da *Metafísica*, assim como a *Física*.

5) Eu deixo aberta a questão de saber se a ignorância de certas partes da *Metafísica* (ZHΘ) deve-se ao acaso ou a uma espécie de alergia doutrinal. Notarei somente que não parece ser diferente com a *Metafísica* de Teofrasto, com a qual seria interessante comparar em detalhe nosso texto.

6) A doutrina do autor de K pode caracterizar-se da seguinte maneira: ele admite a crítica aristotélica das Ideias platônicas, que ele compreende como uma rejeição pura e simples; ele duvida da existência dos objetos matemáticos; ele não conhece, em matéria de οὐσία, senão substâncias concretas individuais; para salvar a existência da sabedoria, ele admite a existência de uma substância separada, isto é, imaterial, que não pode ser senão Deus. Mais que de platonismo, seríamos tentados a falar a seu propósito de "teologismo".

7) Sendo sua intenção dar uma exposição geral da filosofia aristotélica do ser, ou melhor, dos seres – divino de uma parte, físico de

outra –, nada se opõe a que ele seja o autor do conjunto do livro K (inclusive dos capítulos 9-12, dos quais não tratei aqui e que são resumos de partes dos livros III e V da *Física*). Seus interesses são físico--teológicos, como provam as referências à *Física* na primeira parte e à teologia na segunda. Mas ele não compreende que possa haver uma essência inteligível do sensível e, de uma maneira geral, os problemas de ontologia lhe são alheios.

Observação final

Eu escrevi acima – e mantenho – que o autor do livro K quis escrever um compêndio de filosofia aristotélica, que, enquanto tal, deveria pois visar à completude. G. Patzig objetou-me que o começo de K remete ao livro A, ao qual ele parece dar sequência. Eu respondi na oportunidade que os começos e fins de livros são frequentemente suspeitos em Aristóteles, podendo ter sido acrescentados pelos editores com uma finalidade de coordenação com o que precede ou com o que segue. Não estou mais satisfeito com essa resposta, pois ela suporia que K sucedesse imediatamente a A ou pelo menos que não fosse afastado demais. E, sobretudo, mostrei eu mesmo que K pressupõe, por diversas vezes, o livro A. Proponho, pois, hoje uma das duas hipóteses seguintes: ou bem o autor do livro K tinha introduzido o livro A de Aristóteles em seu compêndio (o que, dada a despreocupação dos Antigos relativamente à propriedade literária, não poderia surpreender exageradamente), ou bem ele tinha resumido o livro A antes dos livros BΓE, mas essa parte do resumo – talvez porque ele não divergisse suficientemente do original – não nos foi conservada.

Tradução de Maura Iglésias

A matéria em Aristóteles

A palavra grega que traduzimos por "matéria", ὕλη, é um termo que, em seu sentido técnico, aparece pela primeira vez em Aristóteles. Esse termo significa originalmente o bosque (cf. o latim *silva*, que deriva da mesma raiz indo-europeia) e mais precisamente a madeira enquanto "material" de construção. Veremos que a origem técnica da noção não é de pouca importância para a própria doutrina. Mas é preciso inicialmente responder ao paradoxo de que não havia matéria "antes" de Aristóteles. Não havia antes de Aristóteles "materialistas", como os atomistas, nem "antimaterialistas" como Platão? E eles poderiam ser caracterizados desse modo se não tivessem tido nenhuma noção de "matéria"? Lembremos inicialmente, à guisa de observação, que esses filósofos recorrem a outros conceitos para designar o que, mais tarde, será chamado "matéria": os atomistas falavam de "elementos" (στοιχεῖα); Platão, no *Timeu*, fala de um espaço (χώρα), que seria como que um "receptáculo" ou uma "matriz" (ὑποδοχή) das formas ou ainda um simples "participante" (μεταληπτικόν). Mas Aristóteles é o primeiro que vem a estabelecer o conceito de "matéria" e que reinterpreta, à luz desse conceito, as análises tateantes e, de resto, contraditórias de seus predecessores; é ele que "inventa", por extensão, o materialismo, como, de resto, também o antimaterialismo, da filosofia anterior.

Poder-se-iam considerar secundárias essas considerações terminológicas: qualquer que seja o nome que lhes demos, não há uma realidade que, desde Aristóteles, nos habituamos a denominar "matéria" e que era conhecida anteriormente por outros nomes? De fato, a situação não é tão simples, pois a matéria, tal como Aristóteles vai compreendê-la pela primeira vez, não é uma realidade que se poderia experimentar, ela é um conceito que se aplica à realidade ou mesmo, em segundo grau, à experiência que nós temos da realidade. O que nós apreendemos na experiência é algo sensível ou, como se dirá na Idade Média, algo "material", *materiatum*, mas a matéria desse "material" não é nada que corresponda a um referente extralinguístico, ela é, antes, uma construção do espírito *com respeito à* experiência. A matéria é um instrumento conceitual que permite pensar a experiência de modo coordenado e coerente, mais precisamente a experiência do ser em movimento. De fato, a certidão de nascimento do conceito de matéria nos é dada pela introdução dialética à *Física* contida no livro I desse tratado, livro em que a natureza ainda não é tratada "fisicamente", mas onde são questionadas as opiniões já professadas sobre a natureza e, por outro lado, o tipo de linguagem que utilizamos ordinariamente para falar sobre ela.

Chama-se "natural", no sentido amplo, tudo o que está em movimento ou é suscetível de estar em movimento. A especulação sobre a natureza consistirá, portanto, na investigação do ou dos princípios do movimento. A hipótese segundo a qual haveria um único princípio, tratada por meio do exemplo da doutrina dos eleatas que afirmavam a unidade do um, é de pronto rejeitada. Se tudo é um não há mais princípio, pois a noção de princípio implica duplamente a dualidade: dualidade do princípio e daquilo de que há princípio (*Física* I 2, 185a 4), mas também dualidade dos próprios princípios, que só podem agir por influência recíproca de um sobre o outro. Um princípio único não teria nenhuma razão para sair de si mesmo, para "proceder": isso será mais tarde a aporia central da filosofia de Plotino, que, por essa razão mesma, será levado a reintroduzir a matéria como um tipo de antiprincípio que agiria no próprio nível do inteligível (*Enéadas* II 4). Mas não antecipemos a lenta emergência da matéria na análise do livro I da *Física*. O que essa análise estabelece de início é que deve haver ao menos dois princípios, que estão entre si em uma relação de contrariedade, um sendo o ponto de partida (ἐξ οὗ), o outro, o ponto de chegada (ἐις οὗ), entre os quais se produz todo devir determinado.

Mas a exigência de pensar o devir, a cada vez, como determinado, implica que a correlação desses dois princípios contrários não seja uma correlação qualquer. Pois uma coisa qualquer não poderia provir de uma coisa qualquer nem produzir uma coisa qualquer. É por isso que uma oposição tão geral como a do ser e do não ser, ou mesmo do pleno e do vazio, não pode fornecer os dois princípios buscados, contrariamente ao que Demócrito pode ter crido. Com efeito, o ponto de partida do movimento é uma negação determinada, ἀπόφασις ὡρισμένη, i.e., uma negação que se exerce no interior de um gênero determinado, ou, dito em outras palavras, uma privação (στέρησις) (190b 27; cf. *Metafísica* Γ 2, 1004a 16): assim o alfabetizado vem do analfabeto, entendido este último não no sentido do contraditório do "alfabetizado" (que abarcaria tudo o que não é alfabetizado, por exemplo, uma pedra), mas no sentido determinado que é o sentido do contrário (analfabeto é, nesse sentido, o que não é alfabetizado no interior do gênero "suscetível de ser alfabetizado"); do mesmo modo, o branco vem do não branco no sentido de "negro" ou de "puxando para o negro" etc. O que uma teoria dos princípios tem por função evitar é uma concepção fantasmagórica do devir, onde qualquer qualidade nascesse de qualquer outra qualidade: o vermelho do úmido ou do seco, o agudo do incolor etc. É isso que compreendeu a quase totalidade dos físicos pré-socráticos (incluindo Parmênides, quando ele se vê "forçado pelos fenômenos") que colocaram como princípio do devir tal ou tal par determinado de contrários: o quente e o frio, o seco e o úmido, a luz e a noite, o ímpar e o par, a amizade e o ódio etc. Aristóteles não se sente obrigado a fazer uma escolha no interior dessa pluralidade de possibilidades oferecidas pela tradição. Basta-lhe constatar que há uma "analogia" (189a 1) entre esses pares de contrários, nos quais um dos termos (o primeiro de cada par na nossa enumeração) é "englobante" e o outro "englobado", um é "ativo" e o outro "passivo", um é "melhor" e o outro "pior".

A discussão das opiniões anteriores, consideradas tanto do ponto de vista de sua coerência própria quanto de sua capacidade de explicação com respeito aos fenômenos, levou, pois, Aristóteles a afirmar que há ao menos dois princípios que estão entre si em uma relação determinada de contrariedade. Mas ele mostrará – e isso será sua contribuição própria à teoria dos princípios – que eles não podem ser *somente* dois, e isso por duas razões pelo menos. A primeira é o fato de que os contrários, se fossem deixados entregues apenas a eles mesmos, se destruiriam mutuamente: "não pode haver paixão recíproca entre os contrários" (I 7, 190b 33). A segunda é que os contrários são qualidades, e mesmo "acidentes" (190b 27), o que supõe uma substância subjacente; os princípios contrários não podem ser eles mesmos substâncias, pois não há contrariedade entre as substâncias (I 6, 189a 32; cf. *Categorias* 5). Por essas duas razões, é preciso pôr um terceiro termo, um terceiro princípio, que é o sujeito (ὑποκείμενον) dos contrários, no sentido duplo de que ele é o sujeito lógico dos contrários e de que ele é o substrato subjacente que subsiste sob a sucessão dos atributos contrários.

Essa análise é completa, já que ela demonstra a necessidade e a completude de um sistema triádico dos princípios. Mas ela ainda é formal, já que os três princípios – os dois contrários e o sujeito – ainda não receberam um nome genérico. Em particular, o "sujeito", que vai receber o nome de "matéria", longe de ser induzido da experiência, é posto como condição de possibilidade de um discurso coerente sobre a experiência do devir. Ao introduzir esse conceito, Aristóteles responde a uma aporia que havia sido levantada pelos sofistas: como algo pode receber sucessivamente dois atributos contrários, não-A e A, sem deixar de ser o mesmo? Retomemos o exemplo sofístico dado pelo *Eutídemo* de Platão: como Clínias ignorante pode tornar-se Clínias sábio sem deixar de ser o mesmo Clínias? "Quereis, diz o sofista, que ele se torne sábio e não ignorante. Quereis então que ele se torne o que ele não é e que ele não seja mais o que ele agora é? ... Já que quereis que ele não seja mais o que ele agora é, então o que quereis é a sua morte" (*Eutídemo*, 283d). Todo devir seria, com efeito, uma morte se o sujeito não subsistisse sob o efeito da mudança. É evidente, dir-se-ia – mas como formular, e mesmo pensar, essa "evidência" se não dispuséssemos do conceito de "sujeito", único conceito a permitir dissociar a permanência substancial da variação qualitativa e, ao mesmo tempo, a permitir pensar a variação como tal (pois só há variação reconhecível contra o fundo da permanência)?

Em uma outra passagem do livro I da *Física* (7, 190b 11 ss), Aristóteles chega ao mesmo resultado por uma outra via, a da análise da linguagem ordinária. Tome-se uma proposição por meio da qual, seja em grego, seja em francês, exprimimos um devir: "A torna-se B". Uma tal proposição parece ligar entre si, por meio da cópula "tornar-se", dois termos: o que eu chamarei o A "que se torna" e o B "que surge". Ela contém, na verdade, três termos, pois o primeiro termo A encerra uma dualidade: o que se torna designa, com efeito, seja a privação do que surge (por exemplo: *o ignorante* torna-se sábio), seja o sujeito da privação, que também é o sujeito do predicado que surge (por exemplo: *Clínias* torna-se sábio). Aristóteles chama o primeiro sentido do que se torna de ἀντικείμενον, "o oposto", e o segundo de ὑποκείμενον, "o subposto" ou "o suporte", poder-se-ia, antes, dizer sujeito, não apenas no sentido gramatical, mas no sentido ontológico de substrato. Tendo-se reconhecido no "oposto" a privação (στήρεσις) da análise precedente, Aristóteles designará, a partir de agora, mais precisamente os dois outros princípios: o que surge, aquilo que o que se torna se torna, é a forma (μορφή, 190b 20, ou εἶδος, 190b 28); quanto ao sujeito, ele receberá, de agora em diante, o nome de matéria, ὕλη (190b 25). Por que ὕλη? É provável que Aristóteles tenha sido guiado na escolha desse termo pela própria natureza dos exemplos que ele dá para ilustrar a relação constitutiva do devir: esses exemplos são, no sentido amplo, exemplos tirados da atividade técnica, provavelmente por ser, nesse tipo de devir, mais fácil dissociar a matéria da forma, em razão da exterioridade desta última, que se confunde com a intenção do artesão com relação à matéria que deve ser "informada". Os exemplos dados são o do bronze, que recebe a forma da estátua, e o da madeira, que recebe a forma da cama (191a 9). Ora, a madeira é chamada ξύλον, mas pode também ser chamada ὕλη, e é provável que esse termo tenha sido tomado por uma espécie de metáfora, que é também uma metonímia, para designar de um modo geral a disponibilidade relativamente à forma, disponibilidade esta que é aquilo que vai caracterizar a matéria.

A partir dessa perspectiva, a matéria parece não ser mais que uma relação. É por isso que Aristóteles diz que ela só é cognoscível "por analogia" (191a 8). O que eu a cada vez conheço é uma relação determinada entre uma matéria e uma forma que a determina, por exemplo entre o bronze e a estátua ou entre a madeira e a cama. Mas é claro que o bronze e a madeira não são eles mesmos matérias puras: antes de qualquer determinação técnica, eles já são realidades naturais que possuem uma "forma" e são, enquanto tais, cognoscíveis. Mas a matéria em si é incognoscível, pois ela é amorfa (ἄμορφον, 191a 10), indefinida (ἄπειρον). Tudo o que podemos conhecer é a relação entre a matéria em geral e a forma em geral, relação esta que se exemplifica na relação que se institui a cada vez entre uma matéria que já é de algum modo determinada e a forma que a sobredetermina.

(Não se poderia dizer a mesma coisa da forma, a saber: que ela é apenas uma relação que é cognoscível apenas através de suas ocorrências concretas? Aristóteles não diz isso e não tinha necessidade de dizê-lo, pois a forma é o nome genérico da determinabilidade e esta é cognoscível em si. Se todo conhecimento é conhecimento pela forma, é claro que se pode conhecer a forma, pois há uma forma da forma, ao passo que não há uma forma da matéria, que é informe.)

Chamar-se-á, então, matéria ao "sujeito primeiro de cada coisa" (τὸ πρῶτον ὑποκείμενον ἑκάστῳ, 192a 31), sujeito que assegura a permanência no devir, mas que é, por outro lado, sujeito *primeiro*, i.e., sujeito ainda não informado, sujeito de nada, sujeito informe.

Isso parece claro e suficiente para assegurar uma administração correta do discurso sobre a experiência, liberado das ideologias truncadas dos físicos pré-socráticos e das contradições capciosas das quais os sofistas queriam acusá-lo. Mas isso em si mesmo ainda não é suficiente. Aqui Aristóteles torna-se consciente do fato de que a fórmula que define a matéria como "sujeito primeiro de cada coisa" pode ser mal interpretada. Nascida da resolução de uma tensão, ela corre o risco de se inclinar em direção a uma das duas inclinações que ela comporta. Corre-se o risco de se absolutizar o que há de "primeiro" na matéria, i.e., a amorfia e a indeterminação originais. Mas, inversamente, corre-se também o risco de se absolutizar o que há nela de permanente, de subsistente. Na primeira direção, faz-se da matéria um ἄμορφον e do ἄμορφον um nada, um *quasi* não ser. Na direção oposta, puxa-se o ὑποκείμενον em direção à οὐσία, faz-se do sujeito (esquecendo-se de que ele é um sujeito-de ou um sujeito-para) um ser pleno, autossuficiente, em suma, uma substância; hipostasia-se uma relação. A matéria está então exposta a dois riscos de incompreensão:

um vai no sentido de sua aniquilação, o outro no sentido de sua substancialização. Poder-se-ia chamar a primeira tentação de tentação do niilismo da matéria, a segunda de tentação do materialismo *avant la lettre*.

O niilismo da matéria está ilustrado pela posição de Platão no *Timeu*, tal como Aristóteles a reconstrói e a combate na *Física*, I 9. O erro de Platão, de acordo com Aristóteles, é de ter feito da matéria um não ser. Aristóteles pensa, sem dúvida, nos textos do *Timeu* em que o que ainda não é chamado de matéria é apresentado como o ἄμορφον (50e, 51a), como o que não tem figura (σχῆμα, cf. 50c, 53b, a que faz eco a expressão ἀσχημάτιστον na *Física*, 191a 2). Com efeito, pode-se admitir que para Platão não há nada verdadeiramente real a não ser a Ideia; a matéria se vê reduzida ao nível de "participante" da Ideia, o que significa que, sem Ideia, ela não é nada.

Aristóteles recusa essa análise, pois, embora a matéria seja também para ele amorfa, ela não é o amorfo. O amorfo em si é a *privação*, que Aristóteles distingue cuidadosamente da matéria, pois a privação é não ser por si, enquanto a matéria é não ser apenas por acidente: por um lado, temos algo que "não é de modo algum *substância*" (192a 6), por outro, "algo que está bastante próximo de ser uma substância de alguma maneira" (ibid.), uma *quasi*-substância. Se a matéria se confundisse com a privação, não se poderia dar conta do devir: não se pode, com efeito, compreender o devir como uma passagem do não ser ao ser, pois o ser não pode provir do não ser. Mas o ser tampouco pode provir do ser, pois por que o ser se tornaria se ele é tudo o que ele pode ser? Se não se quer, pois, por essa dupla razão, negar, como o fazia Parmênides, a possibilidade mesma do devir, é preciso admitir que o devir não tem como seu único princípio nem a privação – que, por ela mesma, não é nada e que portanto não pode nada –, nem um ser que seria plenamente ser e, portanto, não tem necessidade de nada; o devir só pode nascer da conjunção dos dois, i.e., de uma matéria que é, por si mesma, algo (um substrato), mas que é não ser por acidente, na medida em que ela está privada de tal ou tal determinação, ainda que não esteja privada de todas as determinações.

Essa análise, inicialmente antiplatônica, vai, então, no sentido de uma certa positividade da matéria, que não é não ser (a não ser por acidente), sendo, sim, positivamente ser em potência. A potência não é um nada, ela não é somente uma possibilidade, que, de acordo com a ideia megárica que será retomada por Bergson, seria apenas a projeção retrospectiva do presente no passado; antes mesmo que ela passe ao ato, i.e., a tal ato, e ainda que ela jamais passasse ao ato, a potência é tendência, desejo. A expressão não é rigorosa, do mesmo modo que a famosa fórmula: "A matéria é desejante como a fêmea deseja o macho" (192a 22). Ainda que essa afirmação implique, para Aristóteles, a clara superioridade do macho sobre a fêmea, da forma desejada sobre a matéria desejante, ela toma, no contexto em que aparece, o sentido de uma reabilitação da matéria contra o niilismo platônico. Aristóteles responde de antemão a Ravaisson que, confrontando Aristóteles com o cristianismo, o critica por ter rebaixado demais a natureza sensível e, com ela, a matéria: "Onde despertar o desejo no nada do possível? Era muito pouco deixar a potência, fonte da natureza, fora do princípio criador."[1] A analogia entre a matéria e a feminilidade tem claramente por função conceder à primeira, bem como à segunda, uma substancialidade imperfeita, i.e., o estatuto de uma substância à qual falta constitutivamente algo, sendo essa falta o motor mesmo do desejo. Em comparação com a matéria-fêmea, o *eidos*-macho chega mesmo a parecer inerte: "o *eidos* não pode se desejar

---

[1] RAVAISSON, F. *Essai sur la métaphysique d'Aristote*, vol. III, fragmentos publicados por Ch. Devivaise. Paris, 1953, p. 54. Cf. AUBENQUE, P. Ravaisson interprète d'Aristote. Études Philosophiques, n° 4, 1984, p. 435-450.

a si próprio porque ele não tem falta em si mesmo" (192a 21). Claro, seria melhor nada ter a desejar e nada em si deixar a desejar; mas, na falta dessa situação de perfeição, que só é realizada plenamente em Deus, é melhor o desejo do ser que quer sair de seu inacabamento do que o torpor vegetativo ou mineral daquele que nisso se compraz ou que nem mesmo pode sentir esse sentimento. Nesse sentido, a feminilidade da matéria é uma espécie de astúcia do princípio criador para se realizar por um desvio.

Uma outra consideração, esta mais implícita, poderia ir, ao mesmo tempo no sentido da substancialidade e da feminilidade da matéria. A matéria é o que subsiste na mudança; ela é a estabilidade, a continuidade, análoga à permanência do lar (ἑστία) do qual a mulher é a guardiã. Ela é o presente, a presença. O εἶδος e a privação, ao contrário, ilustram o que há de "extático" no movimento: seu futuro e seu passado. É verdade que o εἶδος não é passível de geração e é incorruptível, mas nem por isso ele é permanente: ele aparece e desaparece. Ele tem a necessidade de um substrato que o espera e que sobreviverá à sua visita. Daí uma dependência paradoxal do εἶδος em relação à matéria no que concerne a suas condições de existência: "É necessário que a forma se realize em tal matéria se se quer que ela seja" (*De anima* I 1, 403b 2).

Tais argumentos poderiam ir no sentido da tentação oposta à da aniquilação da matéria e conduzir à sua pura e simples substancialização. O texto que mais se aproxima dessa tentação "materialista" é o de *Metafísica* Z 3, onde a compreensão legítima da noção de οὐσία como sujeito leva Aristóteles a se perguntar se a matéria, que é o que permanece quando se retiraram todos os atributos, não é o que melhor responde a essa compreensão da substância. Mas essa conclusão é imediatamente rejeitada como "impossível", pelo fato de a substância exigir a separabilidade, i.e., a autossuficiência e a determinabilidade (χωριστὸν καὶ τόδε τι), e de esses dois requisitos não serem de modo algum satisfeitos pela matéria (1029a 27-28). Aristóteles concluirá disso que a substancialidade deve ser buscada de modo mais óbvio no determinado, i.e., no composto, mas também, em um sentido primeiro e essencial, no determinante ele mesmo, i.e., na forma. Aristóteles retoma aqui, por sua vez, uma certa verdade do platonismo e rejeita definitivamente o fascínio do materialismo, cujo erro consiste em substantivar o indeterminado.

***

Como quer que seja, as duas vertentes da análise aristotélica devem ser mantidas. A matéria, pelo apelo que ela constitui, é o que permite à forma sair da pura idealidade e aceder à existência concreta. Pelo espaçamento, a diferenciação, a disseminação que ela implica, ela é o princípio da individualidade. Em uma tradição platônica, tais termos são carregados de conotações negativas; mas eles ganham, em Aristóteles, e talvez mais ainda no leitor moderno de Aristóteles, um valor involuntariamente positivo.

Essa positividade é, inicialmente, a positividade de uma aparência de resistência. A matéria primeira não é nunca inteiramente determinável na medida em que sua determinação total equivaleria a seu desaparecimento. Essa indeterminabilidade residual toma, para nós, a forma de uma resistência, por exemplo no âmbito da arte: o artista e o artesão não fazem o que querem da matéria que eles têm a intenção de moldar. A matéria parece ter uma certa autonomia, uma certa antitipia, ela não é inerte. Isso é uma aparência no que diz respeito à matéria primeira, pois apenas uma matéria já informada pode resistir, não a matéria primeira, que é passividade pura. Mas a matéria é o princípio que autoriza a sedimentação das determinações e, nesse sentido, é justamente esse princípio de materialidade que impede, para o bem ou para o mal (o mal ocorrendo na ordem biológica quando da formação de monstros que nascem da resistência da matéria à ação informadora do tipo específico), a inteira dominação do inferior pelo superior, mas também do singular pelo universal.

Para avaliar a originalidade da concepção aristotélica da matéria, seria preciso compará-la à concepção que, mais tarde, os estoicos terão da matéria. Para eles, segundo Sêneca, a matéria é realmente "inerte", "pronta a receber tudo", mas está "sempre prestes a parar se ninguém a mover" (*Carta* 65, 2). Para eles, ela é, então, apenas uma pura condição negativa de possibilidade. Totalmente maleável, sem nenhuma potencialidade e nenhum desejo, ela é penetrada de lado a lado pelo único princípio ativo, que é o *Pneuma* ou *Logos*. É justamente a nulidade da matéria que conduz os estoicos a um monismo que estaríamos tentados a qualificar de materialista, na medida em que eles não reconhecem outros seres que não os *corpos*, que, penetrados pelo sopro vital, são os únicos que possuem a coesão interna, o τόνος, sem o qual não há nada. Assim, a aniquilação da matéria conduz paradoxalmente a um materialismo do corpo.

Em Aristóteles, ao contrário, a ambiguidade funcional da matéria explica ao mesmo tempo o poder do *eidos* sobre ela e seu fracasso final em dominá-la, um fracasso que, no entanto, é a única coisa que torna possível o exercício sem fim desse poder. O conceito de matéria, mais uma exigência funcional do que uma realidade física assinalável, é o que explica ao mesmo tempo a experiência em sua determinabilidade parcial e sua irredutibilidade última à Ideia. A expressão mais profunda de Aristóteles sobre a matéria é sem dúvida a que a designa como φύσις ὑποκείμενη (*Física* I 7, 191a 8) se nós tomamos a palavra φύσις em seu sentido arcaico, mas ainda vivo em Aristóteles, como "eclosão sempre subjacente". Tal como o *Grund*, de Schelling (que se lembrará, nesse ponto, de Aristóteles), a matéria aristotélica é o fundo abissal e indomável, a reserva inesgotável, o que torna possível o surgimento exuberante da acidentalidade e da individualidade e que, assim, salva o mundo, e singularmente o mundo sublunar, do tédio que a dominação puramente repetitiva da forma produziria.

Tradução de Fernando Rodrigues

Sobre a ambivalência do conceito aristotélico de substância

A primeira das categorias do ser segundo Aristóteles é, geralmente se pensa, o que Aristóteles denomina *ousia*. Em realidade, ela tem vários nomes em Aristóteles e pelo menos dois nas traduções consagradas pela tradição latina e transmitidas ao Ocidente cristão: *essentia* e *substantia*.[1] Numa enumeração pelo menos, o próprio Aristóteles propõe, no lugar do termo *ousia*, uma dupla denominação, prova de que não se trata de uma flutuação na expressão, mas de uma dualidade reconhecida e aceita. Trata-se da lista de *Metafísica* Z 1, 1028a 11, onde a primeira categoria, que é oposta a todas as outras em bloco (τὸ μὲν ... τὸ δέ ...), é ela mesma designada por duas expressões: τὸ τί ἐστι καὶ τόδε τι, o que nós podemos traduzir por: o "o que é" e o "isto determinado", e entender provisoriamente como: o que eu digo de essencial do sujeito de que falo, e o sujeito determinado de que falo. Essas denominações são reencontradas, mas separadas, nas diferentes listas das categorias: mais frequentemente *ousia*, como no texto do tratado das *Categorias*, 4, 1b 26, mas também na *Metafísica* Z, imediatamente após o texto acima citado (1028a 15); ou ainda *ti esti* no texto que contém a lista mais longa das categorias, em número de dez (*Tópicos* I 9, 103b 22); mas também simplesmente o pronome *ti*, que, sem outra determinação, concentra a ambiguidade do *ti esti* e do *tode ti* (*Metafísica* E 2, 1026b 36). A utilização de tal ou tal denominação nos diferentes catálogos parece fortuita, sendo o denotado o mesmo

---

1 Cf. COURTINE, J.-F. Note complémentaire pour l'histoire du vocabulaire de l'être (Les traductions latines d'*ousia*). In: AUBENQUE, P. (ed.) *Concepts et catégories dans la pensée antique*. Paris, 1980, p. 33-87.

em todos os lugares, a saber, a *ousia*. Antes que comparar entre elas as listas das categorias, gostaríamos, para tentar pôr ordem nesse poliônimo, de ater-nos a analisar: 1) o uso de cada uma das fórmulas *ti esti* e *tode ti* empregadas isoladamente em tal ou tal contexto suscetível de precisar seu sentido; 2) alguns poucos textos onde as duas denominações aparecem simultaneamente e onde uma explicação de sua dualidade sem dúvida deve ser dada.

I

1. *To ti esti* é a substantivação da questão *ti esti*. A substantivação exprime formalmente o tipo de resposta que se espera quando se põe essa questão. A resposta correta à questão *ti esti* é aquela que indica a essência da coisa: isto é, aquilo que faz que essa coisa seja essa coisa e que a distingue das outras, mas que por outro lado faz abstração das propriedades que pertencem sem dúvida à coisa, mas lhe são acidentais e não a constituem como tal. Portanto, tudo o que é a coisa, mas somente o que ela é de essencial (sendo o resto, que é acidental, de algum modo não pertinente com relação à questão posta). A fórmula que enuncia as propriedades essenciais, e somente elas, é a definição. A *ousia* é nesse sentido o que Frede e Patzig[2] chamam um "*zweistelliges Prädikat*", um predicado diádico, isto é, um predicado que se refere necessariamente a um outro termo, normalmente expresso em grego por um genitivo. Exemplos: "homem" é a essência *de* Sócrates; ou "animal racional" é a essência *de* o homem. É o uso que encontramos em Z 3, 1028b 35 ("O gênero parece ser a *ousia* de cada coisa") e em Δ 8, 1017b 22 ("o que exprime a definição é aquilo que é chamado a essência de cada coisa").

---

2 FREDE, M.; PATZIG, G. *Aristoteles' Metaphysik* Z. Text. Uebersetzung und Kommentar. 2 vol. Munique, 1988, t. II passim.

Nessa primeira acepção da *ousia*, o sujeito da predicação é qualquer um: pode ser um sujeito que não pode ser senão sujeito, portanto um sujeito que se poderia dizer ontológico; mas pode ser também um predicado que tomo reflexivamente como sujeito lógico de minha asserção quando tento defini-lo, por exemplo, quando pergunto "o que é a quantidade ou a qualidade" (Z 1, 1028b 2). Nos *Tópicos* I 9, Aristóteles estende à categoria da essência entendida como *ti esti* toda predicação analítica (*peri hautou*), diferentemente de uma predicação sintética (*peri heterou*), que determina o sujeito de uma maneira acidental do ponto de vista de uma outra categoria. Mas a predicação analítica pode intervir também a propósito de toda determinação categorial não essencial quando ela é tomada como sujeito lógico, como quando digo: o branco é uma qualidade. Se fosse sempre assim, a primeira categoria seria uma espécie de intenção segunda refletindo qualquer determinação e ela não teria conteúdo específico.

Mas o livro Z não se contenta com essa concepção formal da categoria *ti esti*. Em Z 4, o ponto de vista semântico se impõe contra uma consideração puramente formal. Claro, a questão *ti esti* não vale somente para "a *ousia* e o isto determinado" (τὴν οὐσίαν καὶ τὸ τόδε τι); ela vale também para todo predicamento tomado logicamente como sujeito, mas não é no mesmo sentido de *esti*: "o *esti* pertence a todos [os sujeitos], mas não é da mesma maneira (τὸ ἔστιν ὑπάρχει πᾶσιν, ἀλλ'οὐχ ὁμοίως)" (1030a 21); a questão *ti esti* e a resposta correspondente aplicam-se primeiramente (πρώτως) à *ousia* e somente de modo derivado (ἐπομένως) e de algum modo (πώς) às outras determinações; propriamente falando (ἁπλῶς) não se pode dizer o *ti esti* a não ser da *ousia*. Ou, para dizer no que será o vocabulário da tradição: só as substâncias, propriamente falando, têm uma essência.

Essa análise mostra que os conceitos de *ousia* e de *ti esti* não podem coincidir imediatamente, e isso por duas razões: 1) o *ti esti* é um predicado diádico ou de segundo grau (a essência *de* algo ou o que esse algo é), enquanto a *ousia* é o algo a propósito de que é posta a questão *ti esti*; 2) o domínio do *ti esti* é maior que o da *ousia*.

Se Aristóteles tivesse identificado *ti esti* e *ousia*, como ele o faz ainda nos *Tópicos*, obra provavelmente anterior, essa identificação teria chegado a esta dupla inconsequência, de que haveria um *ti esti*, logo, uma *ousia* da *ousia* (ou um *ti esti* do *ti esti*), mas também haveria um *ti esti* do que não é *ousia*, logo, uma *ousia* da não *ousia*.

Para evitar tanto essa contradição quanto essa reduplicação inútil, convém distinguir entre a *ousia* de primeiro grau, aquela sobre a qual pergunto o que ela é, e uma *ousia* de segundo grau, o que a primeira é e para a qual somente vale a designação *ti esti*. Por outro lado, a análise de Z 4 mostra que as duas significações coincidem tendencialmente, pois no sentido próprio somente as *ousiai* de primeiro grau têm uma *ousia* de segundo grau: as *ousiai* de primeiro grau são também de segundo grau, pois a *ousia* da *ousia* (segundo grau) é a *ousia* ela mesma (primeiro grau): a essência do homem é o homem ele mesmo.

Veem-se aqui as razões que testemunham a favor da distinção assim como da identificação de dois sentidos de *ousia*.

2. Quando Aristóteles quer exprimir este aspecto da *ousia* que não se deixa reduzir ao *ti esti*, ele emprega a expressão *tode ti*, por exemplo em Z 4, 1030a 19. Mas que significa *tode ti*? *Tode* é um pronome demonstrativo, que tem uma função dêitica e que permite designar "isto que aqui está", o objeto, *Gegen-stand*, que está diante de mim e que preexiste a toda e qualquer asserção que eu possa formar a seu respeito. *Tode* permite designar formalmente o sujeito = X de toda predicação qualquer que seja (como, por exemplo, em Z 1, 1028a 15).

Mas a expressão completa *tode ti* contém uma determinação do *tode* como *ti*, do *isto* como algo. Guilherme de Moerbeke traduz por *hoc aliquid*, que é preciso não entender como "este algo", o que pressuporia que eu sei o que é um algo em geral antes de o identificar como este aqui, mas sim "isto que é um algo". Dito de outra forma, não é *hoc* que determina *aliquid*, mas *aliquid* que determina *hoc*. O *ti* determina, logo restringe, a extensão de *tode*. *Tode ti* não é qualquer coisa, mas algo determinado.

Tomás de Aquino teve razão de precisar nesse sentido a noção do algo: *aliquid* é uma contração de *aliud quid* [3] e significa um outro que os outros, uma coisa que se distingue das outras pelo fato de que é determinada e não pode pois ser confundida com uma outra. *Tode ti* ou *hoc aliquid* é, como o diz uma vez Aristóteles (Z 1, 1028a 27), um sujeito determinado, ὑποκείμενον ... ὡρισμένον, isto é, um sujeito que não se esgota na sua função de substrato, mas do qual se pode dizer de maneira determinada o que ele é.

Mas então não há oposição entre *ti esti* e *tode ti*. Trata-se de dois pontos de vista complementares, respectivamente predicativo e substrativo, que coincidem sob a dupla condição de que o *ti esti* seja um verdadeiro *ti esti*, quer dizer, a essência ou pelo menos um predicado essencial, e de que o *tode ti* seja um verdadeiro sujeito, isto é, um sujeito determinado, portador de uma essência própria.

É certamente no sentido de uma redundância, de uma hendíadis, que Frege e Patzig, em seu recente comentário do livro Z, interpretam a expressão *to ti esti kai tode ti* no começo do livro Z (1028a 11-12): *kai tode ti* deveria ser entendido como "uma adjunção epexegética a *ti esti*" (ad loc.). Nós diríamos mais prudentemente que é certamente nessa direção que vai a intenção de Aristóteles. Mas, enquanto Frede--Patzig apoiam sobre essa identificação liminar sua tese de que a *ousia*

---

3 *Aliquid quasi aliud quid* (*Quaestio de veritate*, I). Cf. SUAREZ. *Disput. Metaph.* III, 2.5.

é ao mesmo tempo indivíduo e forma e de que há pois formas individuais, nossa tese é que a intenção identificadora não chega a se realizar nos casos particulares, a não ser graças à adjunção de condições suplementares que não são sempre preenchidas.

II

Isso nos leva a examinar a outra série de textos, onde Aristóteles, apesar da intenção identificadora, estabelece uma distinção forte entre os dois aspectos da *ousia*. A expressão mais espetacular dessa distinção-oposição se encontra no tratado das *Categorias*, onde os caracteres substrativo e entitativo são dissociados e atribuídos respectivamente a uma *ousia* primeira e a uma *ousia* segunda, sendo o substrativo aqui referido ao indivíduo e o entitativo à universalidade da espécie ou do gênero. Trata-se aí muito provavelmente de um texto antigo, mas cuja doutrina não será jamais inteiramente abandonada por Aristóteles (o que torna supérflua a hipótese, expressa desde a Antiguidade, da inautenticidade desse tratado): ainda que a distinção das duas "substâncias", primeira e segunda, seja abandonada no sentido que lhe dão as *Categorias*, os argumentos que levam a essa divisão nem por isso permanecem menos presentes nos escritos posteriores e a própria tentativa que será feita de superar essa dualidade pressupõe os argumentos que deviam levar a essa superação.

O texto onde esse debate é desenvolvido da maneira mais exaustiva é, ainda uma vez, o livro Z da *Metafísica*. Aqui, desde o capítulo 3, Aristóteles admite que o conceito de *ousia* se diz em sentidos múltiplos (*pleonachos*), e mais precisamente em quatro: o *ti en einai* (o que era ser para a coisa ou, segundo a expressão medieval, a "quididade"), o universal, o gênero e, em quarto lugar, o substrato (*hypokeimenon*). Esse último sentido parece ser o sentido primeiro ou primordial (*proton*), pois o substrato é aquilo de que se diz o resto e que não se diz ele mesmo de uma outra coisa: ele é, pois, o sujeito primeiro das proposições que se podem enunciar a seu respeito. Mas a ênfase posta sobre a substratidade ou subjetidade, entendida como primeira significação da *ousia*, poderia ter por consequência que a matéria, que mais bem corresponde a essa definição e parece mais bem preencher os requisitos que lhe são ligados, poderia ser declarada *ousia* ou mesmo seria a *ousia* por excelência, tomada no seu sentido mais autêntico. De fato, a matéria é certamente o fundamento último de toda predicação adjacente, ela é a base, o substrato, sem o qual nenhuma predicação seria concebível e que ele mesmo não pode ser predicado de algum fundamento que lhe seria anterior. A matéria é aquilo que permanece, quando todos os predicados possíveis, tanto essenciais quanto acidentais, são suprimidos pelo pensamento, aquilo que permanece como condição *sine qua non* de toda predicação quando se faz abstração de toda predicação particular. A matéria seria então, enquanto substrato por excelência, a verdadeira substância (*ousia*). Mas Aristóteles, que já tinha declarado "insuficiente" (*ouk ikanon*) (1029a 9) a definição da substância como substrato,[4] declara simplesmente "impossível" (*adunaton*) a consequência que se poderia tirar dessa definição para afirmar a substancialidade da matéria (1029a 27). Pois à matéria faltam ainda duas características para poder ser chamada de *ousia*. Essas duas características são a separabilidade (*to choriston*) e a determinidade (*to tode ti*) (1029a 28). A separabilidade é a característica daquilo que pode existir em estado separado, que não precisa pois de outra coisa a não ser de si mesma para existir:[5] ora, tal

---

4 Observar-se-á que o livro Z dá sucessivamente a mesma definição do substrato (3, 1028b 36) e da *ousia* (1029a 8), a saber: "aquilo de que outras coisas são ditas e que ele mesmo não se diz de um outro substrato". É também a definição da substância primeira nas *Categorias* (5, 2a 11 e 2b 14).

5 Cf. Z 1, 1028a 34. Nessa separabilidade reside o que Aristóteles denomina a prioridade cronológica da *ousia*.

não é o caso da matéria, que precisa ser informada, por pouco que seja, por uma forma para existir. Do mesmo modo, a matéria, sendo indeterminada, não é o "isto determinado" (*tode ti*) que deve ser a *ousia* para merecer seu nome.

Observar-se-á que, nesse texto de Z 3, a matéria, que é um substrato (*hypokeimenon*), não pode ser chamada substância (*ousia*), porque lhe falta a determinidade (*tode ti*). O *tode ti* constitui, pois, um critério de substancialidade outro que a substratidade, com a qual poderíamos ser tentados a confundi-lo enquanto o *tode ti* fosse distinguido do *ti esti* e pudesse parecer ser oposto a ele. Entretanto, Aristóteles não chega ao ponto de dizer que o substrato é um sentido inautêntico da *ousia*; ele o é certamente e permanece sendo seu sentido principal (*malista*, 1029a 1). A solução dessa dificuldade reside no reconhecimento de um condicionamento recíproco da substratidade e da definibilidade, que permanece expressa pelo *ti esti*. Não há definibilidade outra senão aquela de um substrato sobre o qual nos perguntamos o que ele é, e que é o sujeito da definição que dele damos. Mas não há substrato fora de um mínimo de determinidade (*tode ti*), sem o qual o substrato não poderia subsistir por si mesmo e, pois, ser enquanto tal o sujeito único de uma definição. É a noção de determinidade (*tode ti*) que constitui o elo entre a substratidade e a essencialidade, isto é, a resposta à questão *ti esti*. É somente porque ele é determinável como essência que o substrato ou sujeito (*hypokeimenon*) pode ser dito *ousia*. É somente porque ele *tem* uma essência, ou melhor, *é* ele mesmo uma essência, que o sujeito é substância (*ousia*).

Mas se a matéria não responde aos critérios da substancialidade – substratidade, determinidade, essencialidade –, será que a forma (*eidos*) responde melhor?

Certamente no sentido de essencialidade (cf. Z 10, 1035b 32: "Chamo forma a quididade"). Menos evidentemente no sentido da substratidade, pois, do ponto de vista lógico, a forma está geralmente em posição de predicado, não de sujeito (a matéria ou o composto de matéria e de forma possuem tal forma, são tais ou tais).[6] Mas pode-se também duvidar de que a forma satisfaça inteiramente o critério da determinidade, pois ela é comum a uma pluralidade de indivíduos, é pois um universal que comporta uma certa indeterminação enquanto não é individualizado. A forma será que pode ser afinal *ousia* no sentido primordial de *hypokeimenon*? Ou ainda o *ti esti* será que é suficientemente determinado para exercer a função de sujeito?

A essa questão Aristóteles não responde de maneira afirmativa senão no livro Z da *Metafísica*. Em outros lugares, e não somente no tratado das *Categorias*, ele distingue as duas funções, substrativa e entitativa, para atribuí-las a dois modos diferentes da *ousia*. Assim, em *Metafísica* Δ 8, 1017b 23: "Há duas maneiras de falar da *ousia*: por um lado como o sujeito último (*hypokeimenon eschaton*), que não é mais dito de um outro; por outro lado como aquilo que é um isto determinado e subsistente por si mesmo (τόδε τι ὂν καὶ χωριστόν); ora, algo assim é a figura ou forma de cada coisa." Há pois uma substancialidade do substrato e uma substancialidade da forma, mas em dois sentidos diferentes da *ousia*.

Essa distinção é ignorada por Aristóteles no livro Z, que não exclui que a forma satisfaça o critério de substratidade, e não somente de essencialidade, para ser chamada de *ousia*: "O que parece ser no mais alto grau *ousia* é o substrato; ora, diz-se isso de uma certa maneira da matéria, de uma outra maneira da forma, de uma terceira

---

6 Cf. os textos reunidos por BRUNSCHWIG, J. La forme, prédicat de la matière? In: AUBENQUE, P. (ed.) *Études sur la Métaphysique d> Aristote*. Actes du VIᵉ Symposium Aristotelicum. Paris, 1978, p. 131-166.

do composto dos dois" (1029a 1-3). Contrariamente a R. Boehm,[7] que interpreta o *toiouton* da linha 1029a 2 como referindo-se a *ousia* e não a *hypokeimenon*, eu penso agora, em conformidade com a interpretação medieval e tradicional dessa passagem, que é certamente substrato e sujeito (e não somente *ousia*) que a forma pode ser dita. Se fosse de outro modo, o livro Z retornaria à doutrina das *Categorias*, enquanto essa doutrina é precisamente recolocada em questão no livro Z, uma vez que a forma, que, nas *Categorias*, estava inteiramente do lado do predicado universal, parece agora realizar do melhor modo possível a exigência do *tode ti*, isto é, do sujeito determinado concreto (cf. 1029a 7 e o texto citado acima de Δ 8). Aristóteles, após ter distinguido a quidade e o substrato, não mais hesita em sustentar que a quidade, que, como vimos, se realiza do melhor modo possível na forma, é também substrato, ainda que seja num sentido diferente daquele segundo o qual a matéria é substrato. Mas, se é assim, é porque a quidade é *tode ti*, coisa determinada suscetível de suportar predicados e não somente de ser ela mesma predicado. A forma, enquanto determinada (o que não quer dizer individual, pois a individualidade exclui precisamente a perfeita determinabilidade), é substancial. Aqui se encontra sem dúvida a origem das "formas substanciais" da tradição escolástica.

O resumo que o começo do livro H dá do livro Z confirma esses ensinamentos: "O substrato é *ousia*, mas de um certo modo é como a matéria (chamo matéria aquilo que, não sendo um *tode ti* em ato, o é pelo menos em potência) e de um outro modo como a noção e a forma, que, sendo um *tode ti*, é separável pelo pensamento; e em terceiro lugar, o composto dos dois ..., o qual é separado pura e simplesmente" (H 1, 1042a 26-30). A pluralidade das aplicações da

---

7 Cf. BOEHM, R. *Das Grundlegende und das Wesentliche*. Haia, 1965, p. 42-45 (trad. franc. de MARTINEAU, E. *La Métaphysique d' Aristote*. Paris, 1976, p. 148-152).

noção de substrato poderia sugerir uma equivocidade; de fato, não é absolutamente assim, pois a noção de determinidade (*tode ti*) assegura a continuidade desses empregos: *tode ti* em potência no caso da matéria, *tode ti* separável pelo pensamento no caso da forma, *tode ti* subsistente por si no caso da substância concreta e desta vez individual. Mas é a determinidade nocional e formal, aquilo que a tradição denominará essência, que ocupa nesta enumeração a posição central e por essa razão fundadora.

Mas será que a forma pode em todos os casos exercer essa função mediadora de maneira autônoma? No uso corrente, fala-se da forma *de* um composto; o que subsiste então e merece plenamente o nome de substrato, de sujeito de propriedades, é o composto, não a forma. Será que a forma pode subsistir por ela mesma? Existem formas que coincidem sem sobra com o ente do qual elas são a forma, ou ainda entes que são sua própria forma? Em outras palavras ainda: há substâncias que não somente têm uma essência, mas que são sua essência?

À elucidação dessa questão é consagrada a parte central do livro Z (capítulos 4-12). A dificuldade vem do fato de as substâncias encontradas na experiência, substâncias sensíveis, serem compostas de matéria e forma. Da matéria surgem propriedades acidentais adventícias, como para o homem, segundo o exemplo longamente analisado por Aristóteles, ser "branco" (provavelmente aqui no sentido de "grisalho"). Mas a quididade do homem-branco, que diz o que o homem-branco é "por si", não pode incluir a brancura, que é um acidente. A quididade do homem-branco é a humanidade. "Branco" é com relação ao homem uma *prosthesis*, um acréscimo, uma adição, mas também ao mesmo tempo uma subtração, na medida em que a profusão da acidentalidade priva a quidade de sua pureza: só a abstração do acidental permite reencontrar a essência. Mas, se assim é, vê-se que não há coincidência entre a substância concreta e sua quididade ou forma: a primeira contém ao mesmo tempo mais e menos que a segunda.

A coincidência entre o ente e sua quididade não acontece senão no caso de essências que não são outras que aquilo que elas são e não admitem predicação "catalela" (ἄλλα κατ' ἄλλου) (Z 4, 1030a 11),[8] isto é, às quais não se atribui nenhum acidente. Tais substâncias, que não são outra coisa senão sua essência ou quididade, são chamadas aqui, em um uso diferente daquele em que a expressão era empregada nas *Categorias*, "substâncias primeiras", assim denominadas porque essas substâncias não comportam a composição da forma com uma matéria (Z 11, 1037b 3-5) e, escapando por isso a toda contaminação de acidentalidade e de potencialidade, não são nada além do que elas são e são tudo o que elas podem ser.[9] Mas, a essa caracterização não respondem senão essências simples como as noções abstratas e as idealidades matemáticas (o exemplo dado por Aristóteles é o da concavidade).

Em conclusão, a forma é certamente a resposta autêntica à questão *ti esti* (ou à sua variante *ti en einai*). Mas para ser *ousia* a forma deve também satisfazer os outros três critérios da substancialidade: substratidade (*hypokeisthai*), determinidade (*tode ti*) e subsistência (*choriston*). A forma, com a condição de não ser entendida como universal, satisfaz o segundo critério. Mas ela não satisfaz os dois outros critérios de substratidade e de subsistência a não ser na medida em

---

8 Eu tomo emprestada a expressão "catallela" de BOEHM, R. Op. cit., p. 154 (trad. franc., p. 285).

9 Cf. também Z 7, 1032b 2; 11, 1037b 3 e BERTI, E. Il concetto di "sostanza prima" nel libro Z della *Metafisica*. *Rivista di Filosofia* LXXX, 1989, p. 3-23. Apesar dessa divergência frequentemente sublinhada, a expressão *ousia prote* possui um sentido formalmente idêntico em *Metafísica* Z e no tratado das *Categorias* (5, 2a 11 e passim); trata-se de um substrato que se basta a si mesmo e não precisa de outra coisa para subsistir. Mas o referente é diferente: nas *Cat.*, trata-se da substância concreta individual (5, 1b 13-14); no livro Z, trata-se da essência subsistente por si.

que ela coincide com aquilo do que ela é a forma, o que não acontece quando ela é a forma *de* alguma coisa que é, por outro lado, subsistente, mas somente no caso em que o ente *é* ele mesmo sua própria forma, por conseguinte subsistente e sujeito possível de propriedades. Mas, se deixamos de lado as ideias platônicas, universais que Aristóteles não admite que existam por si, o caso da forma subsistente não vale senão para as essencialidades simples e imateriais como as essencialidades matemáticas, cuja existência concreta pode ser posta em dúvida em vista dos dados da experiência, que nos põe sempre em presença de substâncias compostas das quais as entidades matemáticas podem no máximo ser "abstraídas".

O ideal aristotélico da identificação, sob a denominação comum de *ousia*, do *ti esti* e do *tode ti*, não seria então senão uma quimera? O capítulo 17, que fecha o livro Z, mas tomando um novo ponto de partida, propõe uma solução fundada sobre uma nova caracterização da *ousia*, desta vez como "princípio e causa" (1041a 9). A *ousia* não é causa dela mesma e seria uma questão vã perguntar "por que uma coisa é o que ela é" (1041a 14). Que uma essência seja o que ela é, há aí, para além da tautologia, uma insuperável facticidade. Mas, se se admite uma dualidade no interior da essência, pode ter sentido perguntar se não há uma relação de causalidade entre tal aspecto da essência e tal outro. Assim, pode-se, no caso de uma substância composta, pergutar por que ela é determinada de tal maneira e procurar a causa ou razão disso em seu *ti esti*. Por exemplo, por que este amontoado de materiais dispostos de tal maneira é uma casa? Resposta: porque esta realidade material responde à definição da quididade, isto é, da forma (e Aristóteles acrescenta aqui: do fim, *telos*) da casa, que é ser um abrigo contra as intempéries. Vê-se aqui em termos lógicos como a definição formal da casa determina sua definição material, ou, em termos ontológicos, como a essência (*ti esti*), pela mediação da determinidade *(tode ti)*, dá à coisa sua substratidade, de fato um *hypokeimenon* determinado. É nesse sentido, mas nesse sentido somente, que Aristóteles pode afirmar que "a *ousia* é para cada coisa a causa primeira de seu ser (οὐσία ἑκάστου ... αἴτιον πρῶτον τοῦ εἶναι)" (1041b 27-28).

O ser assim causado pela essência não é a existência, termo que não empregamos aqui e que não emerge ainda em Aristóteles enquanto tal. Aristóteles quer dizer simplesmente que a *ousia* é a causa que faz com que uma coisa seja tal como ela é, que ela seja assim e não de outro modo.

Mas essa causalidade da essência não pode exercer-se concretamente, e ser mais que a simples causalidade "lógica" da quididade, senão quando se podem dissociar, no ser composto, a forma e a matéria e mostrar que a forma determina a matéria, considerada se não em si, pelo menos no seu ser-tal. Assim, a essência formal da casa é a causa da escolha de tais materiais (resistentes, impermeáveis etc.) e da disposição que lhes damos para realizar a função que esperamos dessas coisas. Mas essa relação de causalidade ao mesmo tempo eficiente e final não pode ser reconhecida a não ser para aqueles dos seres compostos cuja composição responde a uma finalidade, técnica no exemplo invocado da casa, ou biológica no outro exemplo que apresenta Aristóteles. Por que este corpo aqui (Tomás de Aquino traduzirá: *hoc materiatum*) é um homem? Resposta: porque ele possui a forma do homem, forma que determina a natureza dos tecidos e o modo de sua orgniazação que fazem desse corpo um corpo humano. Mas veem-se os limites dessa solução pela causalidade:

1) A causalidade eficiente e fornal não pode exercer-se senão onde há composição: ela não pode exercer-se para os seres simples, para os quais não pode ser dada outra explicação senão tautológica (o ser simples é tal porque é sua quididade ser tal); o ser simples é sem

por que, ele é porque é; ele escapa por isso, diz Aristóteles, a toda pesquisa e a todo ensinamento; Aristóteles quer dizer com isso: a toda ciência que busca as causas à maneira da física, da qual a biologia é uma parte.

2) Para poder ser explicado, o modo de composição deve ter uma significação essencial, isto é, ser dedutível da essência ou forma. Essa dedutibilidade não é dada a não ser nos casos em que a composição obedece a uma intenção ou a um *telos*, o que vale para os objetos técnicos, os seres vivos e, por analogia com os seres vivos, para os seres naturais.

3) Mesmo nos casos invocados, que parecem não excluir senão os seres compostos de maneira puramente acidental, a determinação e por conseguinte a dedutibilidade não podem ser senão gerais e não chegam até o singular. Se é verdade que "o homem tem mãos porque ele é inteligente" (e não, como sustentava Anaxágoras, que o homem é inteligente porque tem mãos),[10] compreende-se que a forma do homem possa determinar em geral a natureza da materialidade (tais tecidos, tais órgãos) que contribui para constituir o organismo do homem. Mas a forma não pode chegar ao ponto de determinar as particularidades individuais, como a cor dos olhos ou dos cabelos,[11] que não têm significação teleológica e são pois indedutíveis porque acidentais. Ora, há acidentalidade em toda existência individual.

Se por um lado é verdade que o ser-tal da substância individual se deixa em certos casos, e até um certo ponto, deduzir da essência ou forma, o ser ele mesmo é indedutível, ele pode somente ser encontrado em uma experiência. Como o fundamento (*Grund*) de Schelling,

---

10 *De part. animal.* IV 9.
11 *De gen. anim.* V 1, 778b 30-32.

ele é ele mesmo sem fundamento. A essência é, claro, determinidade (*tode ti*), mas ela não é autodeterminação, autofundação. A essência para Aristóteles não se funda ela mesmo no ser, ela não é *causa sui*. Essa autolimitação da causalidade da *ousia*, causa de determinidade, mas não de ser ou de existência, será progressivamente desconsiderada pela tradição. Em Tomás de Aquino, o caráter "separado" da substância (ela existe sem seus atributos, ao passo que os atributos não existem separados dela) é interpretado como "subsistência". O *kath' auto* da substância, por oposição ao *kata symbebekos* dos acidentes, é corretamente traduzido pelo latim *per se*, onde a preposição *per* exprime um estatuto, o da subsistência (a substância subsiste por si e não em outra coisa, *in alio*), e não uma relação de causalidade. Mas, assim como a expressão francesa *"par soi"* (por si) é ambígua, assim também o *per se*, no começo claramente distinguido de *a se* (onde *ab* introduz um complemento de agente) será progressivamente confundido com essa última expressão. A subsistência será substituída pela ideia de autocausalidade da *causa sui*. Enquanto por Suarez[12] essa confusão é ainda claramente denunciada, Descartes transporá o passo. Claro, ele parece retomar uma definição de inspiração aristotélica quando enuncia "o que é que é a substância" no #51 do livro I dos *Principes de la Philosophie*: "Quando concebemos a substância, concebemos somente uma coisa que existe de tal maneira que ela não precisa senão de si mesma para existir." No sentido estrito, esse texto não diz nada mais do que Aristóteles designa sob a denominação de "separado" ou de "por si": a substância é "separada" (*choriston*) diferentemente dos "outros predicamentos" que não são "sem ela" (Z, 1028a 27-34); e a substância é "por si" (*kath' auto*), no sentido de que "não há outra

---

12 *Disput. Metaph.* XXV 1, 4.

coisa que seja sua causa" (Δ 18, 1022a 32-33).¹³ Esse último texto, em particular, afirma que a substância não precisa de causa; ele não diz que a substância é sua própria causa. É entretanto nesse último sentido que entende Descartes, uma vez que ele observa imediatamente que não há senão Deus que responda a essa definição: Deus, com efeito, não precisa de nenhuma outra coisa para existir, ao passo que todos os entes outros que Deus precisam do concurso ordinário de Deus para existir. E em um texto pelo menos Descartes interpreta no sentido da *causa sui* o *per se* da tradição aristotélica: "*Esse sui causam, hoc est, esse per se, nec aliam habere causam quam propriam suam essentiam, quae dicit posset causa formalis*".¹⁴

Aristóteles não podia chegar a esse ponto. Para ele, o *ti esti*, a essência, é a causa da determinidade, *tode ti*, isto é, do ser-assim da coisa, mas não de sua existência. O substrato (*hypokeimenon*) assim determinado pela essência é autossuficiente não no sentido de que não precisa de nenhuma outra coisa senão de sua essência para existir, mas no sentido de que ele não precisa de outra coisa senão de sua essência (*ti esti*) para ser o isto determinado (*tode ti*) que ele é em realidade. Mas por aí nenhuma substância se encontra produzida, não há nenhuma autoprodução da substância. A facticidade da substância pode certamente, a cada vez, ser esclarecida pela essência, que diz o que ela é, mas ela não se deixa deduzir dessa.

---

13 Guilherme de Moerbeke traduz inexatamente: "*Est secundum se (= per se) cujus non est alia causa*"; seria necessário traduzir: "*cujus non est aliud causa*" (aquilo de que nenhuma outra coisa é causa, e não: aquilo que não tem outra causa). Essa tradução, que se tornou clássica na Idade Média, não deixará de ter consequências para a história posterior do conceito.

14 Lettre à X, 1640 ou 1642? (Op. cit., t. V, p. 546, 6-11, citado por MARION, J.-L. *La Théologie blanche de Descartes*. Paris, 1981, p. 115). Sobre a passagem da substância aristotélica à substância cartesiana, cf. AUBENQUE, P. La transformation cartésienne du concept aristotélicien de substance. In: *Actes du IIe, Congrès international d' ontologia* (Barcelona, março 1996). Saint Sébastien, 1998.

A substância enquanto "separada" basta-se a ela mesma, se ela existe, mas essa autossuficiência é um caráter reconhecido posteriormente, e que não tem significação causal. Somente essa autolimitação da teoria da substância e de sua pretensão à legitimação do que é permite fazer justiça ao que há de imprevisível na singularidade dos entes, à sua incomparabilidade e, de uma maneira geral, à contingência do mundo.

Tradução de Maura Iglésias